한국인이
꼭 알아야 할
행복습관

한국인이 꼭 알아야 할
행복습관

유성은 지음

중앙경제평론사

추천의 글

유미현(아주대 교육대학원 영재전공 교수, 교육학 박사)

존경하는 사람이 누구냐고 물으면 저는 주저 없이 제 아버지라고 말합니다. 제 인생을 되돌아보면 좋은 때도 있었고 힘든 때도 있었지만 아버지께서는 늘 저를 전적으로 지지해주시고 변함없이 긍정의 에너지를 불어넣어 주셨습니다. 항상 "잘될 거야"라는 아버지 말씀을 들으면서 처음에는 '정말 그렇게 될까?' 하고 의구심을 가졌습니다. 그러나 갈수록 그런 믿음의 말씀이 제 마음 깊숙이 자리 잡아 '정말 잘될 거야'라는 신념을 가지게 되었고, 실제로 믿음이 하나씩 현실로 이루어지는 것을 경험하였습니다.

제가 아버지를 존경하는 이유는 여러 가지지만 그중에서도 하신 말씀은 그대로 실천하시고, 시간을 절대로 허투루 쓰시지 않는다는 점을 꼽고 싶습니다. 그리고 우리가 어려운 상황에서도 늘 밝고 명랑하고 행복하게 자랄 수 있도록 도와주셔서 진심으로 감사드립니다.

아버지께서 물려주신 시간관리와 목표관리 습관은 제게 평생 자산이 되었습니다. 저는 이 자산을 바탕으로 대학을 졸업하고 중고등학교 교사로 생활하면서 석사학위와 박사학위를 받고, 지금은 대학에서 학생들을 가르치고 있습니다. 그리고 삶에 대한 진지한 자세, 긍정적인 마인드도 제가 행복하게 살아가는 데 중요한 밑바탕이 되었습니다.

이 책은 아버지께서 구호 및 개발 실무 21년, 대학 강의 15년에 더하여

35권의 저서 집필, 1,000회에 달하는 강의, 수백 차례의 상담 경험을 통해 얻은 삶의 지혜의 결정판이라고 할 수 있습니다. 하버드 대학 졸업생들을 추적한 그랜트 연구 결과 행복의 핵심은 인간관계에 있었습니다. 가까이 있는 사람들과의 관계가 인생의 행복을 가져오는 열쇠임을 수십 년 간의 종단연구를 통해 밝혀낸 것입니다.

  우리는 모두 행복하기를 원하지만 구체적으로 어떻게 해야 행복해질 수 있는지 잘 알지 못합니다. 바로 이 책에서 우리가 그토록 알고 싶어하는 행복의 비밀을 여러분이 발견하기를 소망합니다.

머리말

사람은 행복하게 살아야 한다. 사람은 성공을 추구하지만 행복이 우선이다. 행복한 인생이 성공한 인생이다. 우리는 행복하게 살기 위해 태어났다. 그런데 많은 사람이 행복과 거리가 먼 삶을 살고 있다. 사람들은 더 행복하고 재미있게 살아갈 수 있는데도 행복을 위해 작은 노력조차 하지 않는다. 이런 모습은 최근 한국인에게 두드러지게 나타난다. 행복할 수 있는데도 불행한 삶을 선택하여 살아가는 것은 모순이다. 행복에 관심을 갖고 바람직한 행복습관을 길러야 희망이 보인다.

이 책의 주제는 '행복습관'이다. 8개 장에 걸쳐 올바른 행복은 무엇이고, 행복을 어떻게 발견하고 창조하며 즐기고 지속할지를 구체적으로 설명한다. 이 책의 궁극적인 목표는 여러분이 행복 체질을 만드는 데 있다. 행복은 사람들의 가장 소중한 감정이며 신이 내린 고귀한 축복이다. 행복에는 위대한 힘과 가치가 있다. 행복해야 살맛이 난다. 행복은 생존의 필수요소이며 우울증, 근심, 분노와 같은 삶의 독소에 대한 강력한 해독제이다.

여러분이 모르고 지나쳤던 행복의 가치를 새롭게 발견할 것이다. 실패와 좌절 속에 있는 사람은 새로운 용기를 얻을 것이다. 꿈을 품고 사는 젊은이는 행복하게 살아갈 비전을 발견할 것이다. 여러분의 나이와 계층에 관계없이 행복지침서로 활용할 수 있을 것이다. 이 책은 한 번만 읽어도 행복해진다. 먼저 쭉 한번 읽기를 바란다. 그다음에는 여유를 가지고 행복 기술을 차근차근 익히기 바란다. 행복은 습관이다. 따라서 행복하려면 부단한 연습이 필요하다.

현대를 사는 한국인을 위하여 행복의 원리와 기술을 잘 풀어 설명했다. 행복을 쉽게 실행할 방법과 바람직한 행복 전략을 제시했다. 누구에게나 인생은 어렵고 복잡하다. 그러나 인생은 도전하고 성취할 여지가 무한하므로 흥미진진하다. 인생에는 공짜가 없다. 노력한 만큼 거둔다. 아무쪼록 행복습관을 익혀서 점점 더 행복한 인생을 만들기를 바란다. 다 함께 행복을 누리는 사회를 만들어가기를 소망한다.

적극적으로 격려해준 아내와 추천사를 써준 딸 유미현 박사에게 감사드린다. 이 책을 출판하느라 수고를 아끼지 않은 중앙경제평론사 김용주 대표님과 편집부 여러분에게도 깊은 감사를 드린다.

수영리 서재에서
유성은

Contents

추천의 글 · 4
머리말 · 6

Part 1 행복탐구

나는 행복한가 · 12
행복이란 무엇인가 · 18
행복해야 한다 · 24

Part 2 쉽게 행복해질 수 있다

사소한 행복을 찾자 · 34
비교만 하지 않아도 행복지수가 쑥 올라간다 · 40
감사하다는 말을 많이 하자 · 47
여유를 갖자 · 54
얼굴에 늘 웃음의 꽃을 피우자 · 60

Part 3 행복의 기본 요소

긍정적인 마음 · 68
일 · 77
사랑 · 85
건강 · 93
재물관리 · 99

Part 4 일상의 행복

일상의 축복 · 108
시간을 잘 조직하자 · 114
감각을 활짝 열자 · 120
행복한 일터를 만들자 · 128
현실적인 사람이 되자 · 133

Part 5 행복한 인간관계

의사소통에 대한 연구 · 142
대화의 기술 · 148
나 자신과 가장 친해야 한다 · 155
인간관계를 향상시키자 · 162
적절하게 칭찬하자 · 169
행복한 가정 · 174

Part 6 인생을 100배 즐겨보자

다양한 삶을 살자 · 184
음악을 즐기자 · 190
춤을 즐기자 · 196
자연을 즐기자 · 200
여행을 즐기자 · 205
행사를 즐기자 · 212
유머를 즐기자 · 218

Part 7 인생을 행복하게 영위하기

꿈과 목표를 지니고 살자 · 226
욕망을 다스리자 · 232
변화관리력을 키우자 · 238
감정을 다스리자 · 245
선행을 하자 · 254
100세 인생을 위한 행복전략 · 261

Part 8 다 함께 행복해지는 사회

행복에 대한 환상을 버리자 · 270
나누고 또 나누자 · 277
행복공화국의 비전을 품자 · 283
행복공부를 하자 · 293

부록 행복코칭 질문 · 300

Part 1

♠

행복탐구

나는 행복한가

행복은 마음먹기에 달렸다. - 아리스토텔레스

잠시 멈추어 서서 행복에 대해 생각해보자

아무리 바쁘더라도 한 걸음 물러서서 자신의 인생을 되돌아보기 바란다. 현대 한국인에게는 마음의 여유가 없다. 매일 조급하게 살기 때문에 인생이 무엇인지, 가치 있는 삶이 무엇인지, 행복이 무엇인지 생각할 겨를조차 없다.

왜 그렇게 되었을까? 한국인은 어려서부터 쫓기며 살아야 한다. 유치원에 다닐 때부터 학원을 몇 개씩 다니고, 대학에 진학할 때까지 시험이라는 공포와 스트레스 속에서 살아야 한다. 그러니 성인이 되어도 '인간다운 삶'이나 '행복한 삶'을 생각할 겨를이 있겠는가?

부모들은 행복의 가치나 행복해지는 방법을 구체적으로 배운 적이 없다. 행복에 무지한 부모가 자녀에게 행복을 가르칠 수 있는가? 우리는 물질적으로는 풍요한 시대에 살지만 정신적으로는 매우 빈약하게 살고 있음을 알아야 한다.

오늘날 한국인이 행복하지 못하다는 증거는 각종 통계자료에 잘 나타나 있다. 우리나라의 행복지수 순위는 OECD 회원국 30개국 가운데 26위이다. 우리 국민의 70%가 삶에 대해 불만이 크다. 초·중·고 학생들의 행복지수는 세계에서 가장 낮은 수준이다.

우리나라의 자살률은 세계 1위이다. 청소년, 장년, 노년 할 것 없이 전 계층의 자살률이 증가하여 하루 평균 43명이 스스로 목숨을 끊는다. 우리 사회는 경쟁이 심해지고 심리적 압박이 증가하고 빈부의 격차가 벌어져 사람들이 그 어느 때보다 불안하게 살아간다. 이런 일은 개인들이 행복과 희망을 찾지 못했기 때문에 일어난다.

한국의 10대는 공부 스트레스, 20대는 취업 스트레스, 30대는 결혼과 직장 스트레스, 40대는 돈 스트레스, 50대 이후는 은퇴, 질병, 고독 스트레스에 시달린다. 외국의 언론이나 학자들은 "한국인은 좀 더 행복해질 필요가 있다"라고 권고하고 있다.

학생들에게 성적보다 더 중요한 문제는 없는가? 성인들에게 경제적 수입보다 더 중요한 것은 없는가? 지위나 출세보다 더 중요한 것은 없는가? 있다. 그것은 '가치 있는 삶' 이다. 이제는 삶의 질을 추구해야 한다.

학생에게는 시를 읽을 기회, 문학이나 예술을 접할 여유, 운동이나 대화 그리고 여행도 학과 공부 못지않게 중요하다. 성인에게는 자유롭게 노는 시간, 휴식, 가족과 함께하는 시간, 취미생활과 자아실현을 위한 시간이 일하는 시간 못지않게 중요하다.

우리는 잘살기 위해 달려왔다. GDP가 올라가면 행복할 줄 알았다. 그러나 우리는 "행복하지 않다"라고 말하고 있다. 행복하기 위해 희생해왔는데 결과는 초라하다. 이제 우리 삶이 왜 초라한지를 차분히 생각하고 행복을 다시 디자인할 때이다. 그리고 내가 행복해야 가정도 직장도 행복해지며, 국민이 행복해져야 대한민국이 행복해지는 선순환이 지속됨을 명심해야 한다.

나는 얼마나 행복한가

나는 왜 행복하지 않을까? 다른 사람은 행복해 보이는데 나는 왜 행복하지 않을까? 어린 시절에는 행복했는데 지금은 왜 따분한지 자문해본 적이 있을 것이다. 학자들의 연구 결과에 따르면 현대인의 삶에서 가장 중요한 것은 '행복한 삶'이다.

다음 10가지 사항으로 여러분의 행복수치를 진단해볼 수 있다.

1. 나만의 독특한 인생관과 철학이 있다.
2. 긍정적인 생각과 태도를 가지고 있다.
3. 항상 의미 있는 과제나 목표를 가지고 있다.
4. 인간관계가 다양하고 원만하다.
5. 늘 활동적이다.

6. 꾸준히 자아실현을 한다.
7. 자신을 잘 통제한다.
8. 다른 사람의 행복과 발전에 관심이 많다.
9. 자유와 자율성이 많다.
10. 가정생활이 행복하다.

* 위의 10개 사항에 긍정적인 대답이 7개 이상이면 여러분의 행복지수는 높다고 할 수 있다.

행복공식

행복에는 간단한 공식이 있다. 그것은 '내가 얻은 것' 나누기 '내가 기대하는 것'이다. 후원금으로 100만 원을 기대했는데 실제로 20만 원밖에 얻지 못했다면 20÷100=0.2이므로 행복도는 20%이다. 후원금으로 10만 원을 기대했는데 20만 원을 받았다면 행복도는 200%이다. 우리는 물질적으로나 정신적으로 기대한 것보다 많은 결과를 얻으면 행복해한다.

필자는 9년 만에 승용차를 새것으로 바꾸었다. 전에 타던 차보다 등급을 한 단계 낮추었다. 그런데도 여러 가지 기능이 향상되어 만족도가 매우 높다. 새 차를 운전할 때마다 기분이 좋아 행복지수가 높아진다.

먼저 행복공식의 '분자'인 '내가 얻은 것'을 생각해보자. 이는 성공하거나 성취하면 행복하다는 것이다. 높은 지위에 오르거나 멋진 사람과 결혼하거나 돈을 많이 벌면 행복하다는 것이다. 겉으로 드러난 행복한 모습이다. 이에 비추어보면 행복은 만들어가는 것으로 볼 수 있다.

다음으로 행복공식의 '분모'인 '내가 기대하는 것'을 생각해보자. 분모가 작을수록 값은 커진다. 욕망을 줄이고 주어진 것에 만족하는, 즉 내면에 존재하는 행복이다. 이에 비추어보면 행복은 마음을 다스리는 것이다. 가장 가난한 나라인 부탄은 국민의 행복도가 세계 최고라고 한다. 부탄 국민은 주어진 것에 만족하는 정도가 매우 높기 때문이다.

분자를 키우는 데는 한계가 있다. 뼈 빠지게 일해도 일정 정도 이상의 수입을 얻을 수 없으며, 회사에서 진급하고 싶어도 계획대로 되지 않을 공산이 크다.

분모를 줄이는 데도 한계가 있다. 흔히 '마음을 비우고 살자'고 하지만 성인군자라도 재물 없이는 살 수 없다. 가족을 부양할 의무가 없는 성직자는 '마음을 비우라'고 할 수 있지만 가족이 있고 수입이 고정된 사람에게는 그 말이 먹히지 않는다. 자신의 욕심은 어느 정도 줄일 수 있지만 최소한의 문화적 생활에도 반드시 재물이 필요하다.

우리나라는 경제가 눈에 띄게 성장했지만 늘어난 생산성보다 기대치가 더 크기 때문에 행복도는 낮다. 기대치를 대폭 줄이면 행복도는 크게 높아질 것이다.

분자는 키우고 분모는 줄이는 작업을 동시에 해야 한다. 그중에서도 분모 줄이기, 즉 마음 다스리기에 더욱 힘써야 한다. 최선을 다하여 일하고 욕심을 줄여야 행복한 삶을 얻을 수 있다.

♥ **행복코칭**

우리는 행복과 희망을 찾지 못하는 사회에서 살고 있다. 여러분 자신에게 '나는 진정 행복한가?'라고 질문해보자. 저마다 행복수치를 점검해보자. 열심히 일하여 성취도를 높이고 기대치를 낮추는 훈련을 하자.

♥ **행복연습**

성취하고자 하는 것과 기대하는 것이 건전하게 균형을 이루고 있는가? 그렇지 않다면 어떻게 개선해야 할까?

행복이란 무엇인가

행복은 덕도 즐거움도 아니다. 그것은 단순한 성장이다.
우리는 자랄 때 행복하지 않았는가! - 윌리엄 버틀러 예이츠

행복의 모습은 다양하다

행복의 얼굴은 수만 가지가 있다. 사람에 따라 행복을 느끼는 기준은 각각 다르다. 몇 해 전 중앙일보 기자가 설날 귀성객들에게 "행복이란 무엇이라고 생각하십니까?"라는 질문을 했다. 그 답변은 가지각색이었다.

"솔직히 돈이 행복이다. 남편 월급 오르면 좋지 않나? 아이도 행복이다." "괴로움에서 벗어날 수 있는 것이 행복이다." "고통은 과욕에서 비롯된다." "바쁘게 살며 바깥에서 치이다가도 저녁에 돌아갈 따뜻한 보금자리가 있는 게 행복이라 생각한다." "웃을 수 있는 것이 행복이다. 친구들과 수다 떨고 놀 때, 가족을 볼 때도 행복하다." "아픈 자식 없고 호화스럽진 않아도 세 끼 먹고, 사고 없이 살면 행복하다." "음악이 행복이다. 밴드에서 기타를

치는데 '이래서 내가 사는구나!' 하고 느낀다." "아이가 넷인데 막내가 25세다. 아이들 키울 때가 제일 행복했던 것 같다." "손자 손녀들이 재롱 피울 때 행복하고 내가 추수해서 자식들에게 쌀 갖다줄 때 행복하다." "눈도 잘 못 뜨던 아기가 옹알이도 하고 걷는 것을 보면 행복하다." "나보다 어려운 사람을 보면 살아 있는 것만으로 감사하고 행복하다." "사소한 것에도 행복을 느끼며 감사하면 행복한 사람이 되는 것 같다."

행복하지 못한 원인은 행복을 거창한 것으로 생각하고 작은 노력도 하지 않으려 하기 때문이다. 또 정신없이 너무 바쁘게 살다보니 행복에 대해 진지하게 생각해보지 못한 원인도 있을 것이다.

행복의 정의

행복이 무엇인지 구체적으로 생각해보자. 불행이 없는 상태를 행복이라고 하는 것이 합당할까? 병이 없다고 해서 건강하다고 할 수 없는 것처럼 불행이 없는 상태를 행복이라고 할 수는 없다. 행복은 그 이상의 의미를 지니고 있다.

행복의 정의는 다양하다. 어떤 사람한테는 기쁨이나 의기양양한 것처럼 상기된 상태를 의미한다. 다른 사람한테는 마음의 평화나 만족이 행복이 될 수도 있다. 활동에 몰입한 상태야말로 행복이라고 보는 사람도 있다.

그런데 '행복'의 사전적 정의는 이렇다. "행복이란 몸이나 마음의 감정에 기초한 주관적인 행복감, 강한 내적 만족과 기쁨의 상태, 소망이 충족되고 내적 조화가 이루어진 상태이다."

또 다른 '행복' 의 정의는 "원하는 것을 소유하거나 향유할 때 생기는 즐겁고 편안한 마음, 내적 만족과 기쁨이 고조된 상태, 개개의 행복한 상황, 행복한 사건, 행복한 경험"이다. 또 "행복이란 매일 느끼는 주관적 안녕감, 좋은 삶, 삶에 대한 만족 등의 동의어"라고도 정의하고 있다.

행복감을 가져다주는 요인이 어떤 것일지라도 본인이 즐겁다고 느낀다면 그것이 곧 행복이라고 할 수 있다.

행운과 행복

행운과 행복의 차이를 아는 것이 필요하다. 로또 당첨처럼 단순히 운이 좋은 것은 행운이라 하고, 만족과 기쁨을 느끼는 흐뭇한 상태는 행복이라 한다.

행운이란 소유하는 행복, 객관적인 행복, 영어의 luck이다. 개인적으로 겪을 수 있는 가장 큰 행운은 로또에 당첨되어 수십억 원의 당첨금을 타는 것이고 카지노에서 거액을 따는 것이다. 행운의 상징은 네잎클로버, 돼지꿈, 숫자 7 등이다. 행운을 '운이 좋다', '재수가 좋다' 라고 말하기도 한다. 행복은 느끼는 행복, 주관적인 행복, 영어의 happiness이다.

행운과 행복을 나누어서 설명했지만 넓은 의미에서 행운은 행복의 범주에 포함된다. 예를 들면 행복한 사람 중에는 행운이 자주 따르는 사람이 있음을 알 수 있다. 행복의 가장 단순한 설명은 '좋은 느낌', '좋은 감정' 혹은 '기분 좋음'이다.

행복함을 표현하는 말

행복을 나타내는 언어는 행복의 종류에 따라 다르다. 즐거움에 기초한 행복에는 '기쁘다', '즐겁다', '신난다', '흥겹다' 등이 일반적으로 사용된다. 부부 사이의 즐거움은 금슬지락(琴瑟之樂), 자연을 벗 삼으면 강호지락(江湖之樂), 육체적 희열은 운우지락(雲雨之樂), 먹을 때는 식도락(食道樂)으로 표현된다.

이에 비해 만족에 기초한 행복은 '흐뭇하다', '뿌듯하다', '남부럽지 않다' 등으로 묘사된다. 일이나 취미에 열중해서 행복을 얻으면 '시간 가는 줄 모른다', '도끼 자루 썩는 줄 모른다'는 말을 한다. 그러한 몰입이 심해지면 자신의 존재감조차 잊고 무아지경에 도달한다.

행복의 느낌은 간접적으로 표현되기도 한다. '세상이 온통 장밋빛', '함박꽃이 피었다', '가슴이 벅차다', '가슴이 뛴다.'

행복의 정도를 나타낼 때는 다음과 같이 수식하기도 한다. '가슴속에는 형언 못할 행복감이 밀물처럼 밀려왔다', '풀밭을 만난 양처럼 행복하다', '만금을 주고도 살 수 없는 행복감에 가슴이 부풀었다', '하늘을 날 것 같아', '여기서 당장 죽어도 좋아', '너무 좋아서 죽는 것이 겁나.'

성서 창세기 46장 30절에는 야곱이 죽은 줄만 알았던 아들 요셉을 만나게 되었을 때 이렇게 외친다. "나는 이제 죽어도 여한이 없다. 내가 너의 얼굴을 보다니, 네가 여태까지 살아 있었구나!" 이는 지극히 큰 행복감을 표현한 말이다.

행복의 의미를 계속 추구하자

위대한 개념을 올바로 정의하기 어렵듯이 행복도 마찬가지다. 인간의 언어는 사물을 표현하기에 적합하지 못하다. 그래서 '말로 다할 수 없는' 이라든가 '글로 표현할 수 없는' 이라는 말을 하기도 한다.

사람들은 행복의 정의를 가지고 왈가왈부한다. 당연하다. 행복이란 단어는 복잡하고 풍요한 어떤 것들을 포함하는 위대한 개념이기 때문이다. 행복이란 미묘한 존재이다. 잡았다고 생각하는 순간 신기루처럼 저 멀리 달아나기도 하고, 화사하게 피었다가 곧 지는 벚꽃 같기도 하다. 행복은 깨지기 쉽고 덧없기도 하다. 하지만 우리가 살아 있는 동안 행복의 의미를 추구하는 것은 바람직하다.

우리는 행복의 의미를 평범한 쾌락으로 축소할 수도 없고, 어떤 추상적인 것으로만 규정할 수도 없다. 행복은 구체적이어야 한다. '행복하다' 는 말만으로는 만족할 수 없다. 그것을 맛보아야 하고 느껴보아야 한다. 행복은 또한 의미 있어야 한다. 그렇지 않으면 행복을 잡았다고 생각하는 순간 허탈감이 몰려올 것이다.

행복이 존재하려면 많은 요소가 조화를 이루어야 한다. 살아가면서 색다른 행복과 접하게 된다. 행복은 살아가는 과정에서 새로 발견되기도 하고 생겨나기도 한다. 삶의 의욕과 열정은 여러 가지 행복을 창조한다. 그리고 인격이 원숙해짐에 따라 더 깊은 행복을 발견할 수도 있고 만들 수도 있다.

행복에 대해 중요한 질문이 있다. '행복은 발견하는 것인가, 창조하는 것인가' 하는 질문이다. 이 질문에 대한 답은 '둘 다'이다. 행복은 발견하기도 하고 창조하기도 하는 것이다.

♥ **행복코칭**
행복의 모습은 다양하기 때문에 한마디 말로 정의되지 않는다. 하지만 올바르고 숭고한 행복을 탐구할 필요가 있다. 행복은 발견하는 것이기도 하고, 창조하는 것이기도 하다. 예리한 통찰력으로 일상에서 기쁨을 발견하고 창조하는 노력을 하자.

♥ **행복연습**
나는 행복을 무엇이라고 정의하는가? 한마디 문장으로 적어본다. 그리고 왜 그렇게 정의했는지 이유를 말한다.

행복해야 한다

현명하고 용감한 사람은 행운의 건축가이다. – 타소

행복은 힘이 세다

세상에는 행복해지고 싶어하지 않는 사람도 무척 많다. 그들은 현재 상태로 사는 것이 좋은데 행복을 추구할 필요가 있느냐고 말한다. 많은 사람이 불행을 느끼며 살면서도 행복에 관심을 두지 않는다. 어떤 사람은 불행 극복에만 관심이 있고 적극적으로 행복을 만드는 데는 무관심하다.

이런 생각은 잘못된 것이다. 모든 사람이 행복해야 하고 점점 더 행복해져야 한다. 행복의 필요성을 진지하게 생각함으로써 훨씬 더 행복해질 수 있다.

행복해야 할 이유는, 첫째 행복은 인생에 유익을 가져다주기 때문이고, 둘째 행복해지는 것이 모든 사람의 의무이기 때문이다. 행복이 주는 가치와 유익부터 생각해보자. 행복하면 어떤 유익이 있는가?

1. 행복할수록 일을 잘할 수 있다. 행복하면 집중력이 생겨 일을 더 잘한다. 행복한 상태에서 일하면 능률이 30% 이상 더 오른다고 한다. 일에 몰입할 수 있으므로 연애도, 게임도, 공부도 잘하게 된다.
2. 행복할수록 더 만족한 삶을 살아간다. 행복은 자신과 자신의 삶을 긍정적으로 만든다. 긍정적인 생각을 많이 하게 되고 부정적인 생각을 덜하게 된다.
3. 행복한 사람은 더 사교적이고, 더 활기차고, 더 관대하고 협조적이며 다른 사람들로부터 더 호감을 산다. 그와는 친해지기 쉽다. 마음의 문을 잘 열기 때문이다.
4. 행복한 사람이 결혼생활을 잘 지속하고, 친구 관계가 원만하며, 풍부한 사회적 지원을 얻을 가능성이 더 크다. 행복감은 사람들의 감정을 엮어준다.
5. 행복한 사람은 사고가 더 유연하고 독창적이며 직장에서도 훨씬 생산적이다.
6. 행복한 사람의 지도력이 더 뛰어나고 타협도 잘하며 돈도 더 많이 번다.
7. 역경이 닥쳤을 때 더 쉽게 빨리 회복되며 면역성도 강하여 신체적으로 더 건강하다. 질병과 장애, 가난과 같은 역경 속에서도 재기할 힘을 준다. 행복한 사람은 감옥이나 수용소에서도 희망을 품을 수 있다.

8. 행복한 사람은 수명도 더 길다.

9. 행복한 사람은 새롭고 다양한 경험을 할 수 있다.

10. 행복한 사람은 상대방을 더 많이 이해하고 배려한다.

11. 행복한 사람은 다른 사람에게도 행복을 나누어준다.

12. 행복은 삶에 동기를 부여한다. 즉 살아야 할 이유를 제공한다.

13. 행복한 사람은 미래를 낙관적으로 보고, 어려운 문제를 도전이라고 해석한다.

14. 행복한 사람은 유머감각이 풍부하다.

15. 신이 내려준 선물 가운데 행복보다 더 좋은 것은 없다.

요컨대 행복은 매우 힘이 세다. 행복은 삶의 모든 영역에서 이루 말할 수 없는 긍정적인 결과를 안겨준다. 더 행복해지는 과정에서 기쁨, 만족, 사랑, 자부심, 자존감을 더 많이 체험하게 된다.

행복은 의무다

사람들은 성공을 최우선으로 생각한다. 그러나 성공보다 중요한 것이 행복이다. 크게 성공하지 못했더라도 행복하게 사는 사람이 더 나은 인생을 사는 것이다.

성공과 행복은 별개의 개념이다. 나폴레옹은 장군이었고 황제였으며 천재였다. 그는 성공하고 출세한 인물이다. 하지만 그는 죽기 전에 이런 말을 했다. "내 생애에 정말 행복했던 날은 겨우 엿새에 지나지 않은 것 같다." 그런데 삼중고를 이겨낸 헬렌 켈러 여사는 세상을 떠나면서 "나의 일생은 참으로 아름다웠고 행복했다"라고 했다.

행복은 우리에게 무수한 가치와 유익을 준다. 그런데 행복은 개인적인 미덕의 차원을 넘어서 숭고한 의무이다. 의무는 자기가 원하든 원하지 않든 간에 해야 하는 것이다.

로버트 루이스 스티븐슨은 행복에 대해 "행복할 의무만큼 경시되는 의무는 없다. 행복하다는 것은 우리가 세상에 익명으로 선의 씨앗을 뿌리는 것이다"라고 했다.

행복을 의무로 보면 행복하기 위해 더 구체적으로 노력하게 된다. 그리고 행복의 개념은 더 높아지고 깊어진다. 행복을 의무로 보면 행복에 도덕이 포함되고 그것이 행복을 더욱더 아름답게 만든다.

우리는 행복해야 한다. 단지 행복이 유익하기 때문만은 아니다. 우리가 행복하면 우리가 대하는 사람에게 행복을 전해주고 사회도 자연히 밝아지기 때문이다. 우리가 행복을 가꾼다면 불행을 방지하게 되고 이 세상은 얼마나 더 잘 돌아가겠는가?

우리는 사회적 동물이다. 그러므로 항상 다른 사람을 배려해야 한다. 우리는 행복할 수 있고 이 세상의 행복에 공헌할 수 있다. 우리는 행복하기 위해 태어났지만 다른 사람에게 행복을 주기 위해서도 태어났다. 우리에게는 행복할 의무가 있다.

행복과 외로움은 다른 사람에게 전염된다

사람들이 잘못 알고 있는 사실이 있다. 그것은 행복은 개인적인 문제라는 생각이다. 과연 그럴까? 가장인 아버지가 실직하면 가족 모두 불행해진다. 어머니가 아프면 아버지와 자녀 모두 근심에 싸인다. 행복은 전파력이 강하다. 불행도 마찬가지다.

미국의 제임스 파울러 교수팀은 2년간의 조사를 통해 행복도 외로움도 친구 따라 전염된다는 연구 결과를 내놓았다. 행복 바이러스는 사회관계를 통해 전염된다. 친구가 행복하면 나도 행복해질 수 있다. 반대로 내가 행복해도 친구가 행복해질 수 있다. 조사에서 가족이나 친구가 행복한 사람은 행복감이 15.3% 더 증가한 것으로 나타났다.

이 효과는 세 단계 건너까지 나타났다. 옆집 사람의 친구가 행복하면 나의 행복감이 9.5% 높아졌다. 친구의 친구의 친구가 행복하면 행복감이 5.6% 늘어났다. 친구는 가까이 살아야 행복 바이러스를 옮길 수 있다. 보통 1.6킬로미터 이내에서 효과가 났다. 또 친구든 이웃이든 성별이 같은 경우에 효과가 컸다.

이와 반대로 외로움의 전염효과는 사회적 관계가 멀어질수록 약해졌지만 3단계 분리까지는 확실히 나타났다. 한 사람이 외로우면 친구의 친구, 그 친구의 친구에게까지 전염됐다. 외로움은 불신이나 부정적 감정을 통해 전염됐다.

예를 들면 내가 외로움을 느끼면 친구에게 인상을 쓰거나 친구 마음을 상하게 하는 말을 하기 쉽다. 그런 대우를 받은 친구는 다른 사람을 긍정적으로 대하기 어려워진다.

그런 식으로 나 자신은 친구를 잃고 친구도 다른 친구를 잃는다. 조사에서 외로움을 느끼는 사람은 그렇지 않은 사람보다 4년간 친구가 약 8% 줄어든 것으로 나타났다.

이런 경향은 남성보다 여성에게서 더 강하게 나타났다. 친구가 줄면 점점 사회의 주변부로 밀려난다. 외로움을 많이 타는 사람은 정신적·육체적으로 질병에 걸릴 확률이 친구가 많은 사람보다 5배나 높았다. 행복 바이러스도 고독 바이러스도 모두 전파력이 크다는 것을 조사는 명백히 증명하고 있다.

우리가 반드시 행복해야 하는 또 다른 이유는 우리가 불행하면 다른 사람을 불행하게 만들기 쉽기 때문이다. 희대의 살인마 히틀러는 어린 시절을 불우하게 보냈다. 독일의 총통이 되었어도 친구도 유머도 없는 불행한 인간이었다. 그는 한쪽 고환이 없어 일생 동안 열등감에 시달렸다.

얼마 전 미국 특수부대에게 사살된 빈 라덴도 어려서 아버지의 사랑을 별로 받지 못했고, 오히려 외국 출신 생모와 함께 집안에서 이방인 취급을 받았다. 어머니는 집안에서 노예 취급을 받았고 빈 라덴은 '노예의 자식'으로 통했다. 형제들은 해외 유학을 했지만 빈 라덴은 청년이 되기까지 중동을 떠나보지 못했다.

우리 사회에서도 '묻지 마 살인' 사건이 종종 일어나고 있다. 자신의 신세를 비관하는 불행한 사람들이 저지르는 만행이다. 왜 행복해야만 하는가? 다른 사람에게 불행을 주지 않기 위해서이다.

부모가 행복해야 아이도 행복하다

어린 시절의 경험이 일생 동안 지속된다는 점을 생각한다면 어려서부터 행복의 원리와 기술을 가르치는 것이 매우 필요하다. 출생 후 일 년 간의 애정 어린 보살핌은 일생의 행복에 지대한 영향을 미친다.

우리나라 어린이들은 풍요한 시대에 살고 있지만 진정한 사랑을 받지 못하며 자란다. 실제로 우울증에 걸리는 어린이도 많고, 자살하는 어린이도 늘어나고 있다.

행복한 어린이와 청소년은 남을 괴롭히지 않는다. 어린이와 청소년의 폭력, 친구를 왕따 시키는 버릇은 자신이 불행하다고 생각하는 청소년에게 많다. 부모나 교사는 어린이와 청소년에게 반드시 '행복한 습관'을 가르칠 의무가 있다.

그런데 어린이 행복교육에서 가장 중요한 것은 부모가 행복하게 사는 것이다. 어린이는 놀라울 정도로 부모의 행동을 그대로 따라 한다.

미국 식민지 시대에 활동했던 조나단 에드워즈는 목사요 신학자로서 사회에 큰 영향을 준 위인이었다. 그는 부부생활을 경건하고 행복하게 하였다. 학자들의 조사에 따르면 그가 죽은 지 250년이 넘었는데 그의 후손 1,000여 명이 거의 다 유명인사가 되었고 행복하게 산다고 한다.

이 통계를 통해서 한 부부의 행복한 생활이 자손과 후손에 미치는 영향이 얼마나 큰지 알 수 있다고 했다. 부모 자신이 행복하지 않으면서 어찌 자녀에게 행복하게 살라고 가르치겠는가?

부모가 행복하면 아이도 행복하다. 한 인간의 삶에 영향을 가장 많이 미치는 것은 가정의 행복이고, 가정의 행복을 만드는 주체는 부모이다. 부모 중에 어머니의 역할이 더 중요하다. 가정에서 제일 행복해야 할 사람이 주부이고, 대한민국에서 제일 행복해야 할 사람도 주부이다. 주부가 가정의 행복을 좌지우지하며, 이에 따라 국가의 행복 증진에도 지대한 영향을 미친다.

가정은 최초의 학교이다. 학교의 교사가 되려면 자격증이 있어야 한다. 가정을 다스리는 남편과 아내에게도 전문성이 있어야 한다. 비전문적인 직공이 만든 생산품은 폐품이 되듯이 남편과 아내가 성숙하지 못하면 자녀가 불량품이 되기 쉽다. 남편과 아내 또는 아버지와 어머니가 되기는 쉽다. 하지만 각자 역할을 감당하기는 매우 어렵다.

최근 한 초등학생은 "아빠는 왜 있는지 모르겠다"라고 썼다고 한다. 엄마는 밥을 해주고, 강아지는 자기와 놀아주는데 아빠는 자기에게 아무런 도움이 되지 않는다는 말이다.

필자는 6년 전부터 지방법원에서 협의이혼 상담을 하고 있다. 상담하면서 자주 느끼는 사실은 인격이 불완전한 남녀가 만나면 행복한 가정을 이루기 어렵고, 그들의 아이에게도 불행을 안겨준다는 것이다. 남편과 아내가 원숙한 인격을 소유하면 결혼생활이 원만하며 자녀에게도 좋은 영향을 미친다.

문제 있는 부모는 있어도 문제 있는 아이는 없다고 한다. 나무는 위에서부터 마르듯 가정과 사회의 모든 문제는 어른에게서 비롯된다.

♥ **행복코칭**

모든 사람이 행복해져야 한다. 행복의 필요성을 느끼기만 해도 더 행복해진다. 행복해지면 다양한 유익이 따라온다. 행복은 일종의 의무이다. 어른이나 지도자는 행복에 대해서 누구보다 잘 알고 더 행복하게 살아야 한다.

♥ **행복연습**

1. 행복을 주는 유익 가운데 매력적인 것 세 가지만 골라보라.
2. 나는 가족이나 주위 사람에게 행복 모델이 되고 있는가? 그렇지 못하다면 행복 모델이 되기 위해 어떤 것부터 변화시켜야 하나?

Part 2

♠

쉽게 행복해질 수 있다

사소한 행복을 찾자

행복은 아주 드물게 찾아오는 거창한 행운보다는 매일 일어나는 자잘한 편리함과 기쁨 속에 깃들어 있다. - 벤저민 프랭클린

행복은 현재 여기에 있다

사람들은 행복이 자신과 멀리 떨어져 있다고 착각하며 산다. 하지만 행복은 현재 여기에 있다. 큰 행복은 드문드문 오나 작은 행복은 수도 없이 다가온다.

주변의 작은 일들을 보며 행복감을 느낄 수 있다. "행복한 시간이 빨리 지나가서 서운했지만, 지나고 생각해보면, 슬픈 날, 고통스러운 날들도 찰나에 불과하다"라는 구절이 있다.

누군가 그랬다. 모든 것은 찰나에 불과하다고. 지나치게 서둘지도, 천천히도 말고 그냥 흐름에 맡기라고. 시간은 흐르는 것이고, 그 흐르는 시간 속에서 내가 사는 거니까. 하지만 그게 어디 쉬운 일인가? 찰나에 불과한

그 시간이 모여 내 삶을 만든다. 분명 살아오면서 행복한 시간도 무척 많았을 텐데, 슬프고, 힘들고, 아픈 기억을 오래 간직하면서 많이 힘들었다고 생각한다.

기쁨보단 슬픔이 더 무거워서 기쁨은 증발하고 슬픔은 가라앉아버렸기 때문이라고 어느 소설가가 말했지만 그건 이기적인 마음이 작용한 탓일 게다. 행복은 갖지 못한 것을 바라는 것이 아니라 가진 것을 즐기는 것이다.

행복은 사소한 것에 숨어 있다

행복은 사소한 것에 숨어 있음을 자주 깨닫는다. 우리는 사소한 것을 잘 다룰 필요가 있다. 행복에는 작은 행복과 큰 행복이 있다. 큰 행복은 자주 오지 않지만 작은 행복은 자주 온다. 이 세상은 작은 것으로 형성되듯이 행복도 그러하다. 작은 행복을 자주 체험하기 바란다. 그러면 큰 행복으로도 이어질 것이다.

필자는 자투리 시간을 아주 유용하게 쓴다. 단 1분이라도 유용하게 쓰면 기쁨이 생긴다. 조금만 눈여겨보면 평범한 일상에서 작은 기쁨을 많이 발견할 수 있다.

목이 마를 때 시원한 냉수 마시기, 분위기 좋은 곳에서 식사하기, 뜻하지 않은 곳에서 친구 만나기, 그리고 오감을 자극하는 사소한 기쁨은 모두 작은 행복을 선사한다.

큰 행복은 좀처럼 오지 않는다. 하지만 작은 행복은 수도 없이 다가온다.

이런 행복을 계속 붙잡기 바란다. 행복은 수많은 작은 기쁨으로 구성되었다. 쉽게 기분이 좋아지는 방법 세 가지를 제시한다.

첫째, 노래 부르기. 자신이 좋아하고 재미있게 부를 수 있는 노래를 부른다. 어떤 노래든지 열심히 부르면 심경에 변화가 온다.

둘째, 거울 앞에서 웃는 표정 짓기. 시시때때로 거울로 달려가 웃는 표정을 지어보자. 우리는 화난 얼굴이거나 시무룩한 얼굴을 하고 있다. 어떤 웃음치료사는 수강생들에게 행복해지려면 경중경중 뛰면서 동시에 힘차게 손뼉을 치면서 큰 소리로 '하, 하, 하' 웃으라고 했다. 수강생들은 웃음치료사의 지도에 따라 여러 번 해보았는데, 모두 갑자기 행복해지는 체험을 하였다.

셋째, 움직이기. 시간이 나면 가만히 있지 말고 움직이기 바란다. 뭐든 가리지 말고 하는 것이 좋다. 이것은 작은 즐거움이든 큰 기쁨이든 스스로 만들려고 하는 사람에게 좋은 충고이다. 몸을 움직이는 것이 위안을 얻거나 심신의 안정을 높이는 방법으로 가장 확실하게 입증된 방법이다.

행동하는 사람은 그렇지 않은 사람보다 행복을 느낄 기회가 많다. 그는 뭔가 가치 있는 일을 더 이룰 수 있다. 일상에서 특별한 목적 없이 하는 일도 아름답다.

알랭은 이 세상에서 가장 행복한 사람은 경찰서장이라고 했다. 경찰서장은 항상 행동하기 때문에 행복하다는 것이다. 그는 항상 새로운 상황을 만난다. 불, 물, 강도, 교통사고, 사람의 분노, 사람의 감격을 만난다는 것이다. 물론 그가 하는 일에는 저항과 난관도 있다. 하지만 그가 그것을 다스릴 수 있다면 만족감은 더욱 커진다.

살아 있다는 것이 기쁨

이 책을 읽는 여러분은 대단한 존재다. 이 땅에 태어나서 지금까지 생명을 부지하고 있다는 사실 하나만으로도 칭찬받을 만하다. 그런데 우리는 자신이 지금 살아 있음에 감동하지 않는다. 가장 큰 행복은 지금 내가 살아 있다는 것이다.

세상에는 행복이 많다. 하지만 내가 살아 있을 때에만 행복을 말할 수 있고 누릴 수 있다. 병이나 사고 혹은 전쟁 때문에 죽을 고비를 넘긴 사람들은 매일 살아가는 것을 비범하게 느낄 것이다.

당나라의 운문 대사는 '날마다 좋은 날(日日是好日)'이라고 하였다. 날마다 생일처럼 좋은 날이다.

미국의 하원의원 찰스 랭글은 고교 시절 입대하여 한국전에 참여하였다. 그가 속한 부대는 1950년 10월 압록강까지 진군하여 북한군을 몰아냈다. 그런데 11월 인해전술을 쓰면서 몰려오는 중공군의 포위 속에 부대원들은 거의 전멸했는데 그를 포함한 5명만 구사일생으로 살아났다. 그는 이렇게 말했다.

"나는 중공군에게 포위되어 전우들의 시신 사이에 처박혔다. 죽은 척하려 했지만 심장 뛰는 소리 때문에 들킬까봐 겁났다. 그때 하나님께 기도했다. '살려주신다면 어떤 잘못도 저지르지 않고 살겠습니다.' 그리고 기적적으로 살아났다. 그 뒤로 지금까지 내게 단 하루도 운 나쁜 날이 없었다."

누구라도 한 번 '지옥의 문'을 거쳐 나오면 굳세고 슬기로워진다. 다시 말하지만 내가 지구에 태어난 것과 지금 살아 있는 것은 기적 중의 기적이다. 살아 있다는 것은 좋은 기회를 가지고 있고 도전할 가능성이 있다는 뜻이다. 내가 살아 있다는 사실에 초점을 맞추면 불평불만이 침투할 여지가 없어진다. 늘 기쁨과 감격 속에서 살아갈 수 있다.

갈리치아 출신 시인 마샤 칼레코는 '나는 기쁘다' 라는 시를 썼다. 조용히 음미해볼 만한 시다.

나는 기쁘다, 하늘에 구름이 지나가는 것이.
비가 오고, 우박이 내리고, 눈이 쏟아지고, 날이 꽁꽁 얼어붙는 것이,
나는 가시들장미와 라일락이 꽃을 피우는 초록의 계절도 기쁘다.
지빠귀가 지저귀고, 벌이 앵앵거리고,
모기가 물고, 쇠파리가 윙윙거리는 것이.
빨간 풍선이 창공으로 날아올라가는 것이.
참새가 재잘대는 것이. 물고기가 침묵하는 것이.
나는 기쁘다, 달이 하늘에 걸려 있는 것이.
해가 날마다 새로 뜨는 것이.
여름 다음에 가을이 오고, 겨울 다음에 봄이 오는 것도.
즐겁다. 거기에 하나의 의미가 숨겨져 있다.
똑똑하다는 사람들도 그것을 보지 못할지언정.
모든 것을 머리로는 이해할 수 없다!
나는 기쁘다. 이것이 인생의 의미다.
나는 무엇보다 기쁘다. 내가 있다는 것이.

♥ 행복코칭

행복은 일상생활에 숨어 있다. 그것을 발견하기만 하면 된다. 작은 행복을 자주 체험하자. 매일 아침 눈을 뜰 수 있다는 것에 감사하고, 하루가 생의 마지막 날이라는 것을 생각하자.

♥ 행복연습

일상에서 작은 행복을 주는 일들의 목록을 만들고 즐겨라.

1. 화초를 기르고 애완동물, 열대어에게 먹이를 준다.
2. 아침에 샤워를 한다.
3. 체조나 스트레칭을 한다.
4. 새로운 음식을 만든다.
5. 신문을 읽고 도움이 되는 자료를 오려둔다.
6. 배우자나 친구와 커피나 차를 마시며 대화를 나눈다.
7. 전화 통화를 한다.
8. 15분간 낮잠을 즐긴다.
9. 집에서 화분에 채소를 기른다.
10. 텔레비전, 영화 등을 본다. 라디오를 듣는다. 기타를 치고 노래를 부른다.
11. 아침에 떠오르는 해, 저녁에 지는 해, 그리고 밤에 반짝이는 별을 감상한다.
12. 산책을 하며 명상을 즐긴다.
13. 문화센터, 평생교육원에 가서 새로운 것을 배운다.
14. 책을 읽는다.
15. 바겐세일에 물건을 사러 외출한다.
16. 가까이 있는 식물원에 간다.
17. 옛날에 다녔던 길을 걸어본다.
18. 가끔 외식을 즐긴다.
19. 자가용 외에 다른 교통수단(자전거, 노선버스, 전철 등)을 타본다.
20. 기부와 모금 행사에 참여한다.

비교만 하지 않아도 행복지수가 쑥 올라간다

과거와 현재의 기쁨에 감사하고 미래의 희망을 생각하라! 당신은 이 세상에서 가장 행복하다! – 작자 미상

비교하면 비참해진다

미국 일리노이 주립대학 에드 디너 교수가 '월드 폴'이라는 여론조사 기관을 통해 소득 상위 40개국을 대상으로 행복도를 조사했다. 그 결과 한국은 39위였다. 꼴찌에서 두 번째다. 디너 교수는 한국인이 소득에 비해 행복을 느끼지 못하는 원인으로 두 가지 삶의 방식을 들었다. 한 가지는 돈을 중시한다는 점이고, 또 한 가지는 비교의식이 강하다는 점이다.

수입이 적더라도 자신이 좋아하는 직업을 선택하기보다 돈을 보고 직업을 선택하므로 만족감이 떨어지고 행복도가 떨어진다는 것이다. 또 만족할 상황이나 여건임에도 끊임없이 다른 사람과 비교하고 경쟁하니 행복을 느끼지 못한다는 것이다.

조사에서 행복도 1위를 차지한 나라는 덴마크였다. 이번만이 아니라 조사 때마다 거의 1위를 차지하는 나라가 덴마크이다. 무엇이 그들에게 행복도 1위를 차지하게 했을까?

디너 교수는 역시 삶의 방식에서 원인을 찾았다. 한 가지는 다른 사람과 비교하지 않고 경쟁적이지 않다는 점이고, 또 한 가지는 돈보다는 자기가 좋아하는 일을 한다는 점이었다. 한국인이 행복을 느끼지 못하는 원인과 정반대 아닌가?

덴마크에는 시험에 따른 등수가 없다. 학생들의 강점을 찾아 공부시킬 뿐이다. 실업계를 나온다 하여 전혀 주눅 들지 않는다. 공부를 단지 여러 재능 가운데 하나로 여길 뿐이다. 실업계 또한 자신의 재능, 강점으로 여긴다. 그러기에 자신의 직업과 타인의 직업을 비교하지 않는다. 실업계를 나와 벽돌공을 하는 사람도 자신의 작업에 자부심이 있다고 한다. 그는 자기 작업이 은행장과 마찬가지로 중요하다고 생각한다.

덴마크 교육의 핵심은 초등학교 9년 교과 과정이다. 이 기간에 아이들은 거의 무한대로 즐기며 논다. 그야말로 학교가 놀이터이다. 학생들도 '세상에서 가장 재미있는 곳이 학교'라고 거침없이 말한다. 시험은 8학년과 9학년 때 한 차례씩만 치른다. 그들은 놀면서 협동을 배운다. 숙제도 거의 없지만, 있어도 대부분 그룹 과제이다. 평가 또한 개인이 아닌 그룹에 대해 한다. 덴마크가 지속적으로 성장하는 비결은 이런 특이한 교육방침 덕이다.

경쟁의식도 비교의식의 일종이다. 우리는 1등만을 고집한다. 행복은 성적순이 아닌데도 말이다. 누구나 1등이 되려고 한다. 그런데 1등이 되어도 행복하지 않다. 1등을 계속 유지하려면 스트레스를 받기 때문이다. 모든 사람을 불행하게 만드는 1등주의가 사라져야 한다. 학생의 특성에 따라 모두에게 상을 주는 학교가 생겼다. 매우 바람직한 현상이다.

왜 학교나 회사가 편안한 곳이 되지 못하는가? 경쟁이 심하기 때문이다. 경쟁 때문에 항상 싸운다. 그래서 즐겁지 않다. 하지만 어디에든 인간이 존재하기 때문에 사이좋게 지내야 한다. 편하고 즐거운 분위기는 얼마든지 만들 수 있다. 경쟁의식을 버리고 '모두 사이좋게 지내자'를 표어로 삼으면 어떨까? 인간은 누군가와 함께 있으면 즐거운 법이다.

경쟁은 어떤 동일한 목표를 향해 가며 경합을 벌여 승부나 우열을 가리는 일이다. 하지만 사회는 그런 경쟁을 하는 곳이 아니다. 어떻게 사회 구성원 한 사람 한 사람의 목표가 같을 수 있겠는가. 물론 경쟁은 목표의식을 주고 평소보다 더 많은 힘을 끌어내게 한다. 하지만 늘 경쟁의식 속에 살면 행복하지 않다. 사회가 경쟁만을 위한 곳이 아니라 각자 존재를 인정하고, 함께 나누고, 서로 도우며 살아가는 곳임을 깨달아야 한다.

다른 사람과 비교하지 마라

인간이 남과 비교하는 것은 본능이다. 부부 동반으로 동창회에 갔다 오면 어떤 느낌이 들까? 누구는 어디서 어떻게 살더라, 누구 자녀는 박사가 되었더라, 누구 아내의 옷은 정말 아름답더라는 비교의식이 생기면 기분이 별로 좋지 않다. 애초부터 비교대상이 없다면 행복했을 것이다.

남과 비교하지만 않아도 우리의 행복지수는 올라간다. 그러므로 별다른 노력 없이도 행복해지는 비결은 비교하지 않는 것이다. 비교는 차이점을 강조하거나 유사성을 나타낼 목적으로 어떤 사람을 다른 어떤 사람과 나란히 놓고 보는 것을 말한다. 어떤 경우이든 비교하는 것은 옳지 않다.

인간은 비교의식에 사로잡힐 때 비참해지거나 교만해진다. 비교에는 끝이 없다. 누구에게나 장점도 있고 단점도 있다. 아무리 뛰어난 사람도 모든 것을 다 잘할 수 없으며, 아무리 좋은 환경을 갖춘 사람이라도 모든 것이 다 충족되지는 않는다.

나와 다른 사람들을 비교하지 마라. 우리는 자신과 다른 사람을 자주 비교한다. 그 결과는 크게 두 가지로 나타난다. 하나는 우월감이고 다른 하나는 열등감이다. 우월감을 느끼면 마음이 뿌듯하고 자부심을 갖게 된다. 열등감을 느끼면 우울하고 비참한 생각을 하게 된다.

나를 남과 비교하지 않으면 자기 자신을 방어해야 한다는 긴장감에서 벗어날 수 있다. 그러면 외부 상황에 좌우될 필요가 없어 마음이 편해지고 행복해진다. 나를 남과 비교하는 것은 자신의 초상화를 다른 사람의 액자에 끼워 넣으려는 것과 같다. 즉 헛된 위장을 위해 진실한 인격을 저당 잡힌 것이나 다름없다. 정말 꼴불견이다.

자신이 가진 것을 살필 때 남이 가진 것과 비교해서는 안 된다. 예컨대 여러분의 집과 다른 사람의 집을 비교하는 어리석음에 빠져서는 안 된다. 세상에는 더 많이 가진 자가 언제나 존재한다. 나를 다른 사람과 비교하는 것은 바람직하지 못하다. 남과 비교하면 나는 불행해진다.

자신보다 소득이 적은 이웃과 함께 사는 사람의 행복 만족도가 높다. 반면 자기보다 부자인 이웃과 사는 사람은 자신의 처지를 비교하기 때문에 괴롭다. 그러니 다른 사람과 절대 비교하지 않겠다고 마음에 새겨야 하지 않을까?

노리스는 "불만은 비교에서 비롯된다. 더 좋은 상태가 안 보이면 각자는 자기 것을 좋아할 수 있으련만"이라고 했다. 지금 이 세상에 존재하는 '나'는 창조주의 독특한 작품이다. 다른 사람과 비교한다는 것 자체가 모순이다.

우리의 본성과 현대의 환경은 남과 비교하게 만들며 남과 경쟁하면서 살게 한다. 우리는 아래를 보지 않고 위만 보면서 살아간다. 그래서 비교하게 되고 스스로 불행하게 만든다. 매스미디어에서 쏟아내는 광고는 욕심을 한없이 부풀린다. 욕망을 채워야 행복해질 수 있다고 선전한다. 이것은 악마가 연설하는 모습이다. 현혹되지 말아야 한다.

다른 사람들과 비교하지 마라

라디오에서 아무개 장모가 "남의 사위들은 모두 키가 큰데 우리 사위들은 모두 키가 작아. 그래서 내 맘이 편하지 않아"라고 하는 말을 들었다.

우리가 흔히 저지르는 실수는 자기 배우자를 다른 사람의 배우자와 비교하는 일이다. 어떤 여성은, 대학 동기생들의 남편은 판사, 검사 등 고위공직자인데 자기 남편만 중학교 교사라서 자신의 처지를 늘 비관한다. 아무도 그녀를 불행하다고 여기지 않지만 그녀 스스로 불행하다고 생각하는 것이다.

우리는 다른 사람과 비교할 뿐만 아니라 다른 사람을 또 다른 사람과 비교하는 잘못을 범하고 있다. 이것은 매우 부당하며 어리석기 짝이 없고 심지어 잔인하기까지 한 일이다. 이런 사람이 있기 때문에 많은 사람이 피해를 입는다. 특히 어린이에게 피해가 매우 크다.

열등해 보이는 아이를 다른 아이와 비교한다든지 다른 집 아이와 비교하는 부모들을 흔히 본다. 이런 비교는 아이들의 자아상을 해치며 삶의 의욕도 질식시킨다.

필자는 결혼하여 아이를 낳고부터 내 아이들을 서로 비교하지 않은 것은 물론 남의 아이들과도 비교하지 않았다. 필자는 이를 철저하게 지켰다. 그래서 그런지 아이들이 건전하게 성장했다.

비교하는 것이 습관이 되면 나도 남도 비참해진다. 사람들은 왜 장소와 사물을 있는 그대로 받아들이지 못할까. 시기심, 질투심, 비교의식, 헛된 욕망을 다스리지 못하기 때문이다. 우리는 각자 다양하기 때문에 이 세상은 아름다운 것이다.

과거와 현재의 나를 비교하지 마라

과거의 영광된 모습과 현재의 초라한 모습을 비교하면 괴롭다. 이런 경우 대부분 자기연민에 빠진다. 과거에는 50평 아파트에 살았는데 지금은 20평짜리 연립주택에서 산다면 어떤 느낌이 들까? 과거에 대학교수였는데 지금은 노숙자로 전락했다면 그 심정은 어떨까?

미국의 3선 하원의원이던 김창준 씨는 사업 실패, 이혼 등으로 몰락했다. 자살하려 해도 총을 살 돈이 없었다고 했다. 한국에 와서 인왕산 길을 걸으면서 모든 것을 내려놓으니 비로소 마음이 편안해지고 자연의 아름다움이 눈에 들어왔다고 했다.

마음을 비우는 연습을 해야 한다. 마음을 가다듬고 상상력을 발휘해야 한다. 나에게는 '과거의 나', '현재의 나', '미래의 나'가 있다. 현재가 과거보다 못한 상태라면 지금보다 훨씬 더 나빠질 수 있었는데 이 정도만 해도 다행이라고 생각하는 것이다. 지금 생존하여 세 끼 밥을 먹는 것도 다행으로 여겨야 한다. 최선을 다했어도 변화되지 않았다면 일단 현재 상태를 받아들이는 것이 마음 편하다. 하지만 희망과 용기를 잃지 않고 재기할 마음을 다져야 한다.

과거에는 성공했는데 현재는 초라하더라도 마음을 비우고 겸허하게 세상을 바라보면 천국이 보인다.

♥ **행복코칭**
가만히 앉아서도 행복지수를 높이는 길이 있다. 그것은 비교하지 않는 것이다. 나와 다른 사람, 다른 사람과 또 다른 사람을 비교하지 않는 것이 바람직하다.

♥ **행복연습**
1. 나와 다른 사람을 비교하지 않는다.
2. 다른 사람과 또 다른 사람을 비교하지 않는다.
3. 과거의 나와 현재의 나를 비교하지 않는다.

감사하다는 말을 많이 하자

모든 일에 감사하라. – 성서

감사의 미덕

인도의 시인 타고르는 '감사의 분량이 곧 행복의 분량'이라고 했다. 감사생활을 하는 자는 행복한 사람이다. 카를 힐티도 《행복론》에서 행복의 첫 번째 조건을 감사라고 했다. 피터 쉐퍼는 "감사하는 가슴의 밭에는 실망의 씨가 자랄 수 없다"라고 했다. 감사하는 마음을 갖지 못하면 행운은 좀처럼 찾아오지 않는다.

사람들은 대부분 감사결핍증에 걸려 있다. 감사하기는커녕 배은망덕한 사람도 많다. 마크 트웨인은 "갈 데 없는 개를 데려다가 잘 먹여주고 잘 재워주고 잘 길러보시오. 그는 결코 당신을 물지 않을 것이오. 바로 그 점이 사람과 개가 다른 점이오"라고 했다. 이는 인간이 얼마나 감사할 줄 모르는 존재인지를 풍자한 말이다.

감사를 구체적으로 표현하면 더욱 기분이 좋아지고 행복해진다. 한 가지 실험을 해보자. 날마다 자고 일어나서 '감사합니다'를 소리 내어 100회 복창하기를 한 달 동안 계속한 다음 효과를 점검해보자. 훨씬 기분이 좋아지고 매사가 부드럽게 전개되는 것을 깨달을 것이다. 맹목적으로 '감사합니다'라는 말만 반복해도 매우 행복해진다. 좋은 말을 되풀이하면 자신의 것이 된다고 한다.

필자는 날마다 자고 일어나 제자리에서 10분간 뛰면서 '감사합니다'를 복창한다. 날마다 '감사합니다'라고 100번 말하면 일 년에 3만 6,500번이나 감사를 표현하는 것이 된다. 감사한다는 말은 자신에게 큰 축복을 가져다준다.

이 세상에서 우리에게 주어지는 것은 모두 공짜다. 다른 말로 표현하면 선물이다. 이 진리를 인식하면 감사하는 마음이 생긴다. 그러나 이 세상의 모든 것이 당연히 주어져야 한다고 생각하면 감사할 마음이 생기지 않는다.

하루에도 감사해야 할 일이 얼마나 많은지 모른다. 감사의 마음을 말로 표현해야 한다. '감사합니다, 고맙습니다'라는 말을 자주 하는 것이 좋다. 좋은 일이 생길 때는 기뻐하면서 '감사합니다'를 중얼거리든지 '행복합니다'를 되뇐다. 이렇게 계속하면 습관이 되어 매사에 더욱 감사하는 마음을 갖게 된다.

주변 사람의 사소한 친절이나 배려에도 고마움을 표시하자. 물론 감사하고 싶은 마음이 없을 수도 있다. 하지만 관점이 바뀌면 사물이 다르게 보임을 명심하자. 감사하는 습관을 기르면 행복이 저절로 다가오는 것을 실감하게 된다.

한 여자가 강철왕 카네기에게 참을 수 없는 욕과 저주를 퍼부었다. 그런데 카네기는 그저 온화한 미소를 지으며 조용히 듣고 있었다. 옆에 있던 친구가 "이봐, 이런 말을 듣고도 참을 수 있다니 대단하네. 비결이 뭔가?"라고 물었다. 그러자 카네기는 "이 여자가 내 아내가 아니라는 게 얼마나 감사한지. 그것을 생각했다네"라고 했다. 그렇다! 관점을 조금만 바꾸면 감사하지 않을 일이 없다.

세상을 바라보는 시각을 조금만 바꾸어도 삶이 새로워진다. 노력을 많이 하지 않아도, 그저 세상을 바라보는 눈을 조금만 달리하면 인생이 바뀐다. 우리는 모두 행복해지는 능력을 지녔다. 하지만 그런 능력이 행복으로 변화되려면 '감사해요' 라는 말을 하는 것이 중요하다.

'감사합니다, 고맙습니다' 라는 말은 기적을 일으킨다. 감사하는 마음이 없으면 마음이 황폐해지고 행운은 다가오지 않는다. 단지 '감사합니다' 라는 말을 자주 하면 지금보다 더욱 행복해지고 스트레스를 다스릴 수 있다.

오늘날 젊은이들은 각박한 생활 때문에 현실에 불만이 있다고 한다. 60, 70대의 청춘 시절은 지금보다 훨씬 열악했다. 필자만 하더라도 신혼생활을 단칸 셋방에서 시작했고, 보릿고개도 겪었고, 구호물자로 옷을 해 입고 초등학교에 다닌 적도 있다. 그런 고생을 겪은 필자는 그때와 비교하면 행복이 넘친다.

반면에 신세대는 경제적으로 고생하지 않았다. 필요한 것은 부모가 다 채워준다. 그러니 지금의 환경을 당연한 것으로 여겨 감사하는 마음이 생기겠는가? 조금만 불편해도 즉시 불만을 표시한다. 신세대와 구세대의 가장 큰 차이는 감사하느냐의 차이일 것이다. 젊은 세대는 겸손과 감사를 배워야 한다. 그래야 행복도를 높일 수 있다.

우리는 역사상 최고 수준의 삶을 누리고 있다. 이 사실을 알면 감사를 표현해야 한다. 감사를 깨닫는 순간 인생이 달라진다. 괴로웠던 기억이 자꾸 떠오르는 사람이 많다. 그런 생각은 재빨리 지우고 그 대신 몇 분만이라도 행복했던 기억이나 소중한 시간을 떠올려보라. 그 순간 새로운 세상이 열릴 것이다.

매일 감사하는 사람은 남을 잘 배려하고 하루하루를 즐겁게 살아간다. 에릭 호퍼는 "세상에서 가장 어려운 산수가 있다면 그것은 바로 우리에게 주어진 축복을 헤아리는 것이다"라고 했다.

감사 목록을 적어보자

감사할 일은 얼마든지 찾을 수 있다. 그런데도 우리 사회는 불만에 가득 차 있다. 곧 터질 것 같다. 지배를 받던 나라가 이처럼 잘살게 되고, 도움을 받던 나라가 다른 나라를 도와주게 되었다. 반기문이 유엔 사무총장이 되고, 김용이 세계은행 총재가 되었다. 한국은 세계 10위의 경제대국이 되었다. 이제 한국 국민으로서 자부심을 가져도 좋다.

주변에서부터 감사할 거리를 찾아보자. 밥 한술에 감사할 수 있다. 그것을 소화시킬 위장이 있음을 감사할 수 있다. 잠을 잘 자는 것도, 일거리가 있는 것도, 사랑스러운 배우자와 가족이 있는 것도, 자유로운 조국이 있는 것도 모두 감사의 대상이다.

자신이 특별히 감사하게 생각하는 일을 20가지 적어서 날마다 읽어보자. 처음에는 감사할 일이 잘 생각나지 않겠지만 좀 깊이 생각하면 그런 것을 얼마든지 찾아낼 수 있다.

'감사하다'는 말을 입에 달고 다니기 바란다. 다른 사람에게서 조그만 호의와 친절을 받았어도 곧 감사의 표시를 하라. 감사의 전화도 하고, 감사의 편지도 써라. 자기도 기분 좋아지고 다른 사람도 기분 좋아진다. 그런데 많은 사람이 감사를 표현하지 않거나 표현이 서툴다. 아직 감사를 표현하는 습관이 형성되지 않았기 때문이다.

감사하기를 생활화하니 변화가 많았다고 사람들은 말한다. 마음이 더 밝아졌고, 매사에 적극적으로 행동하게 되었다고 한다. 내성적이고 소극적인 사람이 외향적이고 사교적으로 변하며 더욱더 감사함을 표현하게 되었다고 한다. "Think, thank!"라는 영국 격언이 있다. 생각하면 할수록 감사하게 된다는 말이다. 이 세상에서 고맙지 않은 사람은 하나도 없다. 다만 우리가 사람과 사물을 어떤 시각으로 대하느냐가 문제이다.

영국의 신학자 매튜 헨리가 어느 날 밤 강도를 만났다. 귀가 중이던 그를 덮친 강도는 피가 철철 흐르도록 구타하고 가진 돈을 모두 빼앗아 갔다. 집으로 돌아온 매튜 헨리는 먼저 무릎을 꿇고 감사의 기도를 드렸다. 그의 감사 목록은 다음과 같았다.

- 전에 이런 일 없이 무사했음을 감사한다.
- 강도가 돈만 취하고 목숨을 취하지 않았음을 감사한다.

- 돈을 잃었지만 그렇게 많은 금액이 아님을 감사한다.
- 내가 강도가 아니요 상대가 강도였음을 감사한다.

매튜 헨리와 같은 태도를 갖는다면 여러분 마음을 아프게 한 사람에게도, 여러분을 속인 사람에게도, 여러분을 몰락하게 만든 사람에게도 감사할 수 있다. 그들은 누구도 할 수 없었던 여러분의 단점을 지적해주었으며 여러분을 분발하게 해준 고마운 사람들이다.

감사일기를 쓰자

행복한 사람은 자기가 가진 것에 충분히 만족해하며 감사를 느낀다. 감사하는 마음은 하늘에서 뚝 떨어지는 것이 아니다. 감사하는 마음은 본능이 아니다. 배우고 연습하는 것이다. 지혜의 전수 과정인 셈이다.

오프라 윈프리를 보자. 그녀는 걸핏하면 "우리 주변에는 감사해야 할 일이 아주 많으며 그것을 매일 기록해야 한다"라고 주장한다. 그녀는 재산이 14억 달러인 부자이다. 그런데 그녀는 재산을 갖기 훨씬 전, 그러니까 불우했던 어린 시절부터 감사할 일을 찾아내는 습관을 들였다고 한다.

매일매일 감사할 것을 찾아보자. 하루하루에는 감사할 무언가가 있다. 감사할 대상을 찾지 못하는 것은 마음이 닫혔기 때문이다. 우리 스스로 딱딱하게 하고 절망적이 되게 했는가? 인생에서 기쁨과 행복을 찾을 수 없다면 그것은 우리의 큰 실수이다. 그런 것이 존재하지 않는 것은 충분히 찾아보지 않았기 때문이다. 기쁨과 감사가 부족하다는 것은 시간을 충분히 들이지 않았거나, 아니면 관심사가 너무 좁았거나 제한적이었음을 암시한다.

감사 노트를 사용하면 부정적인 삶의 나락에서 빠져나올 수 있다. 노트를 펴고 필기구를 준비한 다음, 오늘 하루 일어난 일을 세 가지만 추려보라. 그 가운데 내가 감사할 일 하나를 노트에 적는다. 그냥 무엇이든 나를 기분 좋게 만든 일을 적으면 된다. 감사를 느낀 상황이나 사건을 적은 후에는 그 일이 자신의 인생에 왜 좋게 작용했는지를 적으면 된다.

필자는 이런 식의 감사 노트를 오랫동안 쓰고 있다. 필자는 일기를 쓸 때 제일 밑에 오늘 감사할 조건을 기록한다. 어떤 방식으로 하든 감사할 거리를 기록하는 것이 감사 습관을 기르는 데 효과적이다.

♥ 행복코칭

감사를 말로 표현하기 바란다. 그러면 더욱 기분이 좋아지고 행복해진다. 혼자서도 '감사합니다'라는 말을 반복하는 것이 좋다. 감사의 목록을 적어 수시로 읽어보고 매일 감사의 일기를 쓰자. 점점 더 행복해지고 감사할 일이 늘어날 것이다.

♥ 행복연습

1. 날마다 자고 일어나서 곧 '감사합니다'를 100회 이상 반복한다.
2. 감사할 내용을 20가지 적어 수시로 읽어본다.
3. 매일 감사 일기를 쓴다. 일기장 밑에 오늘 특별히 감사해야 할 것을 한 가지 이상 기록해도 좋다.

여유를 갖자

하루 30분 명상은 필수적이다. 단, 당신이 바쁠 때는 예외다.
그럴 때는 한 시간 명상해야 한다. - 성 프란시스 드 살

행복하려면 여유를 가져야

고속도로에서 과속으로 질주하는 버스, 트럭 그리고 번개 같은 총알택시를 보면 우리나라는 가히 '조급 공화국'이라고 불릴 만하다.

급속한 산업화로 우리 국민은 자신도 모르게 조급증과 강박증 환자가 되고 말았다. 그런데 조급증이 우리 행복을 얼마나 파괴하는 괴물인지 생각해본 적 있는가? 사람들은 왜 조급하게 살아야 하는지 생각해볼 겨를도 없이 그냥 앞으로 달려간다.

그런데 쫓기는 삶은 행복하지 않다. 삶의 멋과 맛은 여유에서 나온다. 어떤 일이든지 시간을 충분히 가지고 느긋하게 해야 즐길 수 있다. 시간 여유를 가지고 일해야 성취할 수 있다. 식사도, 대화도, 상담도, 공부도 모두 마

찬가지다. 마음에 여유가 있는 사람이 진정 부자이다. 소크라테스는 한적함을 찬양하며 여유가 가장 좋은 재산이라고 하였다.

한 조사에 따르면 한국인의 식사시간은 평균 9분이라고 한다. 한국인은 커피나 술도 여유 없이 마신다. 식사할 때나 커피나 술을 마실 때도 여유롭고 느긋한 것이 몸에도 좋고 보기에도 근사하다.

어떤 좋은 것을 소유해도 그것을 즐기지 못하는 사람이 많다. 왜 그런가? 여유를 갖지 못하기 때문이다. 여유 시간을 충분히 갖고 삶이 주는 혜택을 즐겨야 행복하다. 여유가 없으면 삶은 괴롭다. 분주다망(奔走多忙)을 '분주하면 다 망한다'로 풀이하는 사람도 있다. 쉬지 않고 달리는 말과 같이 계속 분주한 인생은 고달프다.

우리는 평안히 휴식할 수 있는데도 일을 계속해야 안심한다. 매사에 조금만 여유를 두고 행동해보기 바란다. 삶이 더욱더 즐거워질 것이다.

다음과 같은 아일랜드 민요가 있다.

일하기 위해 시간을 내라. 그것은 성공의 대가이다.
생각하기 위해 시간을 내라. 그것은 능력의 근원이다.
운동하기 위해 시간을 내라. 그것은 끊임없이 젊음을 유지하는 비결이다.
독서하기 위해 시간을 내라. 그것은 지혜의 근원이다.
친절하기 위해 시간을 내라. 그것은 행복으로 가는 길이다.
꿈을 꾸기 위해 시간을 내라. 그것은 대망을 품는 것이다.
사랑하고 사랑받는 데 시간을 내라. 그것은 구원받는 자의 특권이다.

> 주위를 살펴보는 데 시간을 내라. 그것은 이기적으로 살기에는 너무 짧은 하루이다.
> 웃기 위해 시간을 내라. 그것은 영혼의 음악이다.
> 하나님을 위해 시간을 내라. 그것은 인생의 영원한 투자이다.

'여유' 라는 말은 아름답고 위대한 말이다. 여유는 우리에게 꼭 필요한 덕목이다. 여유가 있어야 행복하고 건강하게 살아갈 수 있다. 강박증은 심각한 병을 많이 일으킨다. 사망의 가장 큰 원인인 암, 심장병, 중풍 같은 병은 주로 강박증 때문에 발생한다. 여유가 있으면 인생의 고뇌와 권태에서 벗어난다. 자신의 육체와 정신을 지키기 위해서도 여유가 필요하다.

서양 사람들을 살펴보면 바보스러울 만큼 매사에 여유롭다. 그들의 여유로운 생활 모습을 배울 필요가 있다. 여유가 있어야 자신을 검토할 수 있고 시행착오도 중단할 수 있다. 여유가 있어야 생각할 수 있고 장래 계획도 세울 수 있다.

집에서 여유 있게 출발하지 않으면 기차도, 비행기도 정시에 타기 어렵다. 시간 여유가 없으면 조급하게 운전하여 사고가 날 확률도 크다. 조급하게 외출하다가 가스불을 끄지 않은 것이 생각 나서 집으로 되돌아간다. 여유 없이 시작한 일은 금방 흐지부지되기 쉽다. 마음에 여유가 없어서 다른 사람과 쉽게 다투고 결별하고 이혼하기도 한다. 여유가 없어서 경제적 손실을 입기도 한다.

조용하고 안정된 심정은 강한 인격의 표시이다. 반대로 혼란스럽고 서두는 심정은 심약한 인격을 보여준다.

과연 우리 인생은 짧은가. 시간과 자신을 다스리지 못해 여유 없이 사는 것이다. 매사에 미리 준비하여 여유를 찾는다면 인생의 불행과 파국을 대부분 예방할 수 있다.

여유를 가지고 운전하면 교통사고의 50%를 줄일 수 있고, 여유를 가지고 일을 처리하면 스트레스의 50%를 줄일 수 있다. 그뿐만 아니라 행복지수를 100% 높일 수 있다. 그러니 매사에 여유를 갖도록 노력하자.

매일 아침 명상할 시간 30분을 마련해보자

하루를 여유 있게 보내기에 가장 좋은 방법은 이른 아침에 고요히 생각하는 시간을 마련하는 것이다. 위대한 사람들은 상당히 많은 시간을 혼자서 사색하고, 명상하고, 내면의 소리에 귀를 기울이면서 보냈다.

역사학자 아널드 토인비는 세계를 움직인 세 사람을 모세, 예수, 바울이라고 하면서 그들의 영향력의 원천은 고독한 시간을 많이 가진 것이라고 했다. 모세는 시내 산에서, 예수는 광야에서, 바울은 아라비아 사막에서 오랫동안 혼자 지내면서 하나님과 교제하고 깊은 명상의 시간을 가졌다는 것이다.

이 진실은 정치에서도 똑같이 적용된다. 윈스턴 처칠, 프랭클린 루스벨트, 에이브러햄 링컨과 같은 사람들이 혼자 시간을 보내면서 유익함을 많이 얻었다고 고백했다.

　좋은 대학은 교수들이 사색하고 연구할 시간을 많이 갖게 하기 위해서 강의를 최소한으로 맡긴다. 하루에 최소한 30분은 고요히 생각하는 시간으로 떼어놓자. 그때는 집안일과 직장일로 걱정하지 말고, 그저 내면의 소리에 귀를 기울이자. 자신에게 가장 값진 투자가 될 것이다.

하루를 여유 있게 보내자

　오랫동안 굳은 조급한 습관을 여유 있는 습관으로 고치기는 쉽지 않다. 그러나 매일 조금씩 노력하면 얼마든지 가능하다. 필자도 성격이 매우 조급했다. 하지만 노력해서 지금은 스스로 시간을 통제할 만큼 여유로운 사람이 되었다.

　먼저 아침에 일찍 일어나는 습관을 기른다. 보람 있는 명상의 시간을 가진다. 아침 기도를 하고 하루를 시작한다. 이런 아침의 여유로움이 온종일 여유 있게 한다.

　아침에 산책하면서 이른 아침의 풍경과 소리에 취해본다. 하루에 많은 것을 해결하겠다는 조급증을 버린다. 마감일을 좀 느슨하게 잡는다. 천천히 움직여본다. 사람들은 주로 급하게 움직일 때 불안감을 느낀다. 의미심장한 경험은 속도를 늦추어야 펼쳐진다.

　여유시간을 충분하게 두고 계획하고 준비한다. 조금만 미리 착수하며, 준비와 실행 사이에 약간 여유가 있게 하자. 그러면 성취된 일은 거의 완전에 가깝다.

시간을 충분히 확보하고 일한다. 식사를 천천히 하고 대화도 조급하게 하지 않는다. 쓸데없는 욕망을 줄이고 불필요한 일도 줄이고 단순하게 산다. 일이 많아도 서두르지 않고 여유 있게 행동한다. 급하게 서둘지만 않아도 삶에 긍정적인 변화가 많이 일어난다. 바쁠수록 돌아가라고 했다.

어느 작가는 "새벽에 창가로 내려앉는 풀벌레 소리가 청량하다. 바람이 흰 살결처럼 보드랍다. 어느덧 가을이 우리 귓가에서 머문다. 이 계절을 느낄 수 있다면 행복한 사람이리라"라고 했다. 마음에 늘 여유를 지니고 살아가자.

이렇게 천천히 여유 있게 살면 삶이 확연하게 달라질 것이다. 조급하게 행동할 때 보이지 않던 기회를 많이 볼 수 있고 즐거움도 더 많이 누리게 될 것이다.

♥ 행복코칭

행복하려면 여유를 가져야 한다. 시간이 충분하게 있어야 삶을 즐길 수 있기 때문이다. 하루를 여유 있게 보내기 위해 가장 좋은 방법은 일찍 일어나는 것이다.

♥ 행복연습

1. 무슨 일을 하든지 충분한 여유를 두자.
2. 지금보다 30분 일찍 일어나자.
3. 매일 30분 명상하자.
4. 여유를 가지고 출근하자.
5. 매사를 미리미리 준비하자.

얼굴에 늘 웃음의 꽃을 피우자

만약 이 세상이 눈물의 골짜기라면 미소는 거기에 걸리는 무지개다. – 트리

웃음을 우습게 여기지 마라

행복해지기 위한 가장 간단한 방법은 그저 웃는 것이다. 그냥 웃어라. 하하하, 허허허, 호호호, 히히히, 헤헤헤. 아니면 미소만 지어도 좋다.

웃으면 불이 환하게 켜진 잔칫집에 선물을 들고 오는 손님처럼 밝고 좋은 에너지가 찾아온다. 그리고 건강해진다. 행복한 인생의 비밀은 아주 간단하다. 웃는 것이 잘사는 비결이다. 매일 반복해서 웃어라. 웃음도 습관이다. 웃는 습관을 들여라. 처음에는 어색하지만 억지로라도 웃어야 한다.

가장 아름다운 꽃은 장미나 백합이 아니다. 웃음꽃이다. 이 꽃은 우리가 마음먹기만 하면 일 년 열두 달 내내 피게 할 수 있다.

에이브러햄 링컨은 "사람은 나이가 40이 넘으면 자기 얼굴에 책임을 져야 한다"라고 했다. 사실이다. 자기 얼굴이 이렇게 된 것은 모두 자기 탓이

다. 얼굴에 내 천자를 그리고 늘 불만스럽게 사는 사람이 있다. 그런 사람에게는 복이 오다가도 '어이쿠' 하면서 도망간다.

조선시대 임금들은 '웃음 내시'를 따로 두었다고 한다. 웃음이 건강에 미치는 영향을 우리 선조들은 일찍이 알았던 것이다. 공중 낙하할 때 낙하산이 펴져야 사람이 살 수 있듯이 우리 얼굴도 활짝 펴져야 행복한 삶을 영위할 수 있다.

처음에는 억지로 웃지만 웃다 보면 자기도 모르게 웃음에 빠져들어 웃을 일만 생긴다. '소문만복래(笑門萬福來)'라는 말이 있듯이 웃다 보면 좋은 일이 생긴다. 기분이 좋아진다. 복이 찾아오고 힘든 일상도 헤쳐 나갈 힘이 생긴다. '일소일소 일로일로(一笑一少, 一怒一老)'라는 말도 있다. 한 번 웃으면 한 번 젊어지고 한 번 화내면 한 번 늙어진다. 사람을 아름답게 하는 조건은 바로 웃음이다. 미인이라도 화나거나 찡그리거나 신경질적인 표정을 지으면 좋아할 사람은 없다.

지금 여러분은 얼굴에 미소를 짓고 있는가? 시무룩한가? 화난 표정인가? 미소 띤 얼굴은 자신의 마음을 안정시킬 뿐 아니라 보는 사람들을 즐겁고 편안하게 만든다. 사람이 가장 행복해 보이는 순간은 미소를 짓고 있을 때이다. 진정한 웃음은 상처받은 이의 마음을 치유해줄 뿐 아니라 타인의 적대감을 해소해준다. "웃는 얼굴에 침 못 뱉는다"라는 말처럼 웃음은 분위기를 전환하고 갈등을 해소하는 데 긍정적인 역할을 한다.

사람들은 타오르는 분노를 이기지 못하고 '눈에는 눈 이에는 이'라는 식으로 덤벼들다가도 상대방의 웃는 얼굴을 보면 마음을 돌리게 된다. 우리가 늘 다른 사람에게 미소를 보낸다면 상대방이 누구이든 관용을 베풀고 마음의 문을 열 것이다. 이렇듯 미소는 요술 지팡이처럼 분위기를 따뜻하게 만든다.

미소는 상대방에게 '네 친구가 되고 싶다'는 무언의 메시지를 전달한다. 또 지치고 힘든 친구를 따뜻하게 위로하고 힘을 북돋아준다. 언제나 미소 짓는 습관을 들이자. 힘들고 지칠 때 미소는 희망의 빛을 보여주며 긍정적인 마음을 갖도록 도와준다. 또 어디서 무엇을 하든 자신 또는 타인에게 힘이 되어준다. 웃음을 우습게 여기지 마라.

웃음이 보약

얼마 전 아침 일찍 전철을 타고 서울로 향했다. 필자가 앉은 맞은편 사람들의 표정을 살펴보니 7명 중 5명은 시무룩한 얼굴이었고, 2명은 화난 얼굴이었다. 한국인은 광대뼈가 나오고 눈이 작기 때문에 웃지 않으면 무섭게 보인다고 외국인들은 말한다. 자신의 얼굴 모습이 어떤지 자주 확인해 보라.

자문해보라. "나는 하루에 몇 번이나 웃는가?" 어떤 사람은 하루에 한두 번 웃는다고 한다. 어떤 사람은 하루에 한 번도 웃지 않는다고 한다. 그 이유를 물으면 "웃을 일이 있어야죠." 혹은 "행복해야죠?"라고 대답을 한다. 틀린 대답이 아니다. 하지만 '웃으면 행복해진다'는 말도 있다. 억지로라도 웃으면 확실히 기분이 좋아지고 행복감이 높아진다. 웃음은 마음만 즐겁게 하는 것이 아니라 건강에도 지극히 좋은 효과를 낸다. 사실 살아가면서 웃을 일은 그리 많지 않을 것이다. 하지만 억지로라도 웃는 습관을 기르면 자연히 제2의 천성이 된다.

웃음이 건강에 좋다는 것은 잘 알려진 사실이다. 15초 웃으면 이틀을 더 산다고 한다. 웃음은 다른 동물에게는 없는 인간만의 특권이다. 웃음은 영혼의 음악이다. 신은 인간에게 스트레스도 주고, 그것을 날려버릴 웃음도 함께 주었다. 늘 웃을 기회와 장소를 많이 만들어라. 웃을 수 있는 친구, 모임 등을 많이 확보하라. 마음의 여유를 갖고 상대의 말을 재미있게 들으려고 노력하라.

집이나 직장에서는 웃을 일이 별로 없다. 친구 모임에서 '오랜만에 웃어 본다' 는 사람이 많다. 모임에서는 딱딱한 화제보다 웃을 수 있는 화제를 만드는 데 서로 노력해야 한다. 친목 모임에는 얼마간 돈도 들겠지만, 한 번 크게 웃으면 본전이고 두 번 웃으면 남는 장사다.

웃을 줄 모르고 웃길 줄 모르는 사람은 멋없는 사람이다. 또 웃지 못하고 지나간 하루는 공허하다. 행복해서 웃는다기보다는 웃기 때문에 하루가 행복해진다. 욕심이 작으면 고민도 적고, 고민이 적으면 주위가 아름답고 사랑스럽다. 사랑의 마음은 웃음을 낳고 웃음은 건강을 낳는다.

웃는 습관

우리는 웃는 것이 습관이 되어 있지 않다. 필자는 미국 여행길에서 미국인의 얼굴을 유심히 살펴보았다. 확실히 그들의 얼굴은 우리보다 환했고 미소도 잘 지었다.

시카고 관광을 할 때 2층 버스를 탔는데 안내인은 몸이 매우 풍만한 흑인여성이었다. 그녀는 40대 중반쯤인데 재미있게 말하고 노래도 부르고 제스처도 쓰면서 손님들을 즐겁게 하였다. 더운 날씨에도 미소를 잃지 않으면서 관광안내를 충실히 하는 그 여인이 인상적이었다.

95층 건물 맨 꼭대기 전망대에서 식사를 하였다. 그 식당의 매니저인 60대 중반의 영감님이 즐거운 표정으로 손님들을 접대하였다. 그에게 왜 그렇게 행복해 보이느냐고 했더니 지난여름에 덥고 비가 많이 와서 음식장사가 잘 안 되었는데 기후가 변하니까 손님이 많아져 즐겁다고 대답했다.

롱비치 공항에서 솔트레이크 공항으로 가는 동안 40대 중반의 스튜어디스가 미소를 품고 활발하게 움직이는 것이 인상적이었고, 중국 뷔페식당 안주인의 미소가 그렇게 밝았다. 또 레드라이언 호텔의 식당에서 서비스를 하던 넉넉한 아주머니의 미소와 명랑한 음성이 지금도 기억에 새롭다. 미국인은 미소가 생활화되어 있었다.

그런데 옐로스톤을 함께 여행한 한국인 관광객들의 얼굴은 대부분 굳어 있었고 험상궂기까지 했다. 미국에서 16년간 일했다는 한국인 가이드 얼굴도 굳어 있기는 마찬가지였다.

'웃으면 복이 온다'는 말을 믿는가? 그것은 이미 과학적으로 증명된 사실이다. 그렇다면 미소 짓는 것을 제2의 천성으로 만들라. 미소 짓는 시간이 오랠수록 행복감도 더 지속된다.

시원한 웃음이 그리운 사람은 아무도 없는 데서 가장 좋았던 일을 생각하며 미친 듯이 크게 웃어라. 억지로 웃어도 효과는 있다. 15초 이상 웃으면 진짜 웃음이 나온다. 그런데 이상한 것은 그 웃음 덕분에 힘이 난다는 것이다. 좋은 아이디어도 떠오른다. 아무도 없는 데서 연습해보고 시도 때도 없이 웃으면 된다. 여럿이 있으면 환한 표정으로 같이 크게 웃도록 유도한다. 같이 웃으면 혼자 웃는 것보다 33배나 더 효과가 있단다.

웃음은 상식의 틀이 깨졌을 때 나오는 놀라운 소리도 된다. 고정된 생각으로 생활하니까 웃을 일이 별로 없는 것이다. 자동차를 운전하다가 빨간 신호등이 켜지면 그 안에서 큰 소리로 웃어라. 효과가 있다. 자고 일어나서 손뼉을 치면서 크게 웃고, 자기 전에도 그렇게 해보라. 행복해지고 건강해지는 이중효과를 톡톡히 볼 것이다.

♥ 행복코칭

우리는 웃음에 인색하다. 웃음에 대해 잘못 인식해왔고 웃는 습관도 제대로 들일 수 없었다. 어린이는 얌전해야 하고 어른은 근엄해야 한다고 믿어왔다. 헤프게 웃는 사람을 모자란 사람으로 간주해왔다. 글로벌 시대를 사는 우리는 이런 버릇을 근절해야 한다. 웃음의 가치와 유용성을 깨닫고 웃음이 생활화되게 노력하자.

♥ 행복연습

1. 매일 박수를 100번 치면서 동시에 '하하 호호 후후 히히 헤헤' 하며 웃음소리를 내 본다.
2. 거울을 보고 더 아름다운 모습으로 웃는 연습을 한다. 입꼬리가 올라가도록 웃는다.
3. 늘 미소 띤 얼굴로 살도록 노력한다.

Part 3

♠

행복의 기본 요소

긍정적인 마음

하나님이 손수 만드신 모든 것을 보시니, 보시기에 참 좋았다. - 창세기 1:31

긍정적으로 말하라

이 세상은 참으로 아름답다. 하지만 긍정의 시각을 가진 자만이 아름다움을 볼 수 있다. 우리는 긍정의 시각을 갖거나 부정의 시각을 가지고 있다. 긍정의 시각을 가지고 사는 사람은 일생 동안 행복할 것이요, 부정의 시각을 가지고 사는 사람은 일생 동안 불행할 것이다. 이유는 간단하다. 긍정의 시각을 가지고 사는 사람은 밝은 세상에서 살고, 부정의 시각을 가지고 사는 사람은 컴컴한 세상에서 살기 때문이다.

모든 사물에는 긍정적인 면과 부정적인 면이 있다. 어떤 각도에서 바라보느냐에 따라 사물의 모습은 다르다. 사람들은 아침에 비가 오면 '날씨가 왜 이리 엉망이야?' 라고 한다. 그런데 날씨가 엉망인 것은 아니다. 그냥 비가 올 뿐이다. 알맞은 옷을 입고 기분을 바꾸면 비 오는 날에도 기분 좋게 지낼 수 있다.

비가 오는 날을 엉망이라고 생각하면 비가 올 때마다 기분이 가라앉는다. 필자는 비가 올 때도 여행한다. 운전자는 딴 때보다 신경을 더 써야 하겠지만 차에 탄 사람은 다른 날과 달리 독특한 즐거움을 맛볼 수 있다. 마음을 조금만 바꾸어도 하루하루를 행복하게 살아갈 수 있다.

빌 게이츠는 아침에 일어나서 "오늘 나에게는 왠지 모르게 행운이 찾아올 것이고 모든 일이 잘될 것이다"라고 외친다고 한다. 인생을 즐기며 살고 싶으면 우선 삶을 긍정하는 자세가 필요하다. 또 성공하는 인생을 살고 싶다면 자신의 능력을 긍정해야 한다.

우선 자기가 사용하는 말을 검토하기 바란다. 긍정적인 표현을 많이 하는지, 부정적인 표현을 많이 하는지 잘 살펴보라.

옛날 중국의 아무개 왕이 꿈을 꾸었다. 자기의 치아가 하나하나 다 빠지는 꿈이었다. 왕은 유명한 해몽자를 불러 자기 꿈을 해석하게 하였다. 해몽자는 "그 꿈은 친척들이 한 사람씩 죽어 나중에는 임금님만 남게 된다는 뜻입니다"라고 했다. 기분이 언짢아진 임금은 해몽자를 사형에 처했다.

임금은 다른 해몽자를 불렀다. 그는 임금의 꿈 이야기를 다 들은 후에 "임금님께서는 집안의 모든 친척보다도 가장 건강하게 오래오래 사신다는 꿈입니다"라고 해몽했다. 왕은 대단히 기뻐하며 그에게 상금을 내렸다. 두 해몽자는 똑같은 사실을 똑같이 해석했다. 다만 부정적이었느냐 긍정적이었느냐에 따라 운명이 달라졌다.

행복한 사람이 되기 위해 기본적으로 취해야 할 태도는 긍정적인 말을 하는 것이다. 예를 들면 "나는 날씬하다. 돈을 잘 번다. 항상 젊다. 조금 더 좋은 곳으로 이사를 간다. 대인 관계를 행복하게 맺기 시작했다. 나는 나다. 나는 내 머리, 코, 몸이 자랑스럽다. 나는 사랑과 애정이 풍부하다. 나는 즐겁고 행복하며 자유롭다. 나는 아주 건강하다" 등등의 말을 하는 것이다.

심리치료사 에밀 쿠에는 누구나 "나는 날마다 모든 면에서, 점점 좋아지고 있다"라는 말을 하루에 20차례 큰 소리로 반복하면 실제로 효과가 나타난다고 했다.

앞으로 펼쳐질 인생에 대해서 끊임없이 긍정적으로 말하라. 같은 말을 여러 번 반복하면 잠재의식에 영향을 미친다. 잠재의식은 순종적인 하인과 같아 여러분이 말한 대로 믿게 된다.

미국의 작가 로버트 콜리어는 "인간은 맞든 틀리든 자주 되뇌는 말을 믿게 된다. 그리고 그 말이 결국은 그 사람의 마음을 지배하기에 이른다"라고 했다.

항상 좋은 쪽으로 생각하라

얼마 전에 작고한 강영우 박사는 '긍정의 화신'이라고 할 만한 위인이다. 그는 한국 시각장애인으로는 처음으로 미국에서 박사학위를 땄고, 조지 부시 대통령의 장애인 정책담당 차관보로도 일했다. 그의 큰아들과 작은아들은 그의 긍정의 말에 영향을 받아 각각 의사와 변호사가 되어 크게 성공하였다.

강영우 박사는 일생 동안 긍정의 힘을 믿으며 자신의 길을 개척했으며,

글과 강연을 통해서 긍정 전도사로 활동했다. 그는 췌장암에 걸려 시한부 인생을 살면서도 주변 사람들에게 "여러분 덕분에 제 삶이 은혜로웠다"라고 했다. 그리고 "제가 살아온 인생길은 보통 사람보다 어려웠다. 하지만 결과적으로 나쁜 일 때문에 내 삶엔 더 좋은 일이 생겼다. 저는 늘 나쁜 일이 생기면 미래에 더 좋은 일이 생긴다는 긍정적 가치관과 생각을 가지고 살아왔다. 이 병에 걸렸어도 마찬가지다"라고 했다.

이 세상에는 내 뜻과 계획대로 되지 않는 일이 비일비재하다. 아무리 계획을 잘 세우고 힘써도 예상치 않은 일이 발생하기 마련이다. 이에 대처하는 기본자세는 항상 긍정적으로 생각하는 것이다. 즉 좋은 쪽으로 생각하는 것이 가장 좋다. 이런 사람에게는 불운도 비켜간다. 넓게 생각하면 내 계획대로 될 수도 없고 설령 내 계획대로 될지라도 마냥 좋은 것만은 아님을 깨닫게 된다.

랍비 아키바가 여행하는 중이었다. 땅거미가 질 무렵 하룻밤을 보내기 좋은 마을에 이르렀다. 하지만 주민들 모두 그를 배척해서 마을에 묵을 수 없었다. 그는 "하나님이 하시는 모든 일은 선하다"라고 중얼거리며 그들을 원망하지 않았다.

그는 산 중턱에서 밤을 보내기로 했다. 그는 시간을 알리는 자명종 대용으로 수탉 한 마리, 교통수단으로 당나귀 한 마리, 조명수단으로 횃불을 가지고 있었다. 천막을 치고 자려는데 일진광풍이 불어와 횃불이 꺼지고 말았다. 조금 있더니 난데없이 고양이 한 마리가 나타나더니 수탉을 물고 갔다. 게다가 사자가 한 마리 나타나 당나귀를 먹어치웠다. 이런 상황에서도 랍비 아키바는 마음이 동요되지 않고 "하나님이 하시는 모든 일은 선하다"

라고 중얼거렸다.

그는 천막 안에서 마음 편히 잠을 잤다. 아침에 일어나 보니 동네가 조용했다. 밥을 짓는 연기도 피어오르지 않았고 사람들도 전혀 왕래하지 않았다. 마을로 가보니 사람들이 모두 죽어 있었다. 지난밤에 마적 떼가 침입하여 사람을 다 죽이고 귀금속과 양식을 모두 가져간 것이다. 이때 랍비 아키바는 또 "하나님이 하시는 모든 일은 선하다"라고 했다.

아키바는 이런 생각에 잠겼다. 만약 마을에서 잤다면 목숨을 잃었을 것이요, 만약 수탉, 횃불, 당나귀를 잃지 않았다면 역시 목숨을 잃었을 것임에 틀림없었다. 닭이 울거나, 횃불이 켜 있거나, 당나귀가 울면 그곳에 사람이 있음이 알려져 마적 떼가 자기를 죽였을 것이다.

이렇게 의도하지 않은 일을 당하면 괴로워하지 말고 마음의 평정을 유지하도록 노력하자. 그런데 아무리 노력해도 소원한 바가 이루어지지 않고 사태가 진전될 기미가 보이지 않는다면 어떻게 해야 하나. 다음 방식을 취해보자.

타려던 기차를 놓쳤을 때는 그 기차를 타지 않는 편이 더 유익하다고 생각하자. 자기가 타려던 기차나 비행기를 타지 못했는데 그 기차나 비행기가 큰 사고를 당했다면, 자신에게는 얼마나 다행스러운 일인가?

주위 사람은 다 초대받았는데 자기만 초대받지 못했다면 내가 다른 일로 다른 곳에 있는 것이 더 좋다는 뜻으로 생각하자. 직장에 들어가기 위해 여러 군데 이력서를 내도 응답이 없다면 더 나은 직장이 예비되어 있다는 뜻으로 생각하자.

원하던 이성과 결혼하지 못했다면 더 나은 이성과 결혼할 기회가 생긴다는 뜻으로 생각하자. 이런 자세를 가진다면 연애에 한두 번 실패해도 낙망하거나 목숨을 끊는 일은 없을 것이다. 그리고 삼각관계를 빨리 청산하게 될 것이다. 이렇게 매사를 긍정적으로 생각하면 아주 멋진 인생을 살게 될 것이다.

가정이나 직장에서 일이 원하는 대로 되지 않으면 짜증을 내고 불평하는 사람이 있다. 하지만 환경과 조건 때문에 불평하면 안 된다. 가난한 집 자녀들이 원망이 적고 오히려 부잣집 자녀들이 원망이 더 많다고 한다. 그러니 매사에 긍정적인 면을 찾도록 하자.

섣부른 판단을 자제하면 결국 이로운 점을 찾아낼 수 있다. 여기서 한 가지 원리를 찾아낼 수 있다. 최선을 다한 다음에는 신에게 맡기는 것이다. 그러면 언제나 마음의 평안을 유지할 수 있다.

긍정의 힘으로 어려움 극복

필자는 왜관의 캠프캐럴에서 카투사로 군복무를 한 적이 있다. 채플에 놓인 여러 가지 책자를 접할 기회가 있었는데, '긍정적 사고방식', '가이드포스트'를 비롯한 노먼 빈센트 필 박사의 저서가 많았다.

필자는 이런 자료를 읽으면서 긍정적 사고의 필요성을 느끼고 긍정적으로 살도록 계속 노력했다. 이런 습관이 필자의 삶에 좋은 영향을 주었다고 생각한다. 누구나 긍정적으로 생활하는 습관을 기른다면 삶에 많은 변화가 일어날 것이다.

늘 긍정적으로 생각하고 얼굴에는 미소, 마음에는 평화를 품고 살자. 100세 이상 사는 사람들은 대개 낙천적이고 여유가 있다.

긍정의 힘으로 만병의 근원인 스트레스를 다스리자. 어느 정도의 스트레스는 피할 수 없는 것이 인생이라면 매사를 즐기는 마음가짐이 필요하다. 자신이 처한 심각한 상황도 시트콤 보듯이 재미있게 받아들이자.

이렇게 마음을 먹어보자. '시간이 해결해준다.' 사실 시간이 다 해결해준다. 그러니 오늘 이렇게 멀쩡하게 살고 있는 게 아닌가. 기다리면 결국 해결될 것을 굳이 고민할 필요 있을까. 고민을 많이 할수록 정신적 피해는 더 커진다. 해결될 때까지 그냥 느긋하게 기다리자. 내일은 또 내일의 태양이 떠오른다.

어느 누구의 삶에도 고난과 역경은 있기 마련이다. 긴 겨울의 추위를 견디면 따뜻한 봄이 오듯, 불행과 행복의 반복이 삶의 순리다. 따라서 긍정적인 마음으로 고난을 극복하고 나면 가슴에는 행복의 꽃이 필 것이다.

우리는 언제든지 선택할 자유가 있다. 우리 앞에는 비관과 낙관이 나란히 놓여 있다. 우리는 올바로 선택해야 한다. 낙관을 선택하면 비관론자보다 훨씬 더 아름다운 삶을 살고 무수한 기회를 포착할 수 있다.

열 가지 궂은일에 마음 아파하지 말고 한 가지 좋은 일에 기뻐하자. 그러면 가난하면서도 행복한 사람이 된다. 반대로 열 가지 좋은 일에 기뻐할 줄 모르고 한 가지 나쁜 일에 괴로워하면 아무리 돈을 많이 소유했더라도 불행한 사람이 되고 만다. 이 점 명심하길 바란다.

긍정적인 생각을 키우자. 이를 위해서 매일 특정한 시간을 별도로 마련하자. 정해진 시간이 5분밖에 없더라도 원하는 것이 이루어진 모습을 상상해보자.

긍정적인 생각이 담긴 글을 큰 소리로 읽고 영감을 불러일으키는 녹음테이프에 귀를 기울이자. 그리고 부정적인 생각을 향해 '저리 꺼져!' 라고 외치자. 부정적인 생각이 삶에서 영원히 사라지게 하자.

긍정적으로 도전하자. 매사에 부정적이기보다는 긍정적으로 생각하고 도전하자. 가령 초과근무를 하게 되더라도 어떻게든 지루함을 떨쳐내려 하기보다는 훨씬 더 의욕적으로 업무에 임해보자. 시간이 흘러가기만 기다리면 어깨가 더 무거워진다.

우리나라가 이렇게 단시일에 도약한 것도 정치가와 기업가와 국민이 긍정의 힘을 믿었기 때문이다. '잘살아보세!', '우리도 할 수 있다!' 라는 신념이 나라를 비약적으로 발전시킨 동력이었다.

세상이 아무리 악하더라도 우리는 긍정주의를 토대로 미래를 건설해야 한다. 우리는 우리 삶을 책임져야 한다. 조국과 부모, 학교로부터 피해를 보았다는 생각을 버려야 한다.

우리는 미래에 책임을 져야 한다. 더 나은 미래를 어떻게 만들지에 늘 관심을 갖고 행동을 해야 한다. 그리고 사람들이 아주 나쁘지만은 않다는 것을 믿고 서로 사랑하고 힘을 합해 이 세상을 발전시켜 나아가야 한다.

세상은 날로 변하고 있다. 그래서 오늘 안 되는 일도 내일은 해결된다. 긍정의 힘을 계속 정신적 도구로 사용하기 바란다. 그래야 행복을 창조하고 삶에서 기적을 만들 수 있다.

♥ 행복코칭

사람들은 누구나 긍정적인 시각이나 부정적인 시각을 갖고 있다. 긍정적인 시각을 가지면 밝은 세상에서 가능성을 최대로 발휘하며 살아갈 수 있다. 부정적인 시각을 가지면 그 반대로 살아갈 수밖에 없다. 항상 긍정적인 말을 하자. 계획대로 되지 않아도 늘 좋은 쪽으로 생각하자. 긍정의 힘을 늘 활용하여 스트레스와 역경을 극복하자.

♥ 행복연습

1. 매일 긍정의 말을 더 많이 하고 부정의 말을 줄인다.
2. 항상 좋은 쪽으로 생각한다.
3. 긍정의 힘으로 어려움을 극복해 나아간다.

일

영혼의 기쁨은 일을 하는 데 있다. - 셀리

일하는 기쁨

사람들에게 행복에 관해 물어보면 '자기가 하고 싶은 일을 하는 것이 가장 행복하다'고 대답하는 사람이 많다. 자기가 하고 싶은 일을 마음껏 해보는 것이 행복이다.

왜 일하는 것이 행복한가? 일을 성취한 후에 얻는 기쁨은 그 무엇과 비교할 수 없이 크기 때문이다. 고도의 어려운 일을 하는 사람이 쉽게 지치지 않는 이유는 일을 마치고 난 후에 큰 성취감을 맛보기 때문이다. 물론 큰 과제만이 아니라 작은 일을 잘 완성해도 기쁨을 얻을 수 있다. 그리고 일이 주는 유익이 참으로 많기 때문에 일할 기회만 있어도 행복한 것이다.

특히 현대 사회에서 자기 일을 갖고 있다는 것은 더할 나위 없이 행복한 일이다. 필자는 수 년 동안 가르치는 대학생들에게 '멘토 학습'이라는 과제를 낸 적이 있다. 그 학생들이 찾아가서 면담할 멘토는 학생과 같은 전공 분야에서 성공을 거둔 사람이나 자신의 인생을 이끌어줄 성직자나 스승으로 한정했다. 질문서 열 가지쯤을 미리 정해주고 면담을 하라고 했다.

학생들은 대부분 인터뷰를 하기 전에 겁부터 먹는다. 어떤 사람을 멘토로 선정할까, 그분이 만나줄까 등의 걱정을 한다. 그래도 그들이 용기 있게 멘토에게 전화를 해보니 명사나 전문가들 대부분 기쁘게 자기를 맞아주고 시간을 내어 자기 장래에 대한 조언을 해주더라는 것이다. 필자는 학생들의 보고서를 읽고 종합해보았다.

질문지의 제1번은 "지금까지 살아오면서 가장 가치 있다고 생각되는 것이 무엇입니까?"라는 질문이다. 이에 멘토들은 대부분 "나는 보람 있는 일을 하며 그것을 즐기며 그 일을 통해서 다른 사람을 유익하게 하고 있습니다"라고 대답했다.

여기서 필자는 공식을 하나 산출해낼 수 있었다. 즉 일생 동안 행복하려면 이들 멘토처럼 보람 있는 일을 가지고 즐기며 전문성을 발휘하여 사람들을 유익하게 하는 것이다.

세계적인 거부 워런 버핏은 학생들이 조언을 구하면 항상 이렇게 대답했다. "당신이나 나나 다를 것이 없다. 하지만 굳이 차이점을 찾으라면 나는 매일 내가 가장 좋아하는 일을 하고 있다는 것이다. 이것이 바로 내가 당신들에게 해줄 수 있는 최상의 충고다."

'일하다' 라는 말의 뜻은 무엇인가. '일을 한다' 는 사전적 정의는 "좀 더 쓸모 있고 아름다워지도록 사물이나 생물을 변형시키거나 옮기고, 또 이러한 변형을 지배하는 법칙을 연구하고 수립하거나 적용하는 것"이다.

사람들은 일을 불명예스러운 것 내지는 신의 형벌로 간주해왔다. 사람들은 "이마에 땀을 흘려야 낟알을 얻어먹으리라"라는 성서 말씀을 오해하고 있다. 옛날에는 육체노동과 정신노동을 노예들이 해야만 했다. 로마에서는 문법학자와 수학자도 노예였다.

우리나라에서도 선비들은 일하는 것을 기피했다. 조선조 후반의 화가 김홍도의 그림을 보면 종들은 열심히 일하는데 양반은 담뱃대를 물고 종들이 일하는 것을 구경만 하고 있다. 조선조까지만 해도 사농공상이 존속되었다. 물론 노예처럼 일하는 것, 즉 아무 자유도 없고 보람도 없는 일을 하는 것은 불행하다.

하지만 순수한 의미에서 일은 참으로 복되다. 사람들이 일에 넌덜머리를 내게 한다면 그것은 인간사회에서 중대한 잘못을 범하는 것이 된다. 자기가 하는 일을 좋아하는 것보다 더 자연스러운 것이 어디 있겠는가? 일은 권태와 악덕과 빈곤을 몰아낸다. 일은 상상할 수 있는 모든 불행의 구제책이다. 적극적인 일은 인간을 구원해주지만, 나태는 인간을 쓸데없는 후회와 위험스러운 공상, 질투, 증오의 희생물로 만든다.

거시적으로 보면 나라의 통치 기술 중 첫 번째 규칙은 어떤 희생을 치르더라도 국민이 계속 일하도록 하는 것이다. 일에 싫증을 내는 국민은 다스리기 불가능하다. 그들에게는 별 희망이 없다. 하지만 일이 쓸모 있다고 믿고 자진해서 일을 완수하며 몰두하는 국민은 통솔하기 쉽고 그 국가에는 희망이 있다.

인생이 행복해지려면 먼저 일을 큰 복으로 생각해야 한다.

일을 즐겨라

언제 행복한지 심리학적으로 조사한 통계가 있다. 심장의 박동, 시간이 가는 인지적인 상황, 정서적인 느낌 등 행복을 느끼는 여러 가지 지수로 조사해보니 인간은 자기가 좋아하는 일을 할 때 가장 행복해한다는 결과가 나왔다. 행복은 어려운 것이 아니라는 것이다.

내가 좋아하는 일을 할 때 가장 행복감을 느낀다고 하는데, 그 전에 생각할 문제는 "내가 정말 좋아하는 일이 있는가?" 하는 질문이다. 자기가 좋아하는 것을 찾아야 한다. 자기가 좋아하는 일은 하게 되고, 자꾸 하면 그 일을 더 잘하게 되므로 더욱더 그 일을 하고 싶어한다. 하지만 하기 좋은 일만 자신 앞에 닥쳐오지 않는다. 지금 당장 싫은 일이라도 인내하며 꾸준히 그 일에 몰두하면 발전하고 흥미가 생긴다.

미국의 저명한 과학자 2,000여 명을 조사한 결과 생계를 위해 일한다는 사람은 드물었고, 대부분 돈이나 명예가 아닌 자신의 분야에 대한 관심 때문에 일을 한다고 했다. 이는 그들의 성공이 흥미와 직결됨을 보여준다.

스트레스라는 말을 처음 사용한 한스 세리에 박사는 "매일 아침 5시부터 밤늦게까지 일했지만 나는 일이 아닌 놀이를 했다"라고 했다. 그에게 연구는 일종의 놀이다. 브로스는 "좋아하는 일을 하면 얼마나 행복한가. 자신이 좋아하고 전심전력으로 매달릴 직업이 있다면 일생 동안 자신의 능력을 마음껏 발휘할 수 있게 된다. 이것이 바로 행복이다"라고 했다.

공부할 때도 운동할 때도 즐기면서 하면 능률이 얼마나 올라가겠는가? 억지로 하니까 즐겁지도 않고 능률도 올리지 못하는 것이다.

많은 사람이 자신의 직업을 싫어한다. 일을 하는 것이 아니라 하루 종일 퇴근할 시각만 기다리는 사람처럼 보일 정도다. 퇴근 시각이 얼마 남았는지 시계가 닳도록 쳐다보는 사람이 있다. 그러니 행복하겠는가? 일을 하면서 돈을 벌고, 일을 사랑하는 마음까지 배울 좋은 기회인데, 왜 그런 생각을 못하는가?

자신에게 맞지 않는 일을 하는 사람도 있다. 그들은 입에 풀칠하기 위해 억지로 일한다. 자신의 일이 주는 커다란 기쁨을 포기하는 것이다. 일하는 기쁨이 없으면 보람도 없으며 미래의 희망도 없다.

직업을 올바로 선택한 사람은 행복하다. 필자 주위에는 일 년에도 몇 차례 직장을 옮기는 사람이 있다. 그는 항상 신입사원에 불과하다. 그는 직장을 자꾸 옮기지만 뾰족한 수가 없다. 처음부터 신나게 일할 일자리를 고르는 것이 좋다. 지금보다 신나게 일할 자리가 나선다면 보수가 좀 적더라도 적극적으로 전직을 고려해야 한다.

그런데 아무리 생각해도 정말로 직업을 잘못 선택한 것 같으면 하루빨리 다른 일을 찾아야 한다. 그것이 불가능하면 다양한 취미생활로 부족한 즐거움을 보충해야 한다. 흥미가 있으면 몰두할 수 있으며, 몰두하면 행복할 수 있다. 그뿐만 아니라 그 일을 더 잘할 수 있게 된다.

안정된 직업이 있으면 안정된 바른 마음을 유지할 수 있다. 맹자는 '항산항심'(恒産恒心)이라고 했는데 이것이 바로 안정된 직업을 의미한다. 적당한 수입과 여가가 보장되는 직업은 인생을 즐기기 위한 필수조건이다. 좋은 직업은 치밀한 계획과 부단한 노력으로 얻는 것이다. 죽을 때까지 자신만의 고유한 일을 가지고 있는 사람은 가장 행복한 사람이다.

전문성을 발휘하라

잘되는 음식점은 다른 음식점에 비해서 뭔가 다르다. 영농에 성공한 사람은 뭔가 특이한 점이 있다. 다른 분야에서도 성공을 거둔 사람은 비범한 면이 있다. 이들은 프로 근성을 발휘하는 것이다.

프로는 아마추어에 비해서 전문지식이 풍부하고 기술이 뛰어나다. 하지만 겉으로는 실력 차이가 미미하게 보일 경우가 많다. 그러나 이런 '작은 차이'가 큰 결과를 만든다. 프로는 아마추어가 갖지 못한 특성을 여러 가지 지니고 있다.

첫째는 기본이 매우 잘되어 있다. 기본은 기초로서 모든 것의 전부라고 할 수 있다. 옷을 입을 때 첫 단추를 잘 꿰어야 하는 것같이 매사에 기초가 중요하다. 기초가 잘되어야 영속적으로 발전할 수 있다.

둘째는 다르게 생각할 줄 안다. 프로는 창의력이 뛰어나고 대안이 많다.

셋째는 문제가 닥쳤을 때 척척 해결할 능력이 있다. 아마추어는 평소에는 잘하는 것 같지만 문제가 일어났을 때는 해결하지 못하고 허둥대기 일쑤다.

넷째는 자기 발전을 위해 부단히 노력한다. 그는 늘 학생이다.

다섯째는 사명감이 있고 자기 일에 목숨을 건다. 사소한 일도 지나치는 법이 없다.

여섯째는 자신의 강점을 찾아 발전시킨다. 자신의 특별한 재능에 초점을 맞추어야 대가가 된다.

일곱째는 한 우물을 판다. 한 분야에 전문가 소리를 들으려면 최소 1만 시간을 투자해야 한다고 한다. 그것은 하루 3시간씩 10년을 투자해야 하는 것이다.

　자신의 진로를 택할 때 세 가지 기준이 합치되면 이상적이다. 즉 자기가 좋아하는 일, 자기가 잘할 수 있는 일, 객관적으로 의미와 가치 있는 일이다. 이 세 요소가 모두 일치되기는 어렵다. 그러면 어떤 것을 우선해야 하는가? 그것은 자기가 잘할 수 있는 것이다.

　물론 하고 싶은 일이라도 꼭 잘할 수 있는 것은 아니다. 하고 싶은 일이라도 잘하지 못하면 전혀 하지 않는 것만 못할 수도 있다. 그러므로 자신이 가장 잘할 수 있는 것을 선택하면 좋다. 이것도 잘하고 저것도 잘할 경우에는 객관적인 가치가 있는 것을 우선하는 것이 바람직하다.

　무엇이라도 뚜렷하게 한 가지만 잘하면 생계에 어려움이 없다. 삶의 충실도도 높아진다. 현대는 삶의 질이 높아지고 문화적 욕구도 엄청나게 증가되었다. 지금은 양이 아니라 질로 승부를 겨루는 세상이다. 어떤 한 가지를 유별나게 잘하면 많은 유익이 따른다. 차별성이 생기므로 타인의 주의와 관심을 끌게 된다. 그러니 먼저 한 가지 일에 집중하여 마스터하기 바란다. 한 가지 강점을 택해서 꾸준히 연마하자. 잠자는 재능은 재능이 아니다. 그것은 죽은 상태와 비슷하다.

　심리학자 터먼 교수의 연구에 따르면 대단히 큰 성공을 거둔 사람들이 보통 사람들과 달랐던 점은, 그들이 평생 동안 하고 싶은 일에 열중했다는 것이다. 물론 다방면에 놀라운 성공을 거두는 사람도 적지 않다. 그러나 그런 사람들도 맨 처음에는 어느 한 가지에서 탁월하게 했다. 일류 프로가 된 사람은 장기적으로 철저히 몰두하여 열심히 연습하고 실력을 쌓아간 사람들이었다.

어떤 일을 꾸준히 10년 하면 그 분야에 '입문' 한다고 말한다. 20년 하면 '전문가' 라는 소리를 듣고 실력 때문에 다른 사람의 비난은 받지 않게 된다. 30년 하면 '도사' 라는 소리를 듣고 그 이상 하면 '입신' 의 경지에 이르렀다고 말한다.

한 가지 분야에 탁월하면 소문이 나고 길이 저절로 열린다. 그런데 잘하는 것 한 가지가 없어서 일생을 힘들고 괴롭게 사는 사람이 참 많다.

♥ 행복코칭
일하는 기쁨과 일의 유익을 알자. 자신이 좋아하는 일을 즐겁게 하는 사람이 가장 행복한 사람이다. 어떤 일을 하든지 즐겁게 하자. 그리고 늘 발전하여 전문가라는 소리를 듣자. 돈과 명성이 저절로 따라올 것이다.

♥ 행복연습
1. 내가 좋아하는 일을 하자.
2. 이왕 해야 할 일이면 즐겁게 하자.
3. 수준 높은 정보를 확보하고 기술을 연마하여 프로가 되자.

사랑

내가 정말 살아 있었던 순간은 사랑의 마음으로 행동했던 순간이었다. – 드럼몬드, 스코틀랜드 신학자

가슴이 따뜻한 사람이 행복하다

행복한 인생, 곧 평화롭고 무사하며 전쟁이 없고 당당하며 아름답게 살아가려면 따뜻한 마음을 만들면 된다. 상대를 다른 사람으로 보지 말고 나의 분신으로 보면 어떨까? 상대방 입장에서 생각하고 바라보는 습관은 유익하다.

사랑 세포를 일깨우면 운명이 달라진다. 사랑할 때 발산하는 정신적 에너지는 엄청나다. 사랑하면 머리가 명석해지고, 마음이 부드러워지며, 몸도 건강해진다. 호기심이 넘치고 신나는 기분이 지속되므로 뇌가 제일 좋은 상태가 되어 '쾌감 호르몬'이 나오고 그것이 가져다주는 행복감과 충족감을 유지할 수 있다. 그 행복감과 충족감은 사람에게 커다란 자신감을 가져다준다.

사랑에 빠진 사람은 놀랄 만큼 사랑스럽고 아름답게 변모해가서, 애인뿐만 아니라 주위 사람들에게도 사랑받게 된다. 외모, 일, 금전, 인간관계, 인생의 모든 요소가 극적으로 바뀌어간다. 그럴 때면 뇌가 최대한 긍정적으로 가동된다. 사랑의 힘은 '행복 미인'을 만들어주는 최강의 무기이기도 하다.

사랑을 몰라서 베풀 줄도 받을 줄도 모른다면 사는 의미를 상실한 것이다. 이 세상에서 사랑처럼 흔한 단어가 어디 있겠는가? 하지만 사랑은 귀하고 위대하다. 성 바울은 "사랑이 없으면 아무것도 아니며 아무 유익도 없다"라고 했다.

위대한 시인 괴테는 '사랑'에 관해 다음과 같이 썼다.

> 우리는 어디서 태어났는가. 사랑에서.
> 우리는 어떻게 멸망하는가. 사랑이 없으면.
> 우리는 무엇으로 자기를 극복하는가. 사랑에 의해서.
> 우리도 사랑을 발견할 수 있을까. 사랑에 의해.
> 우리를 울리는 것은 무엇인가. 사랑.
> 우리를 항상 결합시키는 것은 무언가. 사랑.

이 세상에서 가장 행복한 사람은 사랑을 많이 하고 사랑을 많이 받는 사람이다. 가장 불행한 사람은 사랑을 하지도 받지도 못하는 사람이다. 이 세상에서 자기를 사랑해주는 사람이 단 한 사람만 있어도 자살은 면할 수 있다고 한다.

성숙한 사랑의 감화력은 엄청나게 크다. 사랑은 향기가 좋은 꽃에 비유할 수 있다. 꽃은 보는 사람에게 기쁨을 주고 주변을 향기로 가득 채운다. 우리 마음속에 사랑이 있다면 마치 꽃에서 향기가 나는 것처럼 자연스럽게 이웃에게 전해질 것이다.

사랑에도 미숙한 사랑과 성숙한 사랑이 있다. 미숙한 사랑은 자기중심적인 사랑이고 성숙한 사랑은 타자중심적인 사랑이다. 미숙한 사랑은 조건이 붙은 사랑이고 성숙한 사랑은 조건이 없는 사랑이다. 즉 '무엇임에도 불구하고' 사랑하는 것이다. 성숙한 사랑에는 희생과 봉사가 포함된다.

매일 사랑의 씨를 뿌리는 삶을 살아보자. 이 세상이 그 어느 때보다 진정한 사랑을 요구하고 있다. 조금만 노력하면 하루에도 사랑의 씨를 뿌릴 기회는 얼마든지 발견할 수 있다.

다른 사람에게 미소를 던지거나 따뜻한 말 한마디를 하는 것도 사랑의 씨를 뿌리는 것이다. 하루에 한 차례라도 사랑의 씨앗을 뿌리면 자신도 모르게 엄청난 사랑의 결실을 얻을 수 있다.

되돌아보면 가장 인상에 남는 사람은 자신을 따뜻하게 대해준 사람임을 알 수 있다. 부모이건, 선생님이건, 친구이건 간에 가장 좋았던 사람은 따뜻한 친절과 사랑을 베풀어준 사람이었음이 틀림없다.

내 일생이 한 권의 책이라면 그 주제를 무엇이라고 붙일 수 있을까? 만약 '사랑 이야기'라고 제목을 붙일 수 있다면 그는 일생을 참 행복하게 산 것이다.

사랑의 엔트로피 법칙

왜 이혼하려 하느냐고 물으면 여러 가지 이유를 댄다. 성격 차이 때문에, 상대편의 외도 때문에, 경제적인 이유 때문에라고 대답한다. 하지만 가장 중요한 이유는 사랑이 식었기 때문이다.

서로 뜨겁게 사랑하던 부부나 친구의 사랑이 왜 식을까? '엔트로피 법칙'이 작용하기 때문이다. 엔트로피 법칙은 열역학에 나오는 법칙이다. 열역학에는 법칙이 두 가지 있는데 하나는 에너지는 항상 보존된다는 법칙이고, 또 하나는 에너지와 사물은 시간의 흐름에 따라 질서에서 무질서로, 쓸모 있는 데서 쓸모없는 데로 변한다는 법칙이다. 에너지와 물질의 형태 변화는 오직 한 방향으로 이루어진다는 것이다.

연애할 때나 신혼기간에는 그처럼 뜨겁게 사랑하였는데 결혼 후 자신들도 미처 모르는 사이에 사랑이 식는다. 이는 이상한 현상이 아니다. 바로 엔트로피 법칙이 작용하기 때문이다.

모든 사물이 그렇듯이 사랑도 방치된 상태에서는 식기 마련이다. 사랑이나 행복은 가만히 놔두면 식고 행복하지 않은 쪽으로 진행된다. 그 사랑과 행복을 계속 유지하려면 본래 투입하였던 에너지만큼 끊임없이 투입하는 노력을 해야 하는데, 남자도 여자도 결혼 후에는 정열이 식어 그렇게 하지 못한다.

노력하지 않고 얻을 수 있는 것은 없다. 부부간의 사랑도 행복도 연애하던 시절이나 신혼 때만큼의 노력과 관심을 투자하여야 계속 유지된다. 그러나 결혼 후에는 '내 아내, 내 남편'이라 안심하고 아무렇게나 대하기 때문에 사랑은 식고 행복은 사라진다. 이 원리를 깨달아 사랑을 위해 계속 투자해야 한다. 그래야 처음의 사랑과 행복을 유지하며 살 수 있다.

엔트로피 법칙은 삶의 모든 영역에 적용된다. 학문, 예술, 스포츠, 건강관리, 인간관계 등에 모두 해당되는 원리이다.

매력 있는 인격이 되어라

그레첸 루빈이 쓴 《행복 프로젝트》라는 책 내용 가운데 "어떻게 하면 다른 사람이 당신을 좋아하게 할 수 있는가?"를 소개한다.

1. 웃어라. 당신은 다른 사람과 대화하면서 얼마나 미소를 짓는가. 그 양에 따라서 다른 사람이 당신에 대해 친밀함을 직접적으로 느끼게 된다.
2. 상대방의 말에 쉽게 감동하고 재미를 느끼고 호기심도 가져라.
3. 상대방에게 다가가 고개를 끄덕이고 말에 맞장구를 쳐라.
4. 상대방을 적절하게 칭찬해주라. 누구든지 장점 한 가지는 있다.
5. 당신의 약점을 솔직히 말하라. 당신도 약점이 많은 인간임을 상대방에게 보여주어야 더욱 친근감을 느끼게 된다.
6. 활력 있어 보이게 하고 적절한 유머를 사용하여 상대방을 즐겁게 하라.

7. 상대방을 진심으로 좋아한다는 것을 보여주어라.

사람들의 공통적인 약점은 상대방이 나를 사랑하고 나에게 잘해주기만 바라지 내가 그에게 어떤 모습으로 비칠지는 별로 생각하지 않는다는 점이다. 인간은 대부분 이기주의의 안경을 쓰고 살기 때문이다. 내가 먼저 변화하고 훌륭한 인격이 되면 상대방은 자연히 끌려온다.

화장품 광고에서 여자 모델을 가리켜 '산소 같은 여자'라고 한 적이 있다. 시원한 느낌을 주는 여자, 보아서 시원하고, 만나서 시원하고, 사귀어서 시원한 여자라는 느낌이다. '산소 같은 여자'는 이미지가 좋다.

무릇 사람을 사귐에서 내가 받는 느낌은 정직하다. 첫인상이 매우 중요하다. 만나도 또 만나고 싶고, 헤어지면 아쉽고, 얼마든지 함께 있고 싶고, 잠깐 만난 것 같은데 벌써 시간이 많이 지나간 것 같은, 말하자면 산소 같은 사람이 있다.

그런가 하면 만나도 그만, 안 만나도 그만, 없으면 아쉽고, 있어도 별것 아닌 사람이 있다. 남자의 양복 소매에 달린 단추 같은 사람이다. 그 단추는 있어도 그만, 없어도 그만, 있으나 없으나 별 볼일 없다.

함께 있으면 따분하고, 지겹고, 답답하고, 가능하면 안 만났으면 좋은 사람도 있다. 자신의 모습을 정직하게 바라보고 개선책을 강구하는 것이 어떨까?

사랑을 표현하라

말버릇을 고쳐보자. 더 간결하고 정확하게 표현할 수 없을까? 의사소통을 효과적으로 할 수 있다면 자부심을 느낄 수 있다. 미국인 성인 6,000명을 대상으로 한 설문조사에서 평소에 가장 힘들었던 것이 무엇이냐는 질문에 가장 많은 대답은 자기의 생각을 정리하여 남에게 이야기하는 것이었다고 한다.

부부가 텔레비전에 나와서 이야기하는 중에 그들이 수십 년간 부부생활을 해왔지만 상대방에게 '사랑해요', '고마워요'라고 말한 적이 없다는 사람이 여럿 있었다. 이상한 현상이 아니다. 어려서부터 생각과 감정을 자유롭게 표현하는 훈련을 하지 않았기 때문에 이런 현상이 일어난다. 사랑을 잘 표현하는 기술을 길러야 한다.

말 외에 사랑을 표현하는 방법은 사랑스러운 표정으로 상대방의 눈을 바라보는 것, 애무나 키스, 적절한 선물을 주는 행위 등 무척 다양하다. 사랑은 사랑할 때까지는 사랑이 아니다. 마치 종소리가 울리기 전에는 종소리가 아닌 것, 노래를 부르기 전에는 노래가 아닌 것과 같다. 싱싱한 생명은 쉴 사이 없이 주고받는 '사랑의 연주 현상'이다. 이 세상에는 사랑을 줄 수 없을 만큼 가난한 사람도 없고 사랑을 받을 필요가 없을 만큼 엄청난 부자도 없다.

사랑은 아름답고 위대하지만 샘물처럼 계속 퍼줄 때만 새로워진다. 부모와 자식처럼 가장 가까운 사이에도 사랑은 저절로 생기지 않는다고 한다. 아무리 가까운 사이일지라도 사랑을 끊임없이 키우고 발전시켜야 한다. 사랑을 어떻게 표현할지 연구하고 연습하자.

♥ **행복코칭**

사랑처럼 사람의 입에 많이 오르는 말은 없다. 사랑처럼 이해하기 힘든 단어도 드물다. 사랑처럼 강력한 것도 없다. 사랑의 진정한 의미를 알고 참사랑을 하자. 사랑이 식지 않고 지속되게 하자. 조건 없이 사랑을 베풀자. 사랑의 씨앗을 계속 뿌리며 살자. 사랑 표현을 잘하자.

♥ **행복연습**

1. 사람들에게 항상 따뜻한 미소를 짓자.
2. 다른 사람을 인정하는 말, 칭찬하는 말, 격려하는 말을 하자.
3. 사랑하는 기술을 익히자.

> 우리의 행복은 십중팔구 건강에 좌우되며,
> 건강은 만사의 즐거움과 기쁨의 원천이 된다. - 쇼펜하우어

인생의 최고 우선순위

필자는 직업상 병원으로 환자 문병을 자주 간다. 병원에 갈 때마다 대기실에 있는 환자의 수에 놀란다. 환자들과 내 모습을 비교해본다. 그러면 내가 건강함에 행복함과 감사함을 느낀다.

성공과 행복의 기본 요소는 건강이다. 우리가 갖고 있는 유일무이한 재산은 바로 육체이다. 어떤 육체를 가지고 있느냐가 대단히 중요하다. 행복하려면 육체의 컨디션을 늘 좋게 만들어야 한다.

여러분은 건강한가? 병이 없으면 건강하다고 할지 모른다. 하지만 건강의 정도는 최저부터 최고까지 수준이 매우 다르다. 건강의 최고 수준인 '완전한 건강'을 소유한 사람은 드물다. 완전한 건강을 소유했다면 스스로 행

복함을 느끼며 매사에 왕성한 의욕을 갖고 산다. 현대인은 대부분 건강에 위협을 받으면서 하루하루를 살고 있다.

'돈을 잃으면 조금 잃은 것이고, 명예를 잃으면 많이 잃은 것이며, 건강을 잃으면 모두 잃은 것'이라고 한다. 맞는 말이다. 건강이 제일 중요하다. 병들어 고통스러우면 돈이 무슨 소용 있는가. 돈 없어 불편한 것은 참을 수 있지만, 건강을 잃어 불편한 것은 참기 어렵다.

손끝에 가시가 박히기만 해도 행복하지 못하다. 성공하는 인생의 한 척도는 건강한 육체로 즐겁게 사는 것이다. 역으로 건강한 육체를 갖고 행복하게 사는 것은 성공을 가져온다.

성공하려면 잠자는 시간까지 줄여가며 노력해야 한다고 하지만, 이것은 착각이다. '수면만큼 좋은 의사는 없다'고 한다. 수면 부족으로 건강이 나빠지면 어떻게 성공할 수 있단 말인가? 잠이 인생의 3분의 1을 빼앗아가는 것이 아니라 좋은 수면 습관이 성공을 가져다준다.

건강을 향상하기 위해 최우선적으로 시간과 돈을 투자하는 것은 바람직하다. 일정 시간은 반드시 건강 증진을 위해 할애하자. 몸에 병이 나면 그 아끼던 시간을 병실에서 허비하게 된다. 건강을 지켜 시간 낭비, 돈 낭비, 정력 낭비를 모두 예방하자. 건강은 건강할 때 지켜야 하는데, 몸은 상당히 망가질 때까지 신호를 보내지 않는다. 그러므로 주인을 잘못 만나면 몸만 고달프다.

죽는 순간까지 건강해야 본인도 행복하고 주위 사람에게도 폐를 끼치지 않는다. 아프면 본인뿐만 아니라 배우자나 자식 등에게 말할 수 없는 폐를 끼친다. 배우자나 자식에게 많이 베푼 사람이야 떳떳하게 병수발을 받겠지만, 그렇지 못한 사람은 무슨 염치로 그들에게 희생을 강요한단 말인가.

자녀에게 돈 한 푼 물려주기는커녕 치명적인 병에 걸려 재산을 다 쓰고 빚을 지고 가는 사람도 보았다. 병들어 놀지도 못하고 제대로 먹지도 못한다면 인생이 얼마나 지루하고 재미없겠는가. 장수는커녕 빨리 죽고 싶을 것이다.

건강은 행복의 토대이다. 건강하지 못하면 결코 행복하지 못하다. 그런데 병이 없는 정도로 만족해서는 안 된다. 완전한 상태의 건강을 목표로 삼아 노력해야 한다. 그런 건강을 유지하면 매사에 의욕적이고 삶의 기쁨이 넘친다.

능력 있고 지위도 높은 사람이 건강을 잃어 빨리 세상을 떠나는 일을 본다. 그들이 건강의 중요성을 알고 건강관리를 효과적으로 했더라면 더 오래 살고 더 많은 일을 했을 것이다. 건강 지키기는 남이 대신해줄 수 없다.

건강하게 오래 사는 자가 최후의 승자다. 친구들 부의금 다 내고 마지막으로 죽자. 장자는 "하루살이 버섯은 그믐과 초하루를 알지 못하고, 쓰르라미는 봄과 가을을 알지 못한다. 짧게 사는 것은 오래 사는 것에 미치지 못한다"라고 했다.

지금은 인간수명 100세 시대이다. 몸과 마음이 건강해야 행복을 마음껏 누리고 무병장수하며 꿈을 이룰 수 있다.

보험 문턱은 날로 높아지고 가입하기도 어려워진다. 노인의 경우 의료비가 가계에 영향을 미치는 정도가 점점 더 높아진다. 장수가 좋다지만 병에 시달리며 오래 산들 무슨 낙이 있겠는가? 내 의지와 노력으로 건강을 증진해야 한다.

비만을 치료하자

연간 1,700만 명을 사망하게 하는 세계 사망률 1위 질환이며, 세계보건기구(WHO)가 '21세기 신종 전염병'으로 지목한 질병은 바로 비만이다. 미국을 비롯해 세계 각국은 비만과의 전쟁을 선포하였다. 우리나라도 비만과의 전쟁을 선포해야 할 때가 되었다.

비만은 뇌졸중, 심혈관질환, 췌장염과 췌장암, 통풍, 간질환, 폐질환, 골관절염, 산부인과질환, 당뇨 등을 일으키는 가히 만병의 근원이라고 할 수 있다.

전 세계적으로 다이어트 방법은 2만 6,000가지나 된다고 한다. 하지만 효과가 입증된 것은 겨우 10여 가지라고 한다. 비만을 퇴치하지 않으면 인류의 수명이 줄어들 것이라는 예측도 있다.

비만 원인 가운데 유전적 요인은 적다고 한다. 대부분 생활습관에서 온다. 그러므로 생활습관을 바람직하게 바꾸어야 한다. 비만과 관련된 좋지 않은 생활습관은, 첫째 흡연, 둘째 음주, 셋째 스트레스이다.

비만을 치료하는 요점은 간단하다. 즉 살빼기를 즐겁게 하면 된다. 무리하지 않으면서 자연스럽게 체중을 줄이는 것이다. 어떤 의사는 일 년에 3킬로그램만 감량해보라고 권고한다. 그런데도 자기에게 건강검진을 받는 10명 중 한 명쯤이 목표를 달성할 뿐이라고 했다.

단시일에 과도하게 체중을 줄이려면 무리하게 되고, 조금만 노력을 늦추면 옛날 상태로 돌아간다. 그러나 먹는 것, 운동, 마음 다스리기를 무리하지 않게 하면 치료할 수 있다. 비만을 치료하면 자신감도 높아지고 행복지수도 대단히 높아진다.

　필자의 경험을 한 가지 소개한다. 필자의 체중 줄이기는 오랫동안 허사였다. 최근에 두 가지만 매일 실행하기로 결심했다. 밥 먹을 때마다 두 숟가락분의 밥 덜기와 하루 40분 이상 걷기이다. 이렇게 1개월 하니 5킬로그램이 줄었다. 건강도 기분도 매우 좋아졌다.

건강관리의 요점

　건강관리의 표어는 '건강은 건강할 때 지켜라' 이다. 매사가 유비무환이다. 평소의 준비가 시간과 돈을 절약하는 방법이다. 중병에 걸린 후 강한 의지로 병을 고치려는 사람을 많이 본다. 이들이 병에 걸리기 전에 이런 노력의 10분의 1만 했더라도 병을 예방하였을 것이다. 건강관리의 원리와 기술은 많다. 이 가운데 몇 가지만 평소에 꾸준히 실행해도 효과를 거둘 수 있다. 다음과 같은 생활습관을 기르는 것이 바람직하다.

- 자기 자신을 알자. 자신의 건강상태를 정확히 알라는 말이다.
- 자신의 건강을 자만하지 말자. 자기가 모르는 병이 이미 침투했을 수도 있다.
- 질병을 예방하자. 무엇이든 예방이 시간과 돈과 노력을 절약할 수 있다.

- 과식하지 말자. 절식하도록 노력하자.
- 운동을 계속하자. 하루에 40분 이상 빠른 걸음으로 걷는 것이 기본이다.
- 스트레스를 잘 다스리자. 적당히 긴장하면서 살자.
- 일할 때는 열심히 하고 쉴 때는 편히 쉬어서 만성피로를 예방하자.
- 건강에 해로운 물질을 취하지 말자. 음주와 흡연만 안 해도 건강관리의 50% 이상은 벌고 들어가는 것이다.
- 위대한 인생 목표를 가지고 살자. 위대한 사명과 삶의 의미를 지니고 살 때 건강을 유지할 수 있다.

진리는 항상 가까이에 있다. 문제는 그것을 실천할 의지가 있느냐이다.

♥ 행복코칭

여러분은 건강의 가치를 충분히 이해하는가? 이 세상에서 건강처럼 좋고 행복하게 하는 요소는 없다. 몸과 마음이 건강해야 행복을 누릴 수 있다. 건강은 고유한 의무이다. 건강의 비결은 자기를 알고 자기 관리를 꾸준히 하는 것이다.

♥ 행복연습

1. 최소한 2년에 한 번씩 건강검진을 하자.
2. 자기가 즐거운 운동을 하자.
3. 적정 체중 유지에 힘쓰자.
4. 늘 평안하고 기쁘게 살도록 노력하자.

재물관리

돈 앞에는 웃음이 한 말, 돈 뒤에는 눈물이 한 섬. – 작자 미상

재물과 행복

최근 직장인 수백 명을 대상으로 가장 원하는 것이 무엇인지를 조사하였다. 가장 많은 대답은 '넉넉한 재정수입'이었다.

"불과 1~2년 사이에 빚이 눈덩이처럼 불었습니다." "매달 적자예요, 걱정입니다." "투 잡 뛰는 아낙네, 재테크 방법은?" 인터넷에 올라온 글의 제목들이다.

재물과 행복은 분명히 상관관계가 있다. 재물이 없으면 하고 싶은 일을 맘대로 하지 못한다. 재물이 있어야 자유와 기회의 폭을 늘릴 수 있다. 재물이 있어야 삶이 풍족해지고 남에게 베풀 여유가 생긴다.

주체할 수 없을 만큼 재물이 많다면 행복할까? 재물이 없는 경우처럼 자유를 잃어 불행할 수 있다. 월 1억 원을 벌어도 행복지수가 높아지지 않을

수 있다. 오히려 자유시간이 줄고 몸은 고달프며 근심이 증가될 수 있다.

　재물을 소유하는 것은 인간의 기본욕망이다. 하지만 그것을 잘 관리해야 행복할 수 있다. 그러니 재물의 다소가 아니라 관리 능력이 문제이다. 자기가 다스릴 만큼 물질이 있는 것이 좋다. 그 이상이면 재앙이다. 구약성서의 한 현인은 이렇게 기도하고 있다. "저를 가난하게도 부유하게도 하지 마시고, 오직 저에게 필요한 양식만을 주십시오."(잠언 30:8)

　재산이 수백억 원 있지만 쓰지 않고 움켜쥐고 사는 사람이 있다. 오늘의 즐거움을 희생하고 돈을 보관하기만 하면 무슨 소용 있겠는가? 그런가 하면 미래를 생각하지 않고 돈을 빌려서라도 오늘을 즐기려는 사람도 있다. 모두 지혜롭지 못하다. 재물의 다소를 불문하고 재물을 어떻게 대하고 관리하는지가 행복에 크게 영향을 미친다.

돈을 올바로 이해하자

　돈에 편견을 가진 사람이 있다. 돈을 지나치게 우상시한다든지 돈은 모든 불행의 근원이라고 여기는 것은 잘못된 생각이다.

　돈을 싫어하는 사람은 없다. 어린이도 좋아하고 어른도 좋아한다. 남자도 좋아하고 여자도 좋아한다. 현모양처보다 재산을 잘 불리는 전모양처(錢母良妻)라는 말이 생길 정도이다. 돈벌이를 잘하지 못하는 노인에게 돈은 가뭄의 단비처럼 여겨진다. 성인군자처럼 보이는 사람도 돈을 좋아한다.

돈 봉투를 건네면 손사래를 치지만 결국은 다 받아간다. 이렇게 돈은 이상한 매력이 있다. 돈은 사람의 마음을 들뜨게 한다. 돈이 인생의 전부는 아니지만 사람들에게 요긴하고 중요하기 때문에 누구나 마다하지 않는다. 특히 자본주의 사회에서 돈의 위력은 엄청나다.

돈이 쓰이는 곳은 광범위하다. 돈은 기회를 제공한다. 돈이 있으면 투자할 수 있고 재난을 예방할 수 있다. 자본금이 두둑하면 새로운 분야를 개척할 수도 있다.

돈의 부정적인 측면도 있다. 돈에 눈이 멀면 돈 외에 아무것도 보이지 않는다. 돈은 사람을 자기중심적이고 이기적으로 만든다. 돈은 사람을 사회적으로 고립되게 만든다. 돈은 사람을 냉혈동물로 만들기도 한다. 돈은 근심 걱정을 준다. 돈이 많아도 적어도 불안하다. 돈은 만족과 감사의 마음보다는 늘 불평과 불만족의 마음을 갖게 한다. 돈은 인색한 마음을 품게 하여 남에게 베풀지 못하게 한다. 돈은 사람의 생각을 혼란시킨다. 즉 돈이 없어서 아무것도 못한다는 사람과 돈만 가지면 모든 것을 다 할 수 있다고 생각하는 사람이 있다.

돈은 사람에게 극단적인 행동을 하게 한다. 돈 때문에 살인, 자살, 강도, 이혼 같은 사건이 일어난다. 가난하게 살든 부자로 살든 돈 문제로 이혼하는 경향도 있다. 돈은 사람을 타락시킨다. 정치가나 공무원은 말할 것도 없고 교수나 성직자도 타락하게 만든다. 검은돈을 받아 신세를 망친 사람도 부지기수이다.

돈의 가치를 부정해서도 안 되지만 돈을 우상시해서도 안 된다. 이 둘 사이에서 균형을 유지해야 한다. 돈은 기쁨과 행복을 주기 위해 사용되어야 한다. 그러면 돈은 매우 유익한 수단이 된다. 돈이 가진 긍정적인 면과 부정적인 면을 파악하여 잘 다루면 더욱 행복해질 수 있다.

우리는 왜 돈을 잘 관리하지 못하는가?

재물을 잘 관리하지 못하는 사람이 많다. 그 이유가 무엇인가?

첫째, 부모에게서 돈을 사용하는 방식을 배우지 못했기 때문이다. 유대인 남자는 12세만 되면 성인식을 올린다. 호텔이나 근사한 곳에서 성인식을 올리는데, 식이 끝나면 '율법의 아들'이라고 부르며 어른 대우를 해준다.

성인식에 참석한 아버지 친구를 비롯한 여러 어른들이 그 아이에게 큰돈을 모아준다. 이것이 일생을 살아가는 데 종잣돈이 된다. 그들은 어린 나이에 자립하게 되니 금전을 사용하는 방식도 일찍부터 터득한다. 유대인이 미국 경제를 비롯하여 전 세계 경제를 쥐고 흔드는 것도 어린 시절부터 돈 관리하는 방법을 배우기 때문이 아닐까.

우리는 자립할 나이가 지났는데도 자녀들이 부모에게 지나치게 의존한다. 부모가 자초한 결과다. 어릴 적부터 자녀의 욕구를 다 충족시켜주다 보니 나이가 들어도 부모에게 기대는 것이다.

둘째, 어린 자녀들이 돈의 가치를 배우지 못했기 때문이다. 선진국 사람들은 자녀가 어릴 때부터 용돈을 벌어 쓰게 한다. 따라서 어려서부터 돈의 가치도 알고 돈을 관리하는 방식도 익히게 된다.

셋째, 돈을 계획성 있게 쓰는 법을 배우지 못했기 때문이다. 따라서 수입을 생각하지 않고 과도하게 지출하게 된다.

넷째, 기분에 잘 끌리기 때문이다. 광고나 이웃의 말에 현혹된다. 따라서 불필요한 것들을 많이 구입한다.

부자와 가난한 사람의 차이점

부자와 가난한 사람의 차이점을 살펴보고, 돈에 대한 태도를 점검해보자. 부자 중에는 자린고비가 많다. 그들은 푼돈도 가볍게 여기지 않아 1,000원도 귀중히 여긴다. 그런데 가난한 사람은 푼돈을 가볍게 여긴다. 부자는 돈이 생기면 저축부터 하고 나머지를 쪼개 쓰지만 가난한 사람은 돈이 생기면 쓰기에 바쁘다. '어느 세월에 부자가 돼?' 하면서 부자 되기를 체념한다.

부자는 경제에 관한 책이나 신문을 많이 본다. 경제지식과 정보가 해박하므로 돈이 되는 것을 재빨리 알아낸다. 가난한 사람은 경제지식에 관심이 없다. 경제적으로 무지하기 때문에 가난뱅이 굴레를 벗어나지 못한다. 부잣집에는 물건이 별로 없지만 필요한 물건만 있다. 가난한 사람의 집에는 물건이 많지만 필요한 물건은 찾아보기 어렵다.

부자는 실행력이 뛰어나고 부지런하다. 가난한 사람은 실행력이 부족하고 게으르다. 부자는 기분에 좌우되지 않고 이성에 따라 행동한다. 가난한 사람은 기분에 따라 행동도 요동친다. 부자는 신용을 철저히 지킨다. 가난한 사람 중에는 신용을 우습게 여기는 사람이 많다. 부자는 매사에 계획적이다. 아무리 싼 물건을 보아도 구매계획을 세우지 않았다면 사지 않는다. 가난한 사람은 싸다면 필요성을 생각해보지 않고 그냥 사는 경향이 많다.

물질 관리의 기본은 계획성이다

물질 관리의 달인이 된다면 넉넉하고 평안한 삶을 즐길 수 있다. 이에 가장 좋은 방법은 어려서부터 돈 사용법을 익히는 것이다. 돈 관리에도 달인이 되자. 그래야 개인생활, 가정생활, 사회생활을 원만하게 영위할 수 있다.

《4개의 통장》이라는 책을 지은 고경호 씨의 강연을 들었다. 그는 제약회사에 다니는 평범한 직장인이었다. 그는 결혼 초부터 경제적인 어려움이 닥쳐 앞으로 돈이 없으면 큰일나겠구나 하는 두려움이 생겨 돈 관리를 조직적으로 하기 시작했다. 그는 통장 4개를 이용해 돈의 용도를 구분하여 관리했는데, 이 방법이 매우 효과적이어서 돈을 상당히 모았다.

그가 주장하는 핵심내용은 돈을 많이 벌지 않아도 돈 관리 기술만 습득하면 부자가 될 수 있다는 것이다. 돈 관리의 핵심은 '계획성'이라고 했다. 계획에 따라 돈을 쓰고 투자하라는 것이다.

첫째, 지출을 통제하라. 필수적인 지출과 그렇지 않은 것을 구분하여 낭비요인을 제거하고, 매월 일정한 돈으로 살아가라. 그러면 충분히 저축할 수 있다.

둘째, 예비자금을 보유하라. 예상치 못한 일이 생길 수 있는데, 그러면 많은 돈을 일시에 지출해야 하므로 투자계획에 차질을 빚는다.

셋째, 장기간 투자하라. 복리 투자를 지속해야 부자가 될 수 있다.

그는 또 작은 돈을 소중히 여기고, 돈을 지키는 습관을 기르라고 했다. 무엇이든 원칙은 단순하다. 하지만 생활화하려면 반복 연습이 필요하다.

재정운영 전략을 슬기롭게 세우자

재물 사용 원리와 기술을 늘 익혀야 한다. 경제학자가 아니더라도 경제학을 배울 필요가 있다. 경제신문을 읽고 귀중한 정보와 지식을 얻자.

빚을 조심해야 한다. 사람들은 빚을 지기 때문에 시달리고 범죄, 이혼, 자살 등 극단적인 행동을 취한다. 빚의 무서움을 알아야 하며, 갚을 수 없는 빚은 지지 말아야 한다. 빚은 인생을 벼랑 끝으로 몰아간다.

빚은 지지 않는 것이 가장 좋고, 지더라도 갚을 능력 한도에서 내야 한다. 이 간단한 원리를 무시해서 벼랑 끝으로 몰리는 사람이 부지기수이다. 빚을 무서워하라. 빚의 실체를 파악하라. 갚을 수 없는 빚 때문에 불행한 일이 얼마나 일어나는지 상상해보라. 끔찍하기 짝이 없다. 빚이 있으면 빚부터 갚자.

어떤 직장인은 "월급을 받아도 차 떼고 포 떼고 나면 통장에 남는 돈이 없어요."라고 하소연한다. 은행 빚, 생활비, 자녀 교육비, 부모님 용돈, 경조사비…. 샐러리맨의 지갑을 위협하고 삶조차 불안하게 하는 적은 한두 가지가 아니다. 여기에 노후와 조기퇴직 위험까지 고민해야 하니 마음은 납덩이가 짓누르듯 무겁기만 하다. 그렇다고 예전처럼 한 가지 재테크 계획만 세우고 고지식하게 돈을 모으기만 해선 곤란하다. 이제는 시의적절한 재테크 계획과 주도면밀한 전략이 필요하다. 재테크 전문가들은 다음과 같이 충고한다.

30대는 전세 탈출을 서두르지 마라. 전세로 살면서 현금을 모으라. 40대는 무리하더라도 저축하라. 가장 많이 지출할 시기이지만 어떻게든 지출을 줄이고 여유자금을 만들어 투자를 늘려야 한다. 50대는 비용이 많이 들더라도 반드시 건강보험에 가입하라. 그리고 주식투자는 하지 마라.

삶의 기술 가운데 재물 다루기가 가장 까다롭다. 다시 강조하지만 재물을 잘 다루는 사람은 행복하고 평안하게 살 수 있다.

♥ 행복코칭
재물은 좋은 것이다. 하지만 재물은 위험한 것이다. 잘 다루지 못하면 재앙의 근원이 될 수 있다. 재물의 다소보다는 재물을 다스리는 기술이 더 중요하다. 수입과 지출을 계획성 있게 하자. 경제적으로 여유를 확보하자. 과도한 재물 집착을 버리고 자신과 가족 그리고 다른 사람의 복지를 위해 잘 쓰자. 또 재물 때문에 불행을 당하지 않도록 사전에 예방하자.

♥ 행복연습
1. 문화적인 생활을 할 수 있도록 안정된 수입을 얻는다.
2. 재물을 무시하지도 말고 재물의 노예가 되지도 않는다.
3. 미래를 위해 저축과 투자를 한다. 행복한 부자를 지향한다.

Part 4

♠

일상의 행복

일상의 축복

바로 이 순간에 당신이 고를 수 있는 선택의 범위는 지금이며 무한하다. - 칼 프레더릭

일상은 위대하다

사시사철에는 활기찬 절기도 있고 무력감과 권태를 느끼는 절기도 있다. 하루하루도 마찬가지다. 신나고 재미있는 날도 있고 무덤덤한 날도 있다. 그렇지만 매일 무사히 보낼 수 있다는 것만으로도 고마워해야 한다. 병상에 누워 아무것도 하지 못하는 사람도 많고, 여러 가지 다른 고통 속에서 살아가는 사람도 많다.

야간열차를 타고 여행한 적이 여러 번 있다. 야간열차를 타면 시간이 더욱 지루하게 느껴진다. 캄캄해서 밖은 보이지 않고 덜커덩거리는 소리만 반복될 뿐이다. 일상도 이렇게 의미 없이 반복될 때가 많다. 그러나 평범한 일상이 반복되어 일생을 이룸을 생각하면 일상이 얼마나 위대한지 느낄 수

있다. 우리는 변화무쌍한 시대에서 기적 같은 나날을 살고 있다. 랄프 왈도 에머슨은 "당신이 헛되이 보낸 오늘은 어제 죽어간 이가 그토록 그리워하던 내일"이라고 했다.

아침에 눈을 떴음을 신기하게 생각해본 적 있는가? 오늘도 황금 같은 하루를 선물로 받은 것이다. 살아 숨 쉬는 모든 순간은 행복의 순간이요 복된 순간이다. 오늘도 정상적인 삶을 유지할 수 있음이 얼마나 큰 복인지 알아야 한다. 일상의 평범한 작은 부분이 모여 인생이라는 큰 그림이 만들어진다. 그러므로 일상은 위대하다.

어떤 음식이든 맛있게 먹을 수 있음은 큰 복이다. 음식이 있고 소화시킬 위장도 있는 덕분이다. 세상에는 굶는 사람도 많고 위장병에 걸린 사람도 많다. 편히 잘 수 있음이 얼마나 큰 축복인가? 과도한 일이나 근심이나 불면증 때문에 제대로 자지 못하는 사람이 얼마나 많은가?

매일 만날 사람이 있으며 가야 할 곳이 있고 할 일이 있음이 얼마나 복된가? 우리는 인사할 때 "별고 없습니까?"라고 한다. 그런데 별고 없는 것만으로도 우리는 아주 행복한 것이다.

오늘을 잘 바라보자

오늘을 잘 살펴보기 바란다. 새벽부터 밤에 이르기까지 모든 순간은 신성함을 알게 될 것이다. 모든 시간은 다양한 빛깔을 띤다. 시간의 리듬도 시간대에 따라 각각 다르다. 하루에 있을 모든 일을 긍정하고 반갑게 껴안

자. 모든 것이 그 자체로 완전하다고 생각하고 모든 상태를 온전히 즐기자. 하루가 시작되는 경이로움에 감탄하자. 하루를 충만하게 살자. 어떤 날이든 24시간 동안 펼쳐지는 인생의 파노라마가 있다. 감격 속에서 하루하루를 맞자.

'새벽의 인사' 라는 시가 있다.

새벽이 주는 교훈에 귀 기울여보라.
오늘을 바라보라.
오늘은 삶이요 삶 중의 삶이기 때문이다.
당신 존재의 진실성과 실재성.
성장의 기쁨
행동의 영광
미의 장엄이
하루의 짧은 과정 중에 놓여 있다.
어제는 꿈에 지나지 않고
내일은 환상에 불과할 뿐이다.
그러나 최선을 다한 오늘은
모든 어제를 행복의 꿈으로
그리고 모든 내일을 희망의 환상으로 만든다.
그러므로 오늘을 잘 바라보라.
이것이 새벽의 인사이다.

어제와 다른 오늘을 만들자

우리는 날마다 오만 가지 생각을 한다. 문제는 오늘도 어제와 똑같은 생각을 한다는 것이다. 생각의 변화가 없기 때문에 삶이 달라지지 않는다. 매일 열심히 살아야 한다. 매일 작은 변화를 주어야 한다. 매일 다른 날이고 계절이 바뀌는 것 자체가 기적이다.

사람 역시 날마다 기적을 만들 수 있다. 특별한 사람만 기적을 만드는 것이 아니라 평범한 사람도 기적을 만들 수 있다. 기적은 아주 가까이에 있다. 어제와 다른 오늘, 오늘과 다른 내일을 만드는 것이 기적을 낳는다. 일상에서 만드는 사소한 차이가 쌓이고 쌓여 마침내 큰 기적을 이룬다.

하루 동안 할 수 있는 것을 성취해보자. 작은 일이라도 몰입해보자. 반복되는 일은 지루하고 스트레스가 쌓인다. 이때 약간의 기분 전환은 어떨까? 재충전을 하고 일을 계속하면 좋다.

작곡가 요한 세바스티안 바흐는 매일 매순간을 가치 있게 살았다. 그는 300여 년 전 독일 아흐제나흐에서 태어났는데 '현대 음악의 아버지'라고 불릴 만큼 음악 발전에 공헌했다. 바흐는 10세 때 양친을 여의고 큰형 집에서 살면서 독일 오르간 음악의 전통을 익혔다. 그는 오르간 연주자, 작곡가로 명성을 날렸다.

그가 대작곡가가 된 이유는 매일 일정 시간 작곡에 몰두했기 때문이다. 그는 곡을 의뢰 받든 받지 않든 작곡을 계속했다. 그는 교회 칸타타를 거의 매달 한 곡씩 발표할 수 있었다. 일생 동안 '마태수난곡'을 포함한 수백 곡을 작곡하였다.

사람을 대하는 방식도 매일 달리 해보라. 우리는 사람과 대할 때 대충대충 보고 듣고 말하곤 한다. 오늘은 마주치는 사람들에게 좀 진지하게 관심을 보여보자. '안녕하세요' 하고 인사할 때는 진심을 담아 묻고, 상대의 대답에 귀 기울이자. 이런 행동을 하면 인간관계에 큰 향상을 도모할 수 있다. 할 수 있다면 제한된 시간에 더 많은 사랑을 나누자. 이런 식으로 자신을 개방하는 것은 쉽지 않지만 현재의 순간에 몰입하는 습관은 매우 유익하다.

행복한 삶은 크고 화려한 사건으로 만들어지는 것이 아니다. 오히려 매일매일 성실하게 살면서 조금씩 더 행복해지는 것이다.

한 번에 한 가지씩

운전하면서 딴생각을 하거나 졸지 않았는가? 운전 중에 휴대전화로 통화하다가 사고 난 적은 없는가? 일하면서 한눈팔다가 다친 적은 없는가? 인간은 한 번에 한 가지를 해야 하는 존재이다. 누구나 한 가지에 몰입할 수 있다면 일도 잘되고 행복감도 얻는다.

사람들은 어제의 후회와 내일의 염려를 안고 살아간다. 과거는 이미 지나갔지만 기억 속에 남아 작용하며 내일 할 일은 마음에 부담을 준다. 그래서 집중하지 못하고 산만하다. 물론 가족도 있고, 빚도 있고, 꼭 하겠다고 결심한 일도 있고, 계획도 있다. 이런 책임을 무시할 수 없다. 이런 일은 항상 우리와 함께 있다. 이런 일들은 기쁨으로 한 가지씩 해나가면 된다. 오늘의 기쁨을 찾자. 오늘의 일을 완성하자. 오늘을 최대한으로 경험하자. 현재 하는 일에 집중하자. 이렇게 할 수 있다면 내일은 스스로를 돌보게 되므로 미리 걱정할 필요가 없다.

순간을 충만하고 깊이 있게 체험하자. 지금 무엇을 하든지 완전히 몰두해야 한다. 이는 주어진 순간을 최대한 존중하는 길이다. 한 번에 한 순간을 살자. 음식을 먹을 때는 먹는 데만 몰두하자. 공부할 때는 집중적으로 하자. 놀 때는 신나게 놀자. 잘 때는 푹 자자. 운전할 때는 운전에만 몰두하자. 이대로 행하면 거의 후회 없는 삶을 살 것이다.

괴롭거나 무엇을 해야 할지 몰라 방황한다면 이 원리를 적용해보자. 무슨 일이든 좋으니 한 가지에 몰두하여 완성하자. 그러면 행복감을 크게 맛볼 것이다.

♥ **행복코칭**

평범하게 보이는 일상이 인생을 구성하는 요소이다. 일상을 위대하게 생각해야 한다. 오늘 전체를 살펴보고 충만하게 살 것을 결심하자. 어제와 다른 오늘을 살자. 그리고 한 가지씩 집중해서 처리해나가자.

♥ **행복연습**

1. 일상이 권태로운가? 그렇다면 원인이 무엇인지 찾아보자.
2. 자기 발전을 위해 매일 계속하는 것은 무엇인가?
3. 일이 많이 쌓였어도 한 번에 한 가지씩 한다.

시간을 잘 조직하자

할 수 있는 일은 때를 놓치지 마라.
인생의 불행은 자기가 할 수 있는 일들을 하지 않는 데 그 원인이 있다. - 로맹 롤랑

행복과 시간 관리

시간 관리는 행복을 증진하는 가장 큰 요소이다. 사람들이 더 행복할 수 있는데도 행복하지 못한 이유는 시간을 잘 활용하지 못하기 때문이다. 시간을 적절히 사용하면 현재 누리는 행복을 지속할 수 있고 행복을 더 높은 단계로 끌어올릴 수도 있다.

행복과 시간 관리는 밀접한 관계가 있다. 이 세상에 즐길 수 있는 것이 많지만 그것을 무효화할 한마디는 '시간이 없어!' 라는 말이다. 아무리 좋은 계획이라도 시간이 없다면 무용지물이다. 일을 하기 위해서도, 사랑을 나누기 위해서도, 그 무엇을 하려고 해도 충분한 시간이 필요하다. 시간이 충분히 주어지지 않거나 시간을 다스리지 못하면 계획했던 일을 할 수 없

어 마음에 상처를 받게 된다.

　시간 관리를 잘하면 시간을 다스릴 수 있고 여유 있게 일을 처리할 수 있다. 시간에 쫓기지 않아 스트레스를 예방할 수 있고 삶을 즐길 수 있다.

　시간을 잘 다스리지 못하면 끊임없이 시간에 쫓기고 과로하게 된다. 시간표를 잘 짜서 규칙적으로 살면 서두르지 않고도 일을 많이 할 수 있다. 시간을 잘 관리하면 중요한 일을 할 수 있어 보람과 기쁨을 얻는다.

　시간 관리의 핵심은 목표 세우기이다. 알맞은 목표를 설정하고 달성하면 이 순간을 자유롭게 즐길 수 있다. 흥미와 의미를 느끼는 목표를 설정하면 실제로 삶의 모든 영역에서 좀 더 성취감을 얻을 수 있다. 목표에 집중하면 몰입하는 효과를 거둔다. 몰입은 효과적인 시간 관리이며 몰입을 통해서 기쁨도 얻는다.

　시간의 풍요가 물질의 풍요보다 우선이다. 시간 여유가 있어야 모든 것을 누리며 즐길 수 있다. 시간이 없으면 진수성찬을 눈앞에 두고도 못 먹고, 10년 만에 만난 친구와 충분히 대화를 할 수도 없다. 시간이 있어야 하고픈 일을 할 수 있다. 행복하려면 충분한 여유부터 확보해야 한다.

일상을 잘 조직하자

　일상을 잘 조직하지 않으면 너무 바빠서 괴롭거나 한가해서 권태롭다. 하루 일과를 위해서, 일주간의 삶을 위해서 표준이 되는 시간표를 짜야 한다. 자기에게 적합한 양식의 일과표와 주간계획표를 만들어 그에 따라 움직이면 삶에 질서를 유지할 수 있고 계획했던 일도 이룰 수 있다.

시간표를 짤 때 일정하게 정해진 시간에 일정한 종류의 일을 하면 부드럽게 활동할 수 있고 정신적으로도 리듬을 유지할 수 있다. 일정한 시간에 같은 종류의 일, 즉 운동을 한다든지 피아노 연습을 하면 훨씬 효율적으로 살 수 있다.

비슷한 일은 한데 묶어서 하는 것이 좋다. 통화할 때면 몇 통화를 계속해서 하고 외출할 때는 여러 가지 일을 묶어서 하는 것이 좋다. 이 일 저 일을 임의대로 하면 마음이 엉키고 산란해진다.

시간표를 짤 때 생기를 불어넣을 내용을 삽입하자. 시간표가 하드웨어라면 그것을 운영하는 기술은 소프트웨어이다. 이 두 가지를 모두 잘해야 기분 좋게 일할 수 있다. 일하는 시간과 휴식 시간을 균형 있게 마련해야 함은 물론 여백을 남겨 즐기는 시간을 갖는 것도 좋은 방법이다. 친구와 담소하는 시간, 배우자와 외식하는 시간, 운동, 취미생활 등 기쁨을 줄 일들을 시간표에 넣는다. 재미를 만들기 위해 무언가 생산적이고 의미 있는 일을 마련해보자. 거창한 무엇에만 치중하지 말고 즐기면서 일할 수 있는 작은 일들을 고안해보자.

일상을 잘 보내려면 강력한 흥분을 일으키는 일에 치중하지 말고 쉽게 자주 할 수 있는 작은 경험을 살리기 바란다. 삶에 생기를 불어넣고 즐길 일을 고안하여 실행하면 행복감을 증진하는 데 크게 도움이 된다.

일상적으로 해야 하는 일을 줄일 수 없는지 생각해보고, 진정 하고 싶은 일을 늘려보자. 또 의미 있고 즐거움을 주며 잘할 수 있는 새로운 활동을 시작해보자. 그러면 삶을 바꾸고 삶의 질을 높일 수 있다. 구태의연한 일만

하면 행복을 찾지 못한다. 하루 동안 무슨 일을 하고 있는지 15분 단위로 적어보자. 일정표를 일부 바꿔보자. 하루의 일과 만나는 사람의 관계에서 더욱 즐거움을 이끌어내고 더 행복해질 수 있게 머리를 쓰자.

시간의 친구가 되자

시간은 다스리기에 따라 친구도 되고 원수도 된다. 시간은 잘 사귀면 부유와 행복을 선사한다. 시간과 친해지려면 시간의 성질을 알아야 한다. 시간은 특성은 어떠한가?

1. 시간은 제한된 자원이며 누구에게나 동일하게 주어진다.
2. 시간은 계속 흘러간다.
3. 시간 안에 기회가 있다.
4. 시간은 누구도 막을 수 없을 만큼 힘이 세다.
5. 시간은 모든 것을 변하게 한다.
6. 시간은 치료하는 힘이 있다.
7. 시간은 흔적을 남긴다.
8. 시간은 사람의 행위를 심판한다.
9. 시간은 뭐라고 설명할 수 없는 신비스러움을 가지고 있다.

시간과 친해지려면 매사에 충분한 여유를 두고 행동해야 한다. 한꺼번에

두 가지를 하려는 것, 서두르는 것, 스케줄을 무리하게 잡는 것, 마감일을 촉박하게 잡는 것, 시간에 쫓기는 것 등은 금물이다. 이런 행동을 하면 시간이 원수가 된다. 충분히 여유를 가지고 일을 하면 시간이 웃는다. 서둘지 않고도 모든 일을 할 수 있다.

초조하게 인생을 관리할 필요가 없다. 초년의 성공을 꿈꾸지 말고 대기만성이라는 단어를 잊지 말고 꾸준히 성장을 도모하자.

밝고 즐거운 시간을 많이 확보하자

매일 의도적으로 밝고 즐거운 시간을 많이 갖도록 노력하자. 그러면 어둡고 침울한 기분을 몰아내고 밝은 세상에서 살 수 있다. 이를 위해 시간표를 짜는 기술과 건전한 취미생활이 필요하다. 시간표를 다양하게 짤 수 있다면 더욱 명랑하게 생활할 수 있다. 또 취미생활은 자신이 좋아하는 활동이기 때문에 어둡고 침울할 수 없다. 독서든 음악감상이든 등산이든 낚시든 무엇이든 상관없다.

마음속에 항상 긍정적인 상태가 유지되게 하자. 그 정도가 높을수록 인생을 더욱 행복하고 성공적으로 살아갈 수 있다. 음악을 좋아하는 아무개 의사는 좋아하는 음악을 흥얼거리는 습관이 있다. 그는 짜증스러운 일이 있어도 좋아하는 음악을 흥얼거리다 보면 짜증이 저절로 사라진다고 한다. 자신이 좋아하는 취미활동에 몰두하면 즐거움과 만족감이 자연스레 샘솟는다. 빡빡한 일정표에 따라 살아가는 것은 현명한 삶이 아니다.

여가나 레크리에이션에 참가하는 시간은 낭비하는 것이 아니다. 기분을 전환해주고 에너지를 충전하는 생산적인 시간이다. 평소에 긍정적인 정서를 높이 유지하게 자신을 관리해야 한다. 긍정적인 생각이 최대한 형성되게 노력해야 한다. 긍정적으로 생각하고 말하는 연습을 자주 하자. 가족에게도 이런 활동을 권하자.

생기를 불어넣을 계획을 세우자. 큰 즐거움도 필요하지만 사소한 재미와 작은 즐거움도 필요하다. 작지만 즐거운 경험을 늘리면 늘릴수록 행복감은 더욱 향상된다. 매일 수영하기, 친구와 함께 즐겁게 보내기, 배우자와 데이트하기, 운동, 취미활동은 작은 기쁨을 준다.

'행복 찾기'를 일상화하자. 매일 '행복의 일일 목록'을 작성하고 실행하자. 목표 달성 과정에서 흥미가 생기는 사실을 알게 될 것이다. 계획을 세우고 한 가지씩 달성하는 재미는 꿀맛과 같다.

♥ 행복코칭
행복과 시간 관리는 밀접한 관계이므로 행복을 증진하려면 시간 관리 능력도 향상시켜야 한다. 일, 주, 월의 시간표를 잘 짜자. 시간과 친구가 되자. 시간표에 밝고 즐거운 시간을 많이 확보하자.

♥ 행복연습
1. 이번 달 이루어야 할 중요 목표는 무엇인가?
2. 주간시간표를 작성하자.
3. 일과표를 작성하자.
4. 매사에 여유를 두고 행동하자.

감각을 활짝 열자

우리의 삶을 최대한 많은 기쁨과 열정의 순간과 경험으로 채우자.
한 가지 경험으로 시작해 점점 더 늘려가자. – 마사 위더

감각 일깨우기

조금만 노력해도 일상에서 행복감을 크게 높이는 방법은 감각 일깨우기이다. 오감을 비롯한 다른 감각을 적절하게 깨울 필요가 있다. 우리는 신체의 감각으로 사물을 받아들이고 행복도 느낀다. 신체감각을 일깨우면 더 행복한 세계를 맛볼 수 있는데도 신체감각을 닫고 살며, 우리를 둘러싼 외부세계에 대해서도 둔감하다.

신체감각을 일깨우려면 마음과 시간의 여유가 있어야 한다. 조급증이 있으면 감각을 일깨우기 매우 어렵다. 먼저 마음을 느긋하게 먹고 신체의 여러 감각을 충분히 활성화해야 한다.

감각 일깨우기가 일상에 어떤 활력을 가져오는지 실험해보자. 생각날 때

마다 한두 가지 감각을 활짝 열면 새로운 재미를 느낀다. 점심식사 때 평소보다 천천히 먹으면서 음식의 맛과 향기를 음미해보자. 맛과 향을 더욱 강하게 느껴 적게 먹더라도 포만감을 느낄 수 있다.

귀가한 뒤에 습관적으로 신발을 벗지 말고 딱딱한 신발에서 빠져나온 발가락의 자유로움을 느껴보자. 대소변을 배설하거나 땀을 흘릴 때 '아, 기분 좋다!' 라고 외치면 더 기분이 좋아진다. 다른 일에 신경 쓰지 말고 음악에 도취하여 풍부한 음색을 감상해보자. 이렇게 해보면 전에 느끼지 못한 색다른 기분을 느낄 것이다.

작은 변화로도 기분이 새로워짐을 느낄 것이다. 청소하면서 깨끗하게 변하는 방의 모습을 보면 쾌감을 느낄 수 있다. 설거지하면서 깨끗해진 그릇을 보고 기분이 좋아질 수 있다. 이렇게 일상에서 무언가 작은 변화만으로도 새로운 느낌을 얻을 수 있다.

필자는 서재에 난 화분과 숯과 물레방아가 있는 장식물을 놓았다. 그 작은 물레방아가 돌아가는 소리가 들린다. 작은 변화에도 분위기가 달라진 것을 느낀다. 사소한 물리적인 변화로 삭막한 일터가 멋진 곳으로 탈바꿈될 수 있다.

여러분의 감각을 사랑하고 특별한 선물을 하자. 그동안 홀대하던 감각을 일깨우자. 여러분의 감각이 살아난다는 것은 여러분 마음이 새로워진다는 것을 의미한다. 감각을 더 많이 활용하고 체험할수록 새로운 기쁨을 얻으며 행복감은 더 향상된다.

시각 일깨우기

시각은 귀중한 감각이다. 우리는 눈으로 세상을 바라본다. 눈으로 많은 정보를 얻는다. 시각이 얼마나 귀중한지는 밤중에 정전되었을 때 알 수 있다. 삼중고의 위인 헬렌 켈러는 자서전에서 '내가 3일간만 볼 수 있다면' 이라는 글을 썼다. 이 글은 사람의 마음을 뭉클하게 만든다.

만약 당신이 사흘 동안만 세상을 볼 수 있다면 당신 눈을 어떻게 사용하실 건가요? 사흘 후에 태양이 다시 떠오른 것을 볼 수 없게 된다면 당신은 그 소중한 사흘을 어떻게 보내실 건가요?
저는 시각장애인입니다. 그런 제가 앞을 볼 수 있는 사람들에게 한 가지 충고를 하겠습니다. 내일 당장 앞을 못 볼 수도 있다고 가정하고 오늘 최선을 다해 당신의 눈을 잘 사용하십시오.
눈뿐만 아닙니다. 내일 들을 수 없을지도 모른다고 생각하고 새들의 노랫소리와 관현악단의 연주 등 많은 소리에 귀를 기울여보세요. 내일 촉감을 잃을 수도 있다고 생각하고 오늘 많은 것을 만져보세요. 내일부터는 다시 냄새를 맡을 수 없다고 생각하고 꽃향기를 맡고 맛있는 음식을 맛보세요.
모든 신체 기관을 최대한 이용해 자연이 선물한 만물을 느끼고 세상의 아름다움과 즐거움을 누리세요.

이 얼마나 적절한 충고인가? 우리는 오감을 잘 사용하지 않아 많은 것을 놓친다. 눈은 우리 신체에서 최상의 보화이다. 그런데 익숙하다는 이유로 시각의 존재와 시각이 주는 기쁨을 간과하기 일쑤다. 사물을 보는 시각을 예민하게 길러야 한다. 새로운 관점에서 보고, 무심코 지나치던 부분이나 주위의 건물과 경치를 살펴보는 노력이 필요하다.

몇 년 전에 영국 대영박물관에 간 적이 있다. 안내인이 박물관으로 인도한 다음 우리 일행에게 한 시간 남짓 관람을 허용하였다. 그런데 그 시간에 무엇을 자세히 관람하겠는가? 전시물의 겉모양만 대충 훑어보고 나왔다.

돈을 들여 유명 관광지에 가더라도 시간을 충분히 고려하지 않아 주마간산격인 경우가 허다하다. 시간을 넉넉히 잡아 미술가의 눈으로 사물을 보면 보이지 않던 것이 보이고 더 자세하게, 더 아름답게 보게 될 것이다.

아침 햇살을 바라보며 오늘 하루가 선물로 주어졌음에 감사하자. 거닐며 자연의 경치를 감상하자. 서서히 지는 땅거미를 바라보자. 거리를 걸을 때는 오가는 사람들의 얼굴과 옷차림을 감상하자. 밤에 전망대에 올라 도시의 야경을 바라보자. 조금만 눈여겨보면 가까운 곳에 볼거리가 많음을 알게 된다.

때때로 재미있는 옷차림을 해보자. 독특한 색깔의 옷과 넥타이, 모자, 장식물 등을 착용하자. 그러면 보기만 해도 나와 다른 사람들 모두 즐거워진다. 계획을 세워서 국내외 여행을 해보자. 충분히 시간을 잡아 볼거리를 잘 관찰해야 한다.

뉴스를 지나치게 많이 보지는 말자. 스마트폰을 지나치게 많이 사용하지는 말자. 텔레비전 시청을 제한하자. 미국의 통계조사에 따르면 불행한 사람이 텔레비전을 많이 본다고 한다. 불행해서 텔레비전을 많이 보는지 텔레비전을 많이 보아 불행해지는지는 몰라도, 텔레비전을 많이 보면 문제가 발생하는 것은 틀림없다.

청각 일깨우기

눈을 감자. 잠시 자연의 소리에 집중해보자. 얼마나 다양한 소리가 들리는가? 새 소리, 나뭇잎 바스락거리는 소리, 달리는 자동차 소리, 멀리서 들려오는 어린아이의 웃음소리! 이 청각적인 풍경으로 걸어 들어가 소리의 황홀경을 체험하자.

자신의 목소리와 노랫소리에 귀 기울여보자. 자연스럽고 아름다운가? 조용히 음악 감상을 하자. 여러 가지 악기 소리를 들어보자. 다른 사람의 말을 잘 듣자. 대화에 능한 사람은 남의 말을 경청하는 사람이다. 설교나 강연을 듣고 깨달으면 기쁨을 얻는다.

소음도 즐기려는 아량을 갖자. 음악의 불협화음을 즐겨보자. 잠자는 침대까지 들려오는 소음마저도 즐겨보자. 차가 오가는 소리, 단잠을 방해하는 새의 지저귐, 공사하는 소리, 이웃집 라디오 소리….

여러분이 어찌해볼 도리 없는 외부 소음 때문에 과민 반응하지 말자. 밖에서 들려오는 온갖 소리를 환상적인 즉흥 연주라고 상상해보자. 마음을 열고 들어보자.

촉각 일깨우기

신선한 공기를 천천히 마셔보자. 머리까지 상쾌해질 것이다. 필자는 그리스의 메테오라 수도원에 갔을 때 피부로 느낀 신선하고 살랑거리는 공기를 지금도 잊지 못하고 있다.

미국의 옐로스톤에서도 이와 비슷한 느낌을 받았다. 공기가 좋은 산골이나 바다에서 호흡하면 색다른 감각을 느낄 수 있다. 주변 공기의 온도와 몸의 감각적인 반응을 느껴보라.

사시사철 부는 바람을 느껴보고 그 특징을 분별해보자. 필자는 매일 저녁식사 후에 주변을 걷는다. 시원한 바람을 온몸으로 느끼면서 또 하나의 즐거움을 얻는다.

여러분이 입은 옷의 감촉은 어떤가? 여러분 신발의 감촉은 어떤가? 침대의 감촉은?

목욕탕에서 뜨거운 물에 몸을 담가 물의 촉감을 즐기자. 온천탕에서 두 손으로 비벼보고 온천수의 특별한 점을 즐기자. 온탕과 냉탕에 번갈아 들어가 온도 차이를 느끼자. 아침에는 샤워를 하고 저녁에는 목욕을 하자.

몸에 잘 맞는 옷을 입어보자. 몸에 잘 맞는 옷은 편할 뿐만 아니라 개성을 돋보이게 하고 몸의 윤곽을 보기 좋게 만들어 훨씬 맵시 있다. 감촉이 좋은 옷을 입어보자. 천연직물로 만든 옷을 입어보는 것도 좋다. 면이나 리넨으로 만든 옷은 피부를 덜 자극할 것이다.

다른 사람과 악수하면서 다정한 감각을 느낄 수 있다. 키스, 애무, 성교 등은 독특한 촉감을 느끼게 해준다. 어린아이를 안아보자. 연인을 껴안아보자. 적절한 성행위를 해보자. 더욱 행복해질 것이다.

미각과 후각 일깨우기

미각과 후각을 같이 설명해도 좋을 것이다. 이 두 가지는 밀접하게 결합되었기 때문이다. 화원에서 꽃향기를 맡아보자. 과일가게에서 풍기는 독특한 향기를 즐겨보자. 이 세상의 모든 먹을거리에는 독특한 향기와 맛이 있다. 커피의 은은한 향기, 과일주스의 달콤한 맛, 토스트 굽는 냄새는 제각기 유별나다. 여러 종류의 차를 들면서 맛과 향기를 즐겨보자.

이집트에서 향수 파는 가게를 방문한 적이 있다. 수많은 종류의 향수 냄새를 맡아보았는데, 향기의 종류가 매우 많음을 알고 감탄했다.

지금까지 하던 요리법을 개선할 수 없을까 연구해보라. 음식이 한 가지만 바뀌어도 식탁 분위기가 달라진다. 색다른 음식점에 가서 새로운 요리를 즐겨보자. 전국 곳곳에 있는 음식점에 가서 음식을 즐길 수 있다.

인간의 주요 감각은 다섯 가지이다. 이 밖에도 사지의 위치, 방향, 운동도 느끼고(자기 수용적 감각), 신체적 고통도 뼈저리게 느낀다(통각). 그 밖의 감각 종류는 많다.

신체감각을 모두 활짝 열자. 오케스트라가 모든 악기를 동원해서 곡을 연주하듯 말이다. 감각을 얽매어놓지 말고 자유롭게 풀어주자. 그러면 일상이 전혀 다른 모습으로 다가오고 행복감도 높아질 것이다.

♥ 행복코칭

감각을 활짝 열면 훨씬 더 행복해진다. 우리의 감각은 행복을 받아들이는 매체이다. 시각, 청각, 촉각, 후각, 미각 등을 조금만 더 열어보자.

♥ 행복연습

1. 관찰력을 가지고 사물을 본다.
2. 집중하여 소리를 듣는다.
3. 사물과 접촉해 독특한 촉감을 느낀다.
4. 음식물이나 꽃의 향기를 맡는다.
5. 음식의 고유한 맛을 즐긴다.

행복한 일터를 만들자

당신의 행복한 순간순간을 소중히 여기자.
행복한 추억은 노년의 좋은 벗이 된다. - 크리스토퍼 모얼리

직장에서 행복해지기

한 통계에 따르면 직장생활이 즐겁지 않은 사람이 75%였고 즐겁다는 사람이 25%였다. '직장에서 행복하다'는 수치는 계속 하락하고 있다. 사람의 일생 중 일터에서 일하는 시간이 가장 길다. 따라서 일터에서 즐겁게 지내는 사람은 참으로 행복한 사람이다. 직장은 살아남아야 할 곳이 아니라 즐거운 곳이어야 하고, 자아실현을 하는 곳이어야 한다.

직장이 행복한 곳이 되기 위해 가장 큰 역할을 해야 할 사람은 누구인가? 최고경영자이다. 그가 행복하면 직원도 행복해진다. 이것의 역도 성립한다. 즉 직원들이 행복하면 사장도 행복해진다. 직장에서 모두 행복하기 위해 노력해야 할 일을 정리해본다.

1. 주인의식을 가지고 일한다.

직급이 낮더라도 CEO의 마음으로 일하는 것이 필요하다. 그러면 회사 일이 즐거워진다. 월급쟁이일지라도 월급을 받기 위해서 일한다고 생각하지 말고 회사의 발전과 유익을 위해서 일한다고 생각해보자. 노예는 아무리 일을 많이 해도 즐겁지 않다. 그런데 노예의식을 가지고 일하는 사람이 많다. 회사에서 즐겁게 일하려면 주인의식을 가지고 일하는 것이 가장 중요하다.

2. 낙천적이고 쾌활하게 산다.

늘 찌푸린 얼굴로 사는 사람이 있다. 그런 사람은 일이 잘 풀리지 않아 힘들게 살아갈 수밖에 없다. 아무리 작고 시시하게 보이는 일일지라도 좋은 면을 바라보자. 일터를 더욱 행복하게 만들 수 있다. 약간의 인내, 올바른 영향력, 감사하고 긍정적인 태도로 일하면 일을 즐길 수 있다. 이 비결을 연습하면 직장과 개인 삶에서 큰 충만을 경험하게 될 것이다. 겨우겨우 살아가기에서 탈피하여 위대한 일에 도전하는 삶을 살자.

3. 몸과 마음이 완전한 건강상태를 유지하도록 힘을 쓴다.

건강의 수준은 매우 다양하다. 건강이 위협을 받는 시대이다. 규칙적으로 생활하고, 음식을 제대로 먹고, 운동하고, 매일 숙면하기를 잊지 마라. 이를 통해 원기왕성하게 일할 수 있고 행복해질 수 있다. 점심시간을 이용하라. 느긋하게 식사하고 시간이 있다면 친구를 만나 걷거나 쉬어라. 그러면 오후를 활기차게 보낼 수 있다.

4. 안락한 근무환경을 조성한다.

환경이 일의 능률에 미치는 영향은 매우 크다. 주위 환경을 정리 정돈하여 일하기에 편안한 곳으로 만들자. 화분이나 사진 등 개인적인 기념품을 배치하여 편안하고 안락한 분위기를 창출하자.

5. 월요일이 즐겁도록 계획한다.

월요일은 단조롭고 힘든 날이 아니라 즐겁게 보낼 유쾌한 날이 되게 하자. 근무 시작 시간보다 한 시간 일찍 출근하여 정리하자. 그러면 여유롭게 하루를 시작할 수 있다. 월요일은 일이 몰리므로 일부러 일감을 많이 만들지 말고 일정도 촘촘히 잡지 말자. 월요일 점심시간을 즐겁게 보낼 수 있게 계획하자. 즉 동료와 점심식사를 하거나, 차를 마시거나, 일과 후에 재미있는 프로그램을 마련하는 것이다. 월요일이 기다려지게 시간표를 디자인해 보자.

6. 긍정적인 태도를 지닌 동료와 사귄다.

불평이 많은 동료와 자주 함께하면 자기도 모르는 사이에 불평분자가 되기 쉽다. 그런 사람은 여러분의 평화와 안정을 해친다. 긍정적인 사람과 사귀면 밝은 면을 보게 되며 서로 돌보는 관계를 형성할 수 있다.

7. 하루 목표를 구체적으로 세운다.

중요도에 따라 하루 목표를 5~6개 세우고 한 가지씩 달성해가자. 그 과정에서 기쁨을 얻을 것이다. 시간이 없으면 가장 중요한 한 가지에 집중하여 달성하자.

8. 늘 칭찬하는 말, 감사하는 말을 한다.

감사하는 마음은 위대한 마음이며 행복한 마음이다. 그렇게 하려면 남을 긍정적으로 바라보아야 한다. 매일 직장 동료들을 칭찬할 기회를 발견하자. 모든 일에 감사하는 습관을 기르자. 남들도 여러분을 따라 할 수 있도록 격려하자.

9. 동료를 잘 사귀고 멘토를 만든다.

사람은 혼자 살아갈 수 없다. 주위에 자신을 돕는 사람이 많으면 그만큼 유리하고 행복도 느낄 수 있다. 직장에서 자기를 지도해줄 멘토를 두면 여러 면에서 유익하다.

10. 균형을 유지한다.

사람마다 적절한 업무 리듬이 있다. 아침형 인간은 직장에 도착하자마자 모든 일을 처리할 준비가 되어 있다. 오후형 인간은 오전 10시경이나 발동이 걸린다. 언제 가장 생산적으로 일할 수 있는지 파악하자. 종달새형 인간이나 올빼미형 인간 모두 가장 생산적인 시간은 오전 10시에서 11시 사이라고 한다. 일반적으로 오후 시간에는 생산 효율성이 낮다. 그 시간대에 해서 좋을 일을 배치한다.

직장은 일생의 전부가 아닌 일부분임을 이해할 필요가 있다. 직장 일에만 몰두하면 삶의 균형이 깨진다. 일과 여가의 균형 유지가 중요하다. 일하고 집에 가는 것이 직장생활의 전부라고 생각한다면 이처럼 한심한 일은 없다. 일 외에 다른 일에 관심을 가짐으로써 직장에서 받는 스트레스를 완화할 수 있다.

인간은 일만 계속하는 존재가 아니다. 취미생활을 하거나 운동경기를 함으로써 일에서 찾을 수 없는 색다른 즐거움을 찾는 것이 필요하다. 퇴근 후에 흥미로운 활동이나 취미를 즐긴다면 심신과 감정이 재충전될 수 있다. 이런 것이 활력을 더해준다. 회사, 가정, 개인의 삶이 균형과 조화를 이룬다면 더욱 멋진 삶을 살 수 있다.

♥ 행복코칭
어느 곳에서 일하든 일터를 행복한 장소로 만들자. 주인의식 가지고 일하기, 낙천적이고 쾌활하게 행동하기, 완전한 건강 유지하기, 안락한 근무환경 만들기, 월요일이 즐겁도록 계획하기, 명랑한 동료와 사귀기, 구체적인 하루 목표 세우기, 칭찬과 감사의 말하기, 좋은 친구와 훌륭한 멘토 갖기, 직장과 가정과 개인의 삶이 균형을 이루기 등을 실천한다.

♥ 행복연습
앞에서 제시한 10가지 사항에 관한 세부계획을 세우고 실천한다.

현실적인 사람이 되자

우환에 살고 안락에 죽는다. - 맹자

여러분은 얼마나 현실적인가

자신이 처한 현실을 정확하게 파악하고 현실을 받아들이는 자는 매우 행복하다. '현실'이란 현재, 여기라는 시공간에 처한 어떤 사물의 총체적인 모습이라고 할 수 있다.

나이, 성별, 학력, 키, 몸무게, 지식, 기술, 장점, 단점, 가족의 수, 수입, 건강도, 나를 둘러싼 모든 환경을 합친 것이 나의 현실이다. 이것이 나 자신의 전체 모습이다.

필자는 얼마 전 노인대학에서 '나이를 잊으라' 라는 제목으로 강의를 했다. 나이를 잊고 새로운 일에 도전하라는 의미로 그런 강의를 했다. 며칠 후 그 강의 제목이 잘못되었음을 깨달았다. 강의하고 얼마 지나지 않아 산에 급히 올라갔다가 심장이 마비될 뻔했기 때문이다. 나이를 잊고 무리했던 것이다.

　무리했던 산행을 통해 필자는 '나이를 잊어서는 안 된다' 는 깨우침을 얻었다. 자신을 안다는 것은 현실적인 사람이 된다는 말이다. 또 자기 주위 사람과 환경과 시대를 안다는 말이다. '철나다' 와 통하는 말이다.

　여러분은 얼마나 현실적인 사람인가? 다음의 사항과 비교해보기 바란다.

1. 자신의 장점과 한계점(약점)을 정확하게 파악하고 있다.
2. 배우자의 약점을 비난하지 않고 충분히 수용한다.
3. 자녀가 건강하게 자라면 학교 성적과 관계없이 충분히 만족한다.
4. 자신의 직업과 소유물을 비교적 만족스럽게 생각한다.
5. 과거 후회와 미래 염려를 하지 않는다.
6. 작은 목표를 세우고 천천히 작게 이루어나간다.
7. 극단에 치우치지 않는다. 즉 과욕, 과로, 과식을 하지 않는다.
8. 솔직하고 겸손하되 과장하지 않는다.
9. 언제 은퇴할지를 알고 있다. 은퇴 후에 무엇을 해야 할지도 알고 있다.
10. 사회에서 일어나는 많은 불행과 모순된 점을 인정하지만 미래에 대해 희망과 낙관을 버리지 않는다.

불행해지는 원인은 비현실적인 태도

잠시 동안 자신의 과거를 돌아다보자. 현실의 참된 모습을 보지 못하고 허상이나 공상을 좇아 헤맨 적이 얼마나 많았는가?

많은 사람이 비현실적인 기대를 가지고 살아간다. 그들은 현실을 바라보지 못하고 꿈만 좇아가며 산다. 우리는 꿈을 품고 살아가야 하겠지만 현실을 무시하고 꿈에만 집착한다면 행복을 찾을 수 없다. 지나친 낙관은 불행을 가져온다.

이 세상의 모든 일은 세 가지로 구분할 수 있다. 즉 쉽게 할 수 있는 일, 어렵지만 노력하면 달성할 수 있는 일, 아무리 노력해도 할 수 없는 일이다. 망상이나 지나친 의욕을 가지고 불가능한 일에 도전하는 사람은 반드시 실패할 수밖에 없다. 일생 동안 신기루와 같은 허상을 좇다가 망한 사람이 부지기수이다.

가정생활에서도 비현실적인 태도는 매우 위험하다. 남편이 돈을 잘 벌어오지 못한다고 아내가 바가지만 긁으면 어떻게 되겠는가? 남편이 아내에게 늘 음식투정을 한다면 어떻게 되겠는가? 공부 못한다고 자녀를 심히 책망한다면 어떻게 되겠는가?

그 결과는 간단하다. 즉 모두 불행해질 뿐이다. '남편이 돈을 잘 벌어오면 좋고, 그렇지 않아도 괜찮다.' '아내가 요리를 잘하면 좋고, 그렇지 않아도 좋다.' '자녀가 공부를 잘하면 좋고, 그렇지 않아도 좋다' 는 초연한 태도를 지녀야 자신과 상대방의 행복을 지킬 수 있다.

현실을 직시하고 받아들이는 자세가 행복한 삶에서 필수 요소이다. 그런데 사람들은 대부분 자신의 현실을 받아들이지 못한다.

사람들은 '당신은 암입니다' 라는 의사의 선고를 받으면 '왜 하필이면 내가 암에 걸린 거지?' 하고 생각한다. 하지만 '나' 는 병이 피해서 지나가는 특별한 사람도 아니고, 누구나 똑같으니까 나도 당연히 병에 걸릴 수 있다. 그러므로 병에 걸린 것 자체를 고민할 필요가 없다. 그 나름의 치료방법이 있다면 치료를 받으면 된다. 치료법이 없다면 그대로 즐겁고 밝게 인생의 나머지 날을 계산하며 사는 것이다.

'한 달 시한부 인생' 이라는 말을 들으면, 하루하루 '오늘은 이것을 하자. 내일은 이렇게 해보자' 는 식으로 생각하면서 살면 된다. 남은 기간을 어떻게 하면 밝게 살 수 있는가가 중요하다.

자신이 놓인 상황을 인정하지 않는 한 이런 행복은 오지 않는다. 그러므로 현실을 인정하지 않는 것은 커다란 문제이다. 어떤 경우든 현실을 인정하고 받아들여야 한다.

여러 해 전에 만난 택시 기사는 한때 잘나가는 대기업의 부장이었는데 사기꾼에게 걸려 10억 원의 빚을 안게 되었다고 한다. 그는 아내와 협의하여 있는 재산을 다 팔아 빚을 갚고 바닥부터 시작하기로 하였다고 한다. 그런데 그 사람이 재물 손해만 생각하여 신세를 한탄하고 술로 세월을 보냈다면 어떻게 되었을까? 폐인이 되었을 것이다.

많은 사람이 즐겨 낭송하는 '라인홀드 니버의 기도문' 이 있다. 이 기도문에는 매우 현실적인 내용이 담겨 있다. 이 기도문을 매일 음미해도 좋을 것이다.

하나님,

내가 변화시킬 수 없는 일에 대해서는

그것을 받아들일 수 있는 평정함을 주시고,

내가 변화시킬 수 있는 일에 대해서는 도전할 수 있는 용기를 주시며,

그리고 이 두 가지 차이를 알 수 있는 지혜를 주옵소서.

하루 단위로 살아가게 하시고

순간마다 즐기면서 살아가게 하소서.

곤란한 일을 평화로 가는 통로라고 생각할 수 있게 하소서.

죄악이 많은 이 세상을 있는 그대로 받아들이게 하시고,

내가 원하는 그 모습으로 생각하지 말게 하소서.

적당히 곤란하고 부족한 것이 좋다

 자신의 일이 모두 잘되고 자기 앞길에는 성공과 행복만 있어야 한다고 생각하는 것은 비현실적이다. 이 세상살이는 그렇게 녹록하지 않다. 살아가기 매우 힘들 뿐 아니라 예상치 않은 불행한 일도 자주 발생한다.

 시험에도 떨어져보아야 하고 사업에도 실패해보아야 한다. 그것이 약이 된다. 그러나 분명히 알아야 할 것은 긍정적인 감정이 많아야 이것이 부정적인 감정을 지배할 수 있다는 것이다.

우리는 행복을 느낄 때 즐거움, 기쁨, 사랑, 희망, 감사와 같은 긍정적 감정을 맛보게 된다. 하지만 언제나 순도 100%의 긍정적 감정 상태를 유지하지는 못한다.

미국 노스캐롤라이나 대학 긍정심리학자 바버라 프레드릭슨은 즐거움, 감사, 희망, 자긍심, 관심 등 긍정적 감정과 부정적 감정의 비율이 3 대 1일 때가 행복과 불행의 갈림길이라고 주장했다. 이 비율보다 높으면 행복한 삶을 살지만 그 이하면 불행한 삶을 산다는 것이다.

물론 이 비율이 더 높아져 4 대 1이나 5 대 1이 되면 더 행복한 삶을 영위하지만 반드시 바람직하지는 않다고 했다. 긍정적 감정이 지나치면 경솔하게 행동할 개연성도 높아진다는 것이다. 삶의 만족도는 10점 만점에 8점 정도 행복을 누리는 게 알맞다는 뜻이다. 이런 주장은 인간의 삶에는 반드시 어두운 점이 존재해야 함을 말해주고 있다.

누구나 매일 행복하고 좋은 일만 생기기를 바란다. 하지만 그렇게 된다면 오히려 불행하다. 매일 햇빛만 비추면 모든 땅이 사막이 된다는 말이 있다. 인간과 자연이 생존하려면 햇빛만 계속 비춰서는 안 되고 비도 오고 바람도 불고 구름도 끼어야 한다.

하지만 강 박자가 약 박자를 끌고 가야 하는 음악처럼 행복한 감정이 부정적인 감정을 끌고 가야 한다. 즉 행복한 일이 불행한 일보다는 3배 이상 많아야 한다.

사람은 배부른 돼지처럼 되어서는 안 된다. 부족한 점이 있어야 개선하려는 의욕이 생긴다. '거룩한 불만족'이 오히려 사람의 삶의 만족도를 향상시킨다.

현실은 변한다

한 낚시꾼이 낚시를 하고 있다. 옆에 있는 낚시꾼은 쉴 새 없이 고기를 낚아 올리는데 자기 낚시에는 고기가 걸리지 않는다. 그 낚시꾼은 "지난번에는 고기를 많이 잡았는데…"라며 계속 중얼거린다. 그는 현실이 바뀌었음을 모르는 것이다.

결혼생활을 하다보면 세월에 따라 부부 모두 많이 달라진다는 것을 알아야 한다. 그런데 옛날 모습만 생각하면 비현실적이다. 현재 남편 혹은 아내의 모습은 결혼 초의 남편, 아내의 모습이 아니다.

청년시절에는 모험해볼 필요가 있다. 시간도 있고 힘도 넘쳐나기 때문이다. 실수한다 해도 재기할 기회가 있으며, 웬만한 실수에는 사람들이 눈감아준다. 그런데 청년이 돌다리를 두드리듯 소심하게 산다면 비현실적이다. 그러면 발전하지 못한다.

그러나 노인은 청년처럼 무모하게 행동해서는 안 된다. 노인이 되면 몸도 마음도 약해지며 남은 시간도 얼마 없다. 이것저것 하기보다는 자신이 할 수 있는 몇 가지에 집중하는 것이 좋다. 이것이 현실적인 태도이다.

돈의 가치도 현직에 있을 때와 은퇴한 후가 다르다. 젊을 때 10만 원은 푼돈이지만 나이가 들어서는 10만 원이 가뭄에 단비 같다. 현실이 달라졌기 때문에 그렇다.

현실이 변하기 때문에 일의 우선순위도 재조정하고 계획도 수정해야 한다. 늘 자신의 분복이 존재한다. 자신의 분복을 지켜나가면 행복하게 살 수 있다. 허영을 부리지 않고 오붓하게 살아야 행복의 진미를 맛본다.

모든 것을 다 할 수도 없고 다 할 필요도 없다. 꼭 필요한 몇 가지에 집중하면 매사에 효과를 거둘 수 있다. 인생도 사회도 끊임없이 변한다. 이 세상에 변하지 않는 것은 없다. 변화를 올바로 읽고 대처하는 사람은 스트레스를 방지하며 건강하고 지혜롭게 살 수 있다.

♥ 행복코칭

현실은 자신의 실상을 뜻한다. 자신이 얼마나 현실적인지 점검해보라. 비현실적인 태도를 지닌 사람은 불행하다. 자신의 삶에서 비현실적인 태도를 줄여야 한다. 자신이 해야 하고 할 수 있는 일에만 집중하자. 적당하게 곤란하고 부족한 것이 좋다. 현실이 변함을 인식하고 태도를 재조정해야 한다.

♥ 행복연습

1. 위에 든 현실적인 기준 10가지에 비추어볼 때 자신은 얼마나 현실적인가?
2. 나에게 지나치게 행동하는 것은 없는지 적어보라.
3. 나이 듦에 따라 재조정해야 할 태도와 과제는 무엇인가?

Part 5

♠

행복한 인간관계

의사소통에 대한 연구

아무도 그 스스로 하나의 완전한 섬이 될 수 없다. – 존 던

의사소통은 왜 중요한가

'의사소통'은 영어로 communication인데, 그 뜻은 보내는 자와 받는 자 사이에 이루어지는 의미 교환이다. 인간에게 의사소통이 중요한 이유는 인간사회에서 일어나는 모든 일, 즉 학문연구, 취업, 인간관계 개선, 사람을 통솔하는 일, 낯선 사람과 사귀는 일, 결혼생활, 문제해결과 갈등 처리, 물건 판매, 구호와 개발 등 거의 모든 경우의 성공 여부가 자신의 생각과 느낌을 올바르고 자신 있게 표현하는 소통능력에 좌우되기 때문이다.

21세기의 화두는 의사소통이다. 이곳저곳에서 의사소통을 언급하지만 완전한 의사소통은 잘되지 않고 있다. 의사소통에 대해 연구할수록 그 과정이 얼마나 복잡하고 어려운지 실감하게 된다.

우리는 역사상 가장 정교한 의사소통 수단을 향유하고 있다. 그러나 소통에 어려움을 많이 겪고 있다. 조지 엘리엇은 "이 세상 사람들은 오해의 바다를 향해 소리 지르는 섬들이다"라고 했다. 의사소통의 이론을 알고 의사소통 기술을 끊임없이 연마하여야 한다.

현대인의 스트레스는 대부분 상대방과 소통이 되지 않는 데서 발생한다. 누군가 자신에게 무례한 말을 했다면 사람들은 그 말을 마음에 품고 앙갚음하려고 한다. '입술의 3초, 마음의 30년'이라는 말이 있다. 그저 무심하게 넘어갈 말이 아니다.

의사소통의 구조

의사소통이 이루어지는 구조는 매우 다양하지만, 대체로 다음과 같이 여섯 가지로 구분해볼 수 있다.

첫째, 목적이다. 왜 의사소통을 하는지에 관한 것이다. 의사소통의 목적은 대개 지식과 정보제공, 감동시킴, 설득시킴, 즐겁게 함, 행동을 일으킴 등이다. 비록 잡담할 경우라도 목적을 생각해보는 것이 좋다.

둘째, 발신자이다. 말하거나 정보를 전달하는 자이다. 발신자는 자기 자신과 수신자의 역할, 상황, 관계를 아는 것이 중요하다. 그런데 의사소통할 때 발신자와 수신자의 두 역할을 동시에 수행할 경우도 많다.

셋째, 수신자이다. 메시지를 받아들이는 대상이다. 그 말을 듣는 대상이 누구냐에 따라 말투와 언어선택을 달리해야 한다. 즉 듣는 자가 부모, 배우자, 자녀, 부하, 동료, 상사, 잘 아는 사람, 모르는 사람, 남자, 여자, 외국인 인가에 따라 다른 방식으로 소통해야 한다. 이는 의사소통 성패에 가장 중요한 요소이다.

넷째, 메시지, 즉 말의 내용이다. 말의 내용은 말하는 목적과 직결된다. 말의 내용은 분명하고 단순한 것이 좋다. 횡설수설하거나 중복적인 단어 사용은 피해야 한다. 초점 없는 대화, 주제가 분명하지 않은 회의 등은 시간낭비일 뿐이다.

다섯째, 상황이다. 어느 장소에서 말하느냐가 의사소통에 상당한 영향을 미친다. 조용한 곳, 시끄러운 곳, 넓은 곳, 좁은 곳, 사람이 많이 모인 곳, 적게 모인 곳에 따라 각각 다른 방법과 내용을 택해서 말해야 한다.

여섯째, 메시지 전달수단이다. 직접 대화, 전화, 이메일, 메모, 광고에 따라 효과가 달라진다. 감정을 표현할 때는 말로, 사실 전달과 정확성을 기하려면 글로 하는 것이 좋다. 전화는 매우 편리한 도구이지만 사실 전달이 불충분할 경우가 많다. 그러므로 중요한 사항을 의논할 때는 직접 만나서 하는 것이 좋다.

우리가 가장 보편적으로 사용하는 의사소통 수단은 '언어'이다. 그런데 의사소통에는 언어적 의사소통과 비언어적 의사소통이 있다. 미국의 심리학자이며 의사소통 전문가인 앨버트 메라비언 교수에 따르면 비언어 의사소통이 더 중요한 역할을 한다고 한다. 그는 표정, 눈빛, 제스처는 의사소통의 55%, 목소리는 38%, 말은 7% 영향을 준다고 한다.

얼굴 표정은 수많은 정보를 이해하게 해주며, 눈은 의사 전달을 가장 정확하게 표현해주는 곳이다. 몸짓은 말의 내용에 따라 달라질 수 있다. 목소리는 감정의 반사체 역할을 하기 때문에 많은 정보를 전달한다.

말이 7%밖에 역할을 못할지라도 말 자체가 의사전달의 핵심사항이다. 그러므로 정확하고 분명한 말은 의사소통의 기본이다.

왜 의사소통이 제대로 안 될까?

왜 의사소통이 제대로 되지 않을까? 의사소통 장애 때문에 우정에 금이 가고 가정이 파탄나며 공동체가 파멸되는 경우가 얼마나 많은가? 이런 장애가 생기는 근본 원인은 인간이 근본적으로 불완전하기 때문이다.

인간은 사물을 파악하는 과정에서 불완전하다. 즉 시각, 촉각, 청각이 완전하지 않다. 생각하는 과정에서 불완전하다. 기분, 선입관, 고정관념 등이 의사소통을 방해한다. 언어 자체가 불완전하다. 같은 단어를 사용해도 저마다 해석이 다르다. '사랑'이라는 같은 단어라도 남자가 생각하는 '사랑'과 여자가 생각하는 '사랑'의 의미가 다르다.

의사소통의 장애를 일으키는 중요한 원인이 무엇인지 유념하고, 장애 원인을 줄이려고 노력해야 한다.

전달자 장애가 있다. 목적이 분명하지 않은 것, 준비가 부족하고 글과 말을 정리하지 못한 것, 수신자가 무엇을 원하는지 모르는 것, 상황을 잘 이해하지 못하는 것, 명령형이나 강요하는 말, 경고나 위협하기, 훈계나 설교하기, 지나친 동정, 심문하는 듯한 말 등이다.

수신자 장애가 있다. 전달자를 무시하거나 두려워하는 경우, 말을 잘못

듣거나 안 들을 경우, 집중하지 않을 때, 수신자가 좋아하는 내용만을 선택해서 들을 때, 비교하기, 대충대충 듣기, 비위 맞추기, 언쟁하기, 전달자의 말 중단하기 등이다.

메시지 장애가 있다. 너무 많은 정보를 짧은 시간에 전달하려고 할 때, 용어가 어려울 때, 수신자에게 맞지 않는 메시지가 전달될 때 등이다.

상황 장애가 있다. 전달자가 너무 멀리 있을 때, 주위가 시끄러울 때, 수신자가 다양할 때, 문화 차이가 날 때 등이다.

방법 장애가 있다. 만나서 이야기해야 할 것을 전화로 하든가 공문으로 전달해야 할 것을 구두로 처리하는 것, 반복하고 확인하지 않거나 시청각 자료를 사용해야 하는데 마련하지 못할 경우에 장애가 발생한다.

의사소통이 제대로 되지 않으면 쓸데없는 오해와 갈등을 일으킨다. 그래서 개인과 가정과 공동체를 불안하게 만든다. 누구나 100% 완전하게 의사소통할 수 있을 만큼 성숙하지 못하다. 위와 같이 의사소통을 방해하는 요인이 많다. 이런 것을 파악하여 피하려고 노력하면 더 효과적으로 의사소통을 할 수 있다.

의사소통의 수준을 높이자

'길은 갈 탓이요, 말은 할 탓이라'는 말이 있다. 사람들을 유심히 살펴보면 의사소통 수준이 각각 다른 것을 알 수 있다. 세일즈맨의 판매 능력이 각각 다르고, 교수의 강의 기술이 각각 다르며, 목사의 메시지 전달 능력이 각각 다르다. 사람마다 의사소통 능력이 다르기 때문이다.

  그러므로 더 높은 수준의 의사소통 목표를 정하여 끊임없이 노력해야 한다. 우리는 대부분 매일 똑같은 샌드위치를 먹는 것처럼 똑같은 방식으로 말한다. 조금이라도 변화하려는 의지가 필요하다.

  무엇이든 거저 이루어지지 않는다. 의사소통의 수준을 높이려면 노력이 필요하다. 의사소통의 전문가인 아나운서도 얼마나 많이 노력하는지 모른다. 우리의 현재와 미래는 저마다 지닌 의사소통 능력에 영향을 받음을 명심하자.

  의사소통 능력이 향상되면 학생은 더 우수한 학생이 될 수 있고, 부모는 더 좋은 부모가 될 수 있고, 교사와 성직자와 정치가는 더 많은 영향력을 미칠 수 있다. 그뿐 아니라 가정과 사회에 행복과 평안을 이룩할 수 있다. 더 나아가서 국제관계에서도 평화를 만들어갈 수 있다.

♥ **행복코칭**
행복한 관계를 맺으려면 먼저 의사소통에 대해 연구해야 한다. 원리를 터득하면 의사소통 기술을 더 쉽게 연마할 수 있다. 의사소통의 의미와 중요성, 의사소통의 구조, 의사소통의 장애물을 잘 알고 의사소통 능력을 기르기 위해 노력하자.

♥ **행복연습**
위의 내용을 여러 번 읽고 핵심내용을 마음에 새긴다.

대화의 기술

'그는 너무 많이 말한다'는 말을 자주 한다.
그러나 '그는 너무 많이 듣는다'는 비난은 들어본 적이 없다. - 노만 아우구스틴

말을 잘할 수 있다는 자신감을 갖자

사람들의 공통적인 열망은 '지금보다 말을 더 잘하는 것'이다. 미국의 한 통계조사에 따르면 사람들이 갖는 가장 큰 두려움은 '여러 사람 앞에서 말하는 것'이라고 한다.

어떻게 하면 지금보다 더 말을 잘할 수 있을까? 먼저 말을 잘할 수 있다는 확신을 갖는 것이 중요하다.

말을 해야 할 경우에는 항상 자신감이 있어야 하고 자연스러워야 한다. 기분에 좌우되지 말고 항상 침착하며 자신감 넘치는 태도로 말하기를 연습하자. 자신감이 없으면 말할 때 상대방에게 흔들리게 된다.

자신감을 갖지 못하는 이유는 말을 잘 못한다는 불안감이 있기 때문이

다. 어떤 상황에서는 익숙하게 말하다가도 다른 상황에서는 말문이 막힌다. 웃음거리가 되면 어쩌지 하는 걱정이 앞선다. 과거의 실패가 생각나서 자신감을 막는다. 말을 해야 할까 망설인다. 자신은 본래 말을 잘 못하도록 태어났다고 생각한다. 말을 잘해야 한다는 중압감이 있다.

이런 요인들이 말하기를 주저하게 만든다. 하지만 진짜 장벽은 올바른 지식과 훈련 부족이다.

자신감을 갖기 위해 생각을 바꾸어보자.

첫째, 나는 현재 상태보다 훨씬 말을 잘할 수 있다고 믿는다. 그래서 자신감 있고 유능한 대화자가 될 수 있다고 외친다.

둘째, 변화는 비교적 빠르고 지속적일 수 있다고 믿는다. 자기 의사를 표현하는 능력이 조금만 향상되어도 자신감이 붙어 더 잘할 수 있다.

셋째, 변화는 작은 실천에서 시작됨을 알자. 가장 오래 지속되는 개선은 작은 단계에서 비롯된다. 한 번에 한 가지 변화에만 열중한다.

넷째, 변화가 가져오는 유익한 점을 상상한다. 즉 말을 잘하면 더 행복해지고 더 성공할 수 있다고 믿는다.

상대방에 대해 연구한다

역사상 의사소통의 달인으로 꼽히는 사람은 미국의 제32대 대통령 프랭클린 루스벨트이다. 그는 라디오 담화를 통해서 국민과 친숙한 대화를 자주 나누었다.

라디오에서 나오는 그의 소리를 듣고도 국민은 대통령이 바로 옆에서 소곤소곤하는 것으로 착각할 정도였다. 그는 또한 일대일 대화에도 명수였다. 그는 특이한 방법으로 대화하는 방법을 연구했다.

먼저 만나고자 하는 사람을 철저히 분석했다. 그는 상대방과 원활하게 소통하기 위해 대화하기 전에 전문서적을 읽거나 관련 지식을 챙겼다. 상대방이 골프를 좋아하면 골프 관련 지식을 쌓아 골프와 관련된 내용으로 대화했다. 그뿐만 아니라 주요 뉴스, 스포츠, 정치, 취미 등에 관해 상대방이 좋아하고 싫어하는 것을 알아내 대화한 것으로 유명하다.

상대방에 관한 정보를 많이 알수록 대화는 자연스러워진다. 상대방은 자신을 잘 아는 사람에게 감명을 받는다. 대화가 불통되는 이유는 상대방에 관해 충분히 알지 못하기 때문이다.

KBS 텔레비전의 '전국노래자랑'을 진행하는 송해 선생은 85세지만 온 국민의 오빠요 형님이다. 키가 작아도 배가 튀어나왔어도 아무도 탓하지 않는다. 그를 보면 반갑고 유쾌하다. 한국인은 지난 30년 동안 '딩동댕' 소리를 들으며 일요일 점심을 먹었다. 늘 청춘 같은 그는 악극단과 희극배우를 거친 만능 엔터테이너이다.

그는 프로그램을 신선하게 진행하기 위해 연구와 노력을 많이 한다고 한다. 녹화 전날 그 지역 공중목욕탕에서 목욕을 한다든지 시장을 둘러보면서 그 지역 사람들과 이야기하며 정보를 듣는다. 지역에 관한 정보와 지식을 파악한 덕분에 늘 새롭고 신선하게 진행을 한다.

대화 상대가 남자냐 여자냐에 따라 대화 방법도 달라진다. 남녀는 대화의 내용이나 방법이 다르다. 남자들은 자신이 겪은 내용 중에서 용감한 것,

즉 영웅담을 화제로 삼는다. 여자들은 자신이 바보 같은 짓을 했던 이야기를 자주 화제에 올린다.

여자들은 또한 아주 사소하고 자신과 직접 관계없는 이에게 전해들은 이야기를 많이 한다. 남자들은 사실관계를 따지는 좌뇌형 소통 스타일인 데 비하여 여자들은 감정으로 말하는 우뇌형 소통 스타일이다.

남자는 사실만 이야기함으로써 통화시간이 짧은 데 비하여 여자는 말을 하는 것 자체에 쾌감을 느끼기 때문에 통화시간이 길다. 여자는 하루에 2만 단어를 말하는데 남자는 여자의 3분의 1쯤 말한다고 한다.

대화의 기술을 향상시키는 방법

대화는 가장 쉬운 의사소통 방편이다. 얼굴을 마주 보고 이야기할 수 있을 뿐만 아니라 말하는 사람의 목소리와 몸짓이 표현을 돕기 때문이다. 또 말이 잘못 전달되었을 경우 쉽게 수정할 수 있는 이점이 있기 때문이다.

대화의 기본은 쌍방통행이다. 공을 주고받듯 메시지를 기분 좋게 주고받아야 한다. 그러나 독백이나 일방통행식의 대화가 얼마나 많은가? 우리 사회는 심각할 정도로 대화가 부족하다. 이 때문에 계층 간에 오해와 갈등이 생긴다.

우리는 미디어 과잉시대를 살고 있다. 스마트폰 보급과 함께 소셜네트워크서비스(SNS)가 새로운 소통방식으로 자리를 굳혀가고 있다. SNS를 통해 언제 어디서나 아는 사람의 소식을 접하면서 실제 만남이나 통화는 급격히 줄었다.

가족 간에도 서로 다른 수단으로 의사소통을 하고 있다. 스마트폰이 없으면 불안해서 못 사는 세상이다. 미디어는 늘어났으나 소통불안과 갈등은 상상을 초월할 만큼 많아졌다. 스마트폰에서 벗어나 사람 중심의 대화를 회복해야 한다.

대화 기술을 향상하는 방법

1. 목적을 분명히 정하고 대화한다. 무엇 때문에 대화하는지 목적을 분명히 하면 더 초점에 맞게 이야기할 수 있다. 어떤 종류의 의사소통이든 적절한 의사소통 목적이 있으면 시간을 벌고 효과를 얻을 수 있다.
2. 정확하고 분명하게 말한다. 불분명한 대화는 의사를 바르게 전달할 수 없기 때문에 오해와 갈등의 여지를 남길 수 있다. 자신의 생각과 감정을 정확하고 분명하게 전달해야 소통이 효과적으로 이루어진다. 자신의 생각을 정리하여 올바로 표현하는 연습을 해야 한다.
3. 충분한 시간을 두고 대화한다. 서로 이해하고 기쁨과 슬픔을 나누며 정을 돈독하게 하려면 충분한 시간이 필요하다. 대화하려면 느긋하게 시간을 마련하자. 일이 바쁘고 텔레비전 보는 데 시간을 빼앗겨 대화하는 시간이 상대적으로 줄고 있다.
4. 대화 내용에 깊이가 있어야 한다. 대화한답시고 내용이 신변잡기나 가족 문제에 국한되어서는 곤란하다. 저녁상에 둘러앉아 가족의 당일 경험을 나누는 것이 좋으며, 계획이나 시사문제를 이야기하는 것도 좋다.

5. 상대방의 다른 점을 용납한다. 인간은 각자 다르기 때문에 신비로움과 다양성을 느끼는 것이다. 서로 차이를 인식하고 그것을 즐기는 것이 대화의 훌륭한 기술이다.
6. 대상에 따른 주제와 말씨를 사용해야 한다. 사람에 따라 관심 영역과 의사소통 수준이 다르기 때문이다. 대상에 따라 대화 주제를 바꿔보자. 사람에 대한 연구가 필요하다.
7. 흥미 있고 관심 있는 태도를 나타낸다. 그래야 대화가 활발히 진행된다. 사실뿐만 아니라 감정을 교환해야 한다.
8. 상대방이 자연스럽고, 편하고, 푸근하게 느끼도록 한다. 특히 처음 보는 사람에게는 자연스러운 분위기를 느끼게 해주는 것이 필요하다.
9. 자신을 적절하게 개방한다. 또 기쁜 감정을 드러내고 유머를 사용하자. 체면, 지위, 학식 등의 가면을 벗고 대화할 때는 이야기에만 몰입하여 웃고 즐기자.
10. 음량과 억양을 조절한다. 큰 목소리를 자제한다. 상대방과 시선을 맞춘다. 상대방에게 가까이 접근한다. 미소를 짓는다. 그래야 소통이 잘된다.

가족을 상대로 대화를 연습해보자. 가족을 격려하고 기쁘게 하는 대화를 해보자. 친구와 대화할 시간을 마련해보자. 친구를 초대하고 또한 초대를 받자. 처음 만난 사람과도 십년지기처럼 활기 있게 대화하자.

♥ **행복코칭**

어떤 종류의 말을 하건 우선 자신 있게 한다. 대화 상대자에 관해서 될 수 있는 대로 많이 안다. 대화 기술을 꾸준히 훈련한다.

♥ **행복연습**

1. 주제를 정하여 1분간 말하기 연습을 한다.
2. 주제를 정하여 5분간 말하기 연습을 한다.
3. 주제를 정하여 15분간 말하기 연습을 한다.
4. 위의 내용을 읽어보고, 여러분의 약점을 발견하고 개선하는 연습을 한다.

나 자신과 가장 친해야 한다

> 나에 대한 존경, 나에 대한 지식, 나에 대한 억제,
> 이 세 가지만이 생활에 절대적인 힘을 가져다준다. - 테니슨

나는 나의 가장 좋은 친구

인생에서 가장 좋은 친구는 바로 자기 자신이다. 나는 나와 더불어 일생을 살고 있다. 그러므로 인생을 행복하게 살려면 나와 가장 친해야 한다. 자신에게 늘 친절하자. 내가 나를 존중하고 사랑하고 늘 기분 좋게 대해야 한다. 개인문제나 사회문제는 저마다 자기를 존중하지 않고 사랑하지 않기 때문에 일어난다. 내가 나와 친해야 기쁜 마음으로 살아갈 수 있다.

만난 지 일 년쯤 되는 청춘남녀가 대화하고 있었다. 여자가 남자에게 말했다. "자기야, 난 자기 없으면 단 하루도 못 살 것 같은데, 자기는?" 그러자 남자는 "응, 나도 나 없이는 하루도 못 살아!"라고 대답했다.

친구를 존중하듯 나는 나를 존중해야 한다. 이 세상의 만물은 나름의 특

성과 존엄성이 있다. 수많은 꽃이 있지만 모습이 똑같은 꽃은 없다. 나뭇잎도 눈송이도 그렇다. 이처럼 여러분과 똑같은 사람은 존재하지 않는다. 지구상 70억 인구 가운데에서 여러분은 유일무이한 존재이다. 여러분과 같은 사람은 과거에도 없었고, 현재에도 없고, 미래에도 없다.

세상에서 제일 중요한 사람은 바로 '나'이다. 부처는 '천상천하유아독존(天上天下唯我獨尊)'이라고 했다. 우주 만물 중에 내가 가장 존엄하다는 뜻이다. 나르시시즘은 경계해야 하지만 자신의 가치를 인정하고 자기 인생을 걸어가야 하는 것은 당연하다.

정신분석학자 에리히 프롬은 《소유냐 존재냐》라는 책에서 존재가 소유보다 항상 우선이라고 했다. 그러므로 물질만능주의에 빠진 사회에서는 각자의 존엄성을 지키는 일이 시급하다.

한 여성이 실연의 아픔에 빠져 유서를 남기고 자살했다. 유서에는 "이제 세상에 남겨진 것은 나 하나밖에 없다. 더 세상을 살 이유가 없다"라고 적혀 있었다. 자기 존엄성을 깨닫지 못해 그녀는 목숨을 끊은 것이다.

세상의 모든 사람은 '나'라는 일인칭을 앞세워 남과 대화를 한다. 나는 다른 존재와 소통함으로써 나 자신을 완성한다. 나와 다른 사람과 소통함으로써 관계를 맺는다. 나는 내 삶의 주체이다. 나는 자유가 있고 선택할 수 있으며 결과에 책임을 진다.

인간이 죽을 때 가장 후회하는 것은 자기다운 삶을 살지 못했다는 것이다. 결혼한 한 청년이 결혼생활에 어려움이 닥치자 어머니에게 불평했다. "결혼하지 않으려고 했는데 엄마가 결혼하라고 해서 이 모양 이 꼴이야!" 이 청년은 자기다운 삶을 살아가지 못하는 것이다.

세상만사는 변하지만 나의 존재감만은 항상 제자리를 지켜야 한다. 죽는 날까지 변치 않는 유일무이한 동반자는 나밖에 없다. 내가 내 위치를 지키지 못하면 모든 것은 허상이고 망상이고 거품일 뿐이다. 자아를 분명하게 확립해야 한다. 나와 나의 관계가 좋아야 다른 사람과의 관계도 좋아진다.

나를 사랑하자

말로는 자신을 사랑한다면서 실상은 자신에게 해악을 주며 살아가는 모습을 많이 본다. 예를 들자. 건강이 중요하다면서 실제로는 건강에 해로운 일을 많이 한다. 음주, 흡연, 과식, 불규칙한 생활 등이 그런 것들이다. 근심과 걱정, 화를 내는 것이 정신건강에 해로운 것을 알지만 이런 행동을 마다하지 않는다. 배우자나 자녀를 사랑하는 것이 결국 자기를 사랑하는 길임에도 이를 이행하지 않는다. 자기애와 이기주의를 혼동하는 사람이 많다.

자신을 사랑하는 방법은 많다. 가장 기본적인 방법은 자기 자신을 기쁘게 받아들이는 것이다.

'과거의 나'를 받아들이자. 여러분은 과거에 일어난 모든 행동에 의해서 만들어진 존재이다. 과거에 행복하거나 불행했던 사건은 오늘 여러분이 행복해지기 위해 필요한 변화였다고 생각하면 과거를 받아들일 수 있다. 자신의 과거를 긍정적으로 생각하자. 과거에 일어난 일은 모두 의미 있고 교훈적임을 인정하자. 그러면 마음이 편해진다. 나는 그냥 나 자신인 것이 좋다고 생각하자. 내 장점과 불완전한 점을 그대로 받아들이자. 문제가 있다면 그대로 인정하면 된다. "응, 문제 있어!"라고 말하면 된다.

심리학자 카를 융은 인간의 내면에 존재하는 어두운 부분을 '그림자' 라고 표현했다. 그는 그림자가 사람에 따라 다르지만 대체로 분노와 탐욕, 이기주의 및 기타 금지된 욕망과 정서를 포함한다고 했다.

이 그림자는 우리에게도 나쁜 영향을 끼치곤 한다. 대부분은 이런 그림자를 받아들이지 못한다. 그러면 다른 사람이나 자기 자신을 사랑할 수 없다. 내 그림자를 받아들이려면 무엇을 해야 할까? 먼저 그동안 꽁꽁 숨겨왔던 그림자를 꺼내야 한다.

자신을 받아들일 때 삶이 쉽게 변화된다. 의사의 진단에 따라 병이 있다고 판명되면 그 사실을 받아들이면 된다. 치료를 받으려면 자신의 병을 인정해야 한다. 자신을 받아들이는 행위는 위대하다. 그렇게 하면 자신을 변화시킬 수 있고 세상을 변화시킬 수도 있다. 그런데 받아들이는 것은 쉽지 않다. 자존감을 키워나가면 자기를 받아들일 수 있게 된다.

자신을 받아들이지 못하면 어떻게 될까? 우울증, 불안증, 알코올 남용과 같은 현상이 생긴다. 있는 그대로 자기를 받아들이지 못하면 마음이 평안하지 않다.

겸손하게 자신의 부족함과 한계를 받아들이는 연습을 하자. 겸손은 사람을 자유롭게 한다. 에라스뮈스는 "행복의 핵심은, 네가 지금의 너 자신이기를 원하는 것"이라고 했다.

'나는 나다. 지금의 나로도 충분하다. 나는 나에게 잘 어울린다'고 말하자. 그리하여 마음의 갈등을 다스리자.

긍정적인 자아상을 갖자

자아상이란 자기 마음으로 자기를 그리는 모습이다. 사람들은 '나는 누구인가?'라는 질문에 대답하기를 어려워한다. 내 속에는 내가 좋아하는 모습도 있고 싫어하는 모습도 있다. 어떤 사람은 자신을 긍정적으로 보고 어떤 이는 부정적으로 본다. 대부분은 색안경을 끼고 자신을 본다. 그래서 자기의 참모습을 바라보지 못한다.

부정적인 환경에서 자란 아이는 부정적인 자아상을 가질 확률이 높다. 실패한 경험이 많은 사람도 부정적인 자아상을 갖는 경향이 있다. 이 밖에도 어렸을 때 부모의 기대에 미치지 못했던 경험, 죄책감, 감수성이 강한 것, 직업, 가난, 낮은 지위, 신체적 약점, 내성적인 성격, 낮은 교육 수준, 교만, 허풍 부리는 태도 등이 부정적인 자아상을 갖게 하는 원인이다.

부정적인 자아상을 바로잡는 것이 인격개발의 기본이다. 이는 심리학자들이 공통적으로 동의하는 학설이다. 자기를 건전하게 바라보는 안목을 기르지 못하면 인격이 성장하지 않고 대인관계나 업무에도 악영향을 미친다. 긍정적인 자아상을 갖도록 매일매일 노력해야 한다.

긍정적인 자아상을 가지면 행복도 증가된다. 내 미래는 내가 만들어간다. 숙명론을 받아들여서는 안 된다. 미래를 결정하는 가장 중요한 요소도 자아상이다. 긍정적인 자아상을 가져야 자존감이 생기고 매사가 잘된다.

우리에게 '자존감'이라는 말은 조금 생소하지만 미국인들은 '자존감'이란 말을 자주 쓴다. 모름지기 '나'라는 사람이 가치 있는 사람임을 깨닫고 자부심을 가지고 살아가야 한다.

우리에게는 '열심히 공부해서 좋은 대학에 가고, 대학 졸업해서 좋은 직장을 얻고, 좋은 배우자 만나 잘 결혼하라' 는 말이 훌륭한 충고이지만 미국에서는 '너는 소중한 사람이니 자부심을 갖고 살아라' 라는 말이 좋은 충고이다. 미국의 학생들은 성적이 낮아도 당당한 자부심으로 살고, 부모의 직업이 변변치 않아도 기가 죽지 않는다. 우리나라와 사뭇 다르다.

자아상은 스스로 결정한다. 어릴 적에는 부모, 형제, 교사, 친구, 친척에게 자신이 어떤 모습인가에 대해 들어왔다. 그중에는 긍정적인 메시지도 있고 부정적인 메시지도 적잖이 있었다. 어렸을 때에는 부정적인 자아상까지도 액면 그대로 받아들였는데, 이는 현실과 다르지 않다고 생각했기 때문이다. 그러나 현재는 철이 들어 과거의 자아상을 재평가하고 본연의 자아상을 결정할 수 있게 되었다.

왜곡된 자아상을 회복하고 건전한 자아상으로 바꾸는 노력은 자신의 선택에 달려 있다. 우리는 일생 동안 지속적으로 자아상을 향상해야 한다. 그것이 인격훈련이기도 하다.

♥ **행복코칭**
자신의 존엄성을 인정하자. 자신을 받아들이자. 건전한 자아상을 갖자.

♥ **행복연습**
건전한 자아상을 갖기 위해 다음과 같은 연습을 해보자.
1. 가정생활을 행복하고 건전하게 한다. 인격은 가정에서 형성된다.
2. 스스로 생각하고 결정한다.
3. 과거의 실패나 부정적인 경험을 정리한다. 그리고 다른 사람의 비평에 초연하라.

4. 자기 자신에게 늘 긍정적인 말을 한다. 시시때때로 자기 칭찬을 한다.
5. 한 가지 특출하게 뛰어나게 잘하는 것이 있어야 한다.
6. 정직하고 성실하게 행동한다.
7. 외모에 신경 쓴다. 옷을 입되 멋지게 입는다.
8. 늘 자신의 이상적인 모습을 상상하고 추구한다.
9. 몸과 마음을 건강하게 유지한다.
10. 가정, 단체, 국가의 일원임을 자랑스럽게 여긴다.

인간관계를 향상시키자

만일 우리가 상대방을 후원하면 상대방도 우리를 후원한다. - 바브손

인간관계의 중요성

인간관계를 원만히 맺는 사람은 성공할 수 있고 행복하게 살아갈 수 있다. 인간관계는 왜 중요한가?

첫째, 서로 도울 수 있다. 현대는 생존경쟁이 심하다. 개인의 힘만으로는 살 수 없다.

둘째, 서로 약점을 보완할 수 있다. 아무리 뛰어난 사람도 부족한 점이 있다. 다른 사람의 능력, 재능, 생각을 활용해야 원만하게 살 수 있다.

셋째, 감정을 교류할 수 있다. 기쁠 때 함께 기뻐해주고 슬플 때 위로해주는 삶이라야 용기 있게 살 수 있다.

넷째, 인간관계에서 정보교류가 이루어진다. 현대 사회는 정보를 먼저

얻는 사람이 성공한다. 인맥이 넓고 인간관계가 원만하면 남보다 먼저 정보를 얻기 때문에 경쟁사회에서 앞서갈 수 있다.

고독을 즐기며 혼자 있기를 좋아하는 사람이 있다. 때때로 그렇게 할 수는 있지만 언제까지나 그래서는 안 된다. 조사에 따르면 독신으로 지내는 사람이 배우자와 함께 지내는 사람보다 자살률이 3.8배 높다고 한다. 이런 수치가 보여주듯 사회적 동물인 인간은 공동체 생활을 해야 더 행복하다.

원만한 인간관계는 유익이 많다. 베이컨은 인간관계의 중요성에 관해 말하기를 "기쁨은 두 배가 되고 슬픔은 반절이 된다"라고 했고, 아리스토텔레스는 "우정이 없다면 행복도 없다"라고 했다.

모든 대인관계가 중요하지만 그중에서도 배우자와 관계가 가장 중요하다. 행복연구가 데이비드 마이어스는 "공평하고 친밀하며 서로 돌봐주면서 평생 함께하는 동반자 관계보다 강력한 행복의 조건은 없다"라고 했다.

살아가면서 늘 부닥치는 가장 어려운 문제가 인간관계이다. 가정, 직장 그리고 사회단체에서 이 문제가 늘 따라다닌다. 따라서 인간관계를 잘 맺고 살면 그만큼 성공할 수 있고 행복할 수 있다.

인간관계의 원리

인간관계를 향상하기 위한 중요한 원리가 있다.

첫째, 먼저 베푸는 것이다. 상대방이 해주기를 바라지 말고 상대방을 향하여 먼저 행동하는 것이다. 이것은 예수가 말씀한 황금률과도 일치한다.

황금률의 요지는 '내가 먼저 남을 대접하는 것'이다. 인간관계를 향상하기 위해서는 먼저 투자해야 한다. 노력한 만큼 결실을 얻을 것이다. 인간관계는 탁구나 테니스처럼 서로 주고받는 것이다.

"오는 정이 고와야 가는 정이 곱다." "되로 주고 말로 받는다." "오는 말이 고와야 가는 말이 곱다"라는 말이 있다. 먼저 정을 주라. 먼저 웃고, 먼저 인사하고, 먼저 칭찬하고, 먼저 대접하자. 인간관계를 위해서는 자신이 먼저 행동해야 한다.

둘째, 자주 만나는 것이다. 자주 접촉하면 친해진다. 자주 만나서 대화하고 식사도 함께하며 즐거운 시간을 경험해보자. 무슨 모임이든 잘되기 위한 첫째 조건은 자주 만나는 것이다. 정기적으로 잘 모이면 그 모임은 성공한다. 공통의 희망과 비애를 나누어보자. 나이 들수록 제일 친한 친구는 취미활동을 같이하는 사람이라고 한다.

셋째, 인정과 칭찬과 격려의 기술을 배워 활용하는 것이다. 인정은 상대방의 존재감을 인정해주는 것이다. 만났을 때 즐겁게 인사하는 것이 여기에 속한다. 칭찬은 상대방의 장점을 추어올리는 것이다. 격려는 상대방이 실수하거나 실패했을 때 용기를 북돋아주는 것이다. 상대방과 만날 때마다 이 세 가지 요소를 잊지 않고 활용하면 인간관계를 향상시킬 수 있다.

넷째, 상대방에게 친근감과 신뢰감을 주는 것이다. 명랑하고 자연스럽고 유머를 적절히 활용해서 친근감을 높이자. 정직하고 약속을 지키고 믿음직하게 행동하여 신뢰감을 높이자.

다섯째, 적절한 시기에 적절한 도움을 주는 것이다. 그러면 상대방은 은혜를 잊지 못할 뿐 아니라 배반하지 않을 것이다.

인간관계를 저해하는 요인

첫째, 다른 사람과 차이점을 인정하지 않는 무지이다.

둘째, 의사소통을 잘하지 못하는 서투름이다.

셋째, 다른 사람에게 관심과 사랑을 베풀지 못하는 이기심이다.

인간관계에서 부닥치는 가장 흔한 문제는 다른 삶과의 차이를 모르는 것이다. 그래서 상대방을 자기 표준에 맞추려고 한다. 내 생각에 동조하지 않고 내 요구를 들어주지 않는 사람을 '나쁜 사람'이라고 단정한다.

그러나 모든 사람은 저마다 다르기 때문에 나와 다르게 생각하고 다르게 행동할 권리가 있음을 이해해야 한다. 상대방을 변화시키기는 불가능에 가깝다. 하지만 나 자신을 변화시키는 것은 상대적으로 쉽고, 나를 변화시키면 상대방도 쉽게 변화한다.

사람을 잘 사귀라

주위에 좋은 사람이 있으면 그는 틀림없이 행복하다. 주위에 성격이 밝고 명랑한 사람들이 많으며 서로 격려하는 분위기에서 살면 행복하지 않을 사람이 어디 있겠는가?

인생의 최대 행복은 좋은 사람을 만나는 것이다. 우리는 부모, 형제, 처자를 만난다. 친구를 만나고 적도 만난다. 스승도 만나고 은인도 만난다. 좋은 부모 만나기는 의지대로 되지 않지만, 좋은 친구, 좋은 배우자, 좋은 스승 만나기는 가능하다. 어쨌든 좋은 만남을 위해서 노력해야 한다.

친구 사귀기에 신경 써야 한다. "친구 따라 강남 간다"라는 말이 있다. 친구는 삶에서 매우 중요한 부분을 차지한다. "좋은 친구를 골라라"라는 격언이 있다. 인간은 서로 영향을 주고받기 때문이다.

이런 말도 있다. "빗자루는 마루 밑을 청소하지만, 그 빗자루는 더러워지고 만다." 이 말은 성인일지라도 악인과 접하면 자기도 모르게 악해진다는 뜻이다 그러므로 친구를 사귈 때 주의해야 한다. 범죄로 인도한 사람은 대부분 친구였다는 사실을 기억하기 바란다. 그러나 좋은 친구는 반드시 나에게 좋은 영향을 미친다.

배우자 선택은 절대적으로 중요하다. 인생을 행복하게 지내기 위한 최대 조건은 좋은 배우자를 선택하는 것이다. 결혼한 다음에는 가정도 잘 운영해야겠지만 그보다 원초적으로 중요한 것은 좋은 배우자를 선택하는 것이다. 필자가 이혼상담하면서 느끼는 사실은 많은 사람이 배우자 선택에 신중을 기하지 않고 결혼을 한다는 것이다.

어린이와도 사귀자. 어린이와 자주 접촉하자. 어린이를 관찰하면 다른 세계에서 사는 것 같다. 그들은 늘 즐겁다. 그들은 노래 부르고 춤추고 모든 일에 호기심이 있다. 어린이를 바라보는 것만으로도 가정은 항상 밝고 활기차다. 아이들은 항상 떠들고 싸우고 노래 부른다. 아이들이 있는 집에는 행복이 가득 흐른다.

스승과 잘 사귀라. 위대한 스승을 만나면 삶의 방향이 완전히 바뀔 수 있다. 인생의 길은 끝없는 미로이다. 길을 가르쳐줄 누군가가 필요하다. 위대한 스승을 모시는 사람은 대단히 행복한 사람이다.

네트워킹(관계망)을 만들자

현대 사회에서 인간관계를 맺는 수단 가운데 하나는 네트워킹이다. 네트워킹이란 가치관이 같은 개인들이 횡적인 연관을 맺고 자주적인 조직을 만드는 것이다. 인간과 인간의 질적인 관계, 순수한 의사소통, 친구관계, 신뢰관계 등에 관심을 둔다. 자율적인 참가, 개방성, 횡적 관계가 특징이다. 친구 몇 명이 정기적으로 모이는 모임, 가족모임, 후원회, 동창회, 퇴직자 모임, 연구모임, 독서모임, 취미모임 등 관계망의 형태는 다양하다.

행복한 사람은 보통 진실로 가까운 친구 몇 명을 두고 있다. 행복한 사람은 이웃도 많다. 그러나 소수의 사람과 친밀한 관계를 맺는 것이 더 행복하다. 친밀한 우정은 대상이 한정되어야 깊이 나눌 수 있기 때문이다. 그들은 감정을 교환하고 서로 도와줌으로써 큰 즐거움을 얻는다.

친구를 지혜롭게 선택하고 우정관계가 영원히 지속되도록 하자. 그것이야말로 인생을 행복하게 만드는 중요한 전략이다.

가장 가까운 사람을 먼저 생각하자. 어떤 사람은 가족보다 타인에게 더 친절하고 그들에게 더 많은 시간을 할애한다. 우선순위가 잘못된 것이다. 또 일에 파묻혀 가족과 친구들을 위해 시간을 내지 못하는데 이것도 잘못된 태도이다.

어떤 모임에 가입하면 소속감이 생기고 기쁨과 슬픔을 나눌 수 있을 뿐 아니라 살아가는 데 든든한 뒷받침이 되어준다. 고령화 사회가 되면서 훌륭한 네트워킹이 그 어느 때보다 중요하게 대두되었다.

♥ **행복코칭**

인간관계의 원리를 알면 인간관계 유지에 도움이 된다. 인간관계는 서로 주고받는 것이다. 서로 차이를 간과하면 인간관계가 잘 이루어지지 않는다. 사람을 잘 사귀어 주위에 좋은 사람이 있게 하자. 여러 종류의 인간관계를 맺자.

♥ **행복연습**

인간관계 원리 다섯 가지에 대한 실천계획을 세우고 실행한다.

적절하게 칭찬하자

무엇이든 칭찬을 들으면 자란다. 모든 피조물은 칭찬에 반응을 보인다.
그리고 기뻐한다. – 찰스 필모어

칭찬의 기쁨

남을 칭찬하면 나도 틀림없이 행복해진다. 남을 칭찬하면 남도 기쁘게 하고 자기도 기뻐진다. 소통의 가장 중요한 기술은 칭찬이다. 칭찬의 기술을 익히면 대인관계를 대폭 향상시킬 수 있다. 그리고 자기 뜻대로 상대방을 움직일 수 있다.

소년 소녀 시절에 선생님에게 들은 한마디 칭찬이 일생의 방향을 결정하는 수가 있다. 칭찬은 위력이 대단하다. 사소한 칭찬도 효과가 있다. 칭찬은 기쁨을 낳고, 기쁨은 보람으로 연결된다.

칭찬받은 일은 늘 기억된다. 필자가 어렸을 때 외할머니는 "성은이는 코가 잘생겼어"라고 하셨다. 운전 연수를 마쳤을 때, 지도 강사는 "선생님은

페달을 밟는 감각과 핸들 감각이 뛰어나십니다"라고 했다. 오래 지났어도 칭찬의 말을 기억한다.

가정을 화목하게 하는 데도 칭찬이 큰 역할을 한다. 나는 가끔 아내에게 "당신의 요리 솜씨에 100% 만족해요. 요리 잘하는 아내를 두어서 행복해요. 음식점 내도 되겠어요"라고 한다. 아내는 눈을 흘기면서 "아부 떨지 말아요" 한다. 그런데 아내 표정을 보면 그 말이 싫지는 않은 모양이다.

효과적으로 칭찬하는 방법을 연구하자

어떤 방법으로 칭찬하는 방법을 배울 수 있을까? 남을 칭찬하지 않던 사람이 칭찬하는 버릇을 기르려면 용기가 필요하다. 먼저 자연스럽게 칭찬하는 말을 표현하도록 노력하라. 새 옷을 입은 사람에게 "아주 멋집니다. 옷이 참 잘 어울려요"라고 하면 된다. 필자는 새 옷을 입은 친구나 친지에게 "5년 5개월은 젊어 보입니다"라든지 "7년 7개월은 젊어 보입니다"라고 한다. 그러면 상대방이 웃으며 기분 좋아한다.

다음과 같은 표현을 적절히 구사해도 좋다. "나는 너 같은 훌륭한 아들을 둔 것을 자랑스럽게 생각한다." "나는 당신 같은 괜찮은 여자를 아내로 맞이해서 행복해요." "당신 같은 믿음직한 남편을 두어 정말 행복해요." "선생님같이 귀한 분과 함께 시간을 보내게 되어서 큰 영광입니다."

유명한 의사에게는 다른 의사에게는 없는 특별한 기술이 있다. 바로 환자에게 감탄사를 아끼지 않는 기술이다. 의사들은 진료할 때 환자의 증상에만 집중한다. 어디가 어떻게 얼마나 아픈지를 묻고 한결같은 결론을 내린다. '이거 하지 마세요, 저거 먹지 마세요.' 하지만 병세를 포괄적이고 전체적으로 물어본 다음 '좋습니다', '잘하고 있습니다' 같은 긍정적인 말로 환자의 마음과 행동에 변화를 이끌어낸다.

환자의 병세가 좋아지면 칭찬과 감탄사의 수위가 한층 높아진다. "오오, 이러다간 백 살까지 사시겠습니다." 80세 노인에게 "저보다 힘이 좋으십니다"라며 감탄사를 아끼지 않는다. 의사의 격려와 지지는 환자에게 행복한 마음을 준다. 그래서 환자의 건강이 몰라보게 좋아지는 것이다.

남보다 내가 먼저 칭찬하자. 먼저 기선을 잡는 것은 어느 경우든지 효과적이다. 구체적이고 간결한 표현으로 칭찬하자. 일반적인 찬사보다는 독특한 칭찬이 좋다. 결과와 함께 과정도 칭찬하라.

작은 것도 칭찬하자. 상대방을 살펴보면 칭찬거리를 발견할 수 있다. 칭찬을 잘 못하는 이유는 대단한 것만 칭찬하려 하기 때문이다. 그런 칭찬은 누구나 할 수 있다.

공개적으로 칭찬할 것과 개인적으로 칭찬할 것을 잘 구별하여 칭찬하자. 공개적으로 칭찬하여 다른 사람의 시기와 질투의 대상이 되게 하는 것은 현명하지 못하다. 그러나 가정이나 비공식적인 모임에서 공개적으로 칭찬하면 칭찬받는 대상의 자존심을 높여준다. 여럿이 함께 한 사람을 칭찬해도 좋다.

자신을 칭찬하는 것도 효과적이다. 자신을 긍정적으로 바라보고 칭찬하자. 매일 아침 20번씩 그렇게 하자. 예를 들면 '나는 평안하다', '나는 남에게 힘이 되는 사람' 이라고 말하는 것이다. 이것이 습관이 되면 힘든 일을 겪을 때마다 부정적인 감정을 극복할 수 있다.

더 효과적인 칭찬을 연구하고 연습하자. 칭찬은 기술이므로 끊임없이 노력하고 반복해야 습득된다. 칭찬을 예술작품처럼 감동적으로 만들기 위해 배우고 실천해야 한다. 의도적으로 어색하게 칭찬하는 것이 아니라 칭찬하는 버릇이 자연스럽게 몸에 배야 한다.

칭찬하기를 조심해야 할 경우

칭찬이 무조건 효과를 거두지는 않는다. 시기와 장소와 사람에 따라 분별 있게 칭찬해야 효과를 거둔다.

칭찬할 때 신체적인 접촉을 하면 더욱 효과적이다. 남자가 남자의 어깨를 툭툭 치는 것과 같은 행동이다. 그러나 이성 간에는 조심해야 하고 외국인에게는 특히 더 조심해야 한다. 왜냐하면 관습이 다르기 때문이다.

교만한 사람에게는 칭찬을 삼가자. 칭찬하면 교만심을 더욱 부추겨서 장차 그를 몰락하게 할 수도 있다. 왜 수많은 통치자와 지도자들이 부하의 아첨에 홀려서 몰락했는지 헤아려보면 짐작할 수 있다.

아랍인 남편 앞에서는 그의 부인이 예쁘다고 칭찬해서는 안 된다. 그러면 그녀에게 마음이 있다는 표시가 되어 매우 당황스러운 일을 당하게 된다. 중국인 집에 초대받았을 때 물건에 대해 칭찬해서는 안 된다. 칭찬하면 주인인 중국인이 여러분에게 그 물건을 줄지도 모른다. 그래서 만약 받는다면 나중에 몇 배 더 비싼 물건을 요구당할지 모른다.

♥ 행복코칭

칭찬의 위력을 알라. 칭찬은 고래도 춤추게 한다는 말이 있다. 칭찬을 주고받으면 양쪽 모두 즐겁다. 하지만 칭찬은 효과적으로 해야 한다. 그렇지 못하면 칭찬하지 않은 것만 못하다. 두루뭉술하게 하지 말고 상대방의 장점을 정확히 포착하여 구체적으로 칭찬하라. 사람을 만날 때마다 지난번 칭찬과 비슷한 것을 칭찬하라. 적시에 적절한 칭찬을 하라. 그리고 칭찬하기를 조심해야 할 경우를 알라.

♥ 행복연습

1. 만나는 사람마다 한마디의 칭찬을 꼭 던지도록 노력하자.
2. 음식을 대접받을 때마다 음식 맛에 감탄하는 말을 하자.
3. 사귀고 싶은 사람에게 적절히 칭찬하자.

행복한 가정

참으로 자기 자신이 될 수 있는 것은 결혼생활,
즉 평화로운 생활 속에 있어서만이다. - 사르동느

가정을 소중하게 여겨라

어떤 사람은 가정을 "다툼의 세계를 몰아내고 사랑의 세계로 둘러싸인 곳, 타락한 인류의 잘못과 실패가 자비의 외투 아래 숨겨지는 땅 위의 유일한 장소, 아버지의 왕국, 자녀들의 낙원, 어머니의 세계, 네가 가장 잘 대우받고 가장 많이 투덜거리는 곳이다"라고 묘사했다.

널리 애창되는 존 하워드 페인의 '홈 스위트 홈'의 가사 1절은 이렇다.

이 세상의 쾌락과 궁전 가운데로 내가 돌아다닐지라도
나를 언제나 겸손케 하는 것은 내 집 같은 곳이 다시없음이로다.

> 하늘로부터의 아름다움이 거기서 우리를 신성하게 하고
> 온 세계를 온통 다 찾아보아도
> 이런 아름다움을 다른 데서는 찾을 수 없도다.
> 가정, 가정, 감미로운 나의 가정
> 내 집 같은 곳은 다시없도다.

이 세상에서 천국 같은 곳은 건전한 가정이다. 가정에서 행복을 찾지 못한 사람은 진정 행복한 사람이 아니다. 가정은 평화로운 곳이며 모든 식구가 평안과 안정을 찾는 장소이다. 가정은 가장 자유로운 곳이다. 가정에서 힘을 얻으면 세상의 어떤 어려움도 극복할 수 있다.

행복한 가정을 만들겠다는 의지

이 세상에 가치 있는 것 중에 거저 주어지는 것은 없다. 행복한 가정도 마찬가지다. 결혼식에서 서약은 인간의 모든 약속 가운데 가장 신성한 약속이다.

결혼하는 남녀가 '살다가 싫어지면 이혼하지' 라고 생각하면 결혼생활이 순탄하기 어렵다. 주례를 서는 어떤 목사는 결혼서약이라는 딱딱한 분위기를 부드럽게 하기 위해 이렇게 하게 했다고 한다.

> 건강할 때뿐 아니라 병들 때도…
>
> 살쪘다고 밥 안 줄 때도…
>
> 치약을 중간부터 짤 때도…
>
> 휴일에 하루 종일 방바닥에 X-ray를 찍을 때도…
>
> 세탁물을 아무렇게나 벗어놓을 때도…
>
> 양말을 아무렇게나 벗어놓을 때도…
>
> 아침마다 침 흘리며 자는 모습을 볼 때도…
>
> 끝까지 사랑할 것을… 하나님과 모든 분 앞에 엄숙히 약속합니다.

결혼의 목적이 무엇인지 알지 못하고 결혼하는 남녀가 많다. 남녀가 성인이 되면 서로 만나 함께 사는 것이라고 생각하는 것은 너무 천진하다. 결혼의 목적은 여러 가지다.

창세기에 결혼의 목적은 남녀가 함께 살아감으로써 고독하지 않은 것, 자녀를 생산하는 것으로 되어 있다. 결혼의 진정한 목적은 함께 삶으로써 더 풍성한 삶을 살아가도록 하는 데 있다. 결혼함으로써 남자와 여자가 모두 성숙하고 행복해진다.

독신을 주장하는 남녀도 자유로운 인생이라고 말하지만 외롭고 불안한 상태에 처하지 않을 수 없다. 필자의 친구는 평생 독신으로 지내는데, 한때 심하게 앓아 며칠간 누워 꼼짝하지 못하였다. 그때 비로소 마누라 생각이 나더라고 했다.

필자는 대학에서 오랫동안 강의하면서 학기마다 결혼특강을 한 적이 있다. 특강을 할 때마다 학생들에게 결혼하라고 권했다. 결혼생활의 요령도 가르쳐주었다.

연애는 낭만적이고 추상적이다. 결혼은 현실적이고 구체적이다. 결혼은 서로 돕고 사랑하기 위해서 하는 것이다. 인생살이가 험난한데 결혼한 두 사람이 손잡고 힘을 합해야 활기차고 행복하게 살아갈 수 있다.

결혼생활 규칙을 몇 가지만 착실히 지켜도 결혼생활을 훌륭하게 영위할 수 있다. 문제는 그 몇 가지 규칙을 지키지 않는다는 점이다. 결혼생활의 방법을 아는 사람에게는 결혼생활이 매우 즐겁다. 하지만 그 방법을 알지 못하면 결혼생활이 매우 괴롭다.

부부는 말이 통해야 한다. 즉 소통이 원활해야 한다. 부부 사이에 왜 소통이 되지 않는가? 상대방의 말을 듣지 않고 일방적으로 자기주장만 고집하기 때문이다. 상대방 입장에서 생각할 줄 모르기 때문이다. 같은 말을 해도 남자의 말과 여자의 말은 뜻이 다르다.

예를 들면 여자가 남자에게 '나는 당신을 사랑한다' 고 해도 남자는 별로 감동하지 않는다. 그런데 여자가 남자에게 '당신은 결단력이 있어요' 하면 남자가 좋아한다.

배우자를 신중하게 골라야 하며, 결혼한 다음에는 배우자에 대해 '천생배필' 이라는 생각으로 눈높이를 낮추어 살아갈 필요가 있다. 사람은 누구나 이상적인 배우자를 선택하려고 하지만 실상은 그렇지 못하니 현실에 만족하는 것이 지혜롭다.

소통하는 가정

상담을 하다보면 부부간에 소통이 전혀 안 되는 사람들을 많이 만난다. 상대방의 말을 듣지 않고 자기주장 일변도로 나가니 말이 통할 리 없다. 그러니 결혼생활이 괴롭고 답답한 것이다. 소통이 안 되는 고통처럼 답답한 일은 없다. 수입이 넉넉지 않고 환경이 열악하더라도 가족 사이에 소통이 이루어지면 견딜만하다. 의사소통이 잘되면 통풍이 잘되는 것처럼 기분이 좋아진다.

사람은 자신의 생각과 감정을 다른 사람에게 털어놓을 때 부정적인 감정을 배출하게 된다. 좋은 의사소통은 정신건강도 촉진한다. 좋은 의사소통은 마음을 깨끗이 씻어준다. 그래서 분노와 스트레스 같은 불순물이 마음에 쌓이지 않게 한다.

많은 가정이 위기를 맞는 것은 적절한 소통이 이루어지지 않기 때문이다. 맞벌이를 해야 하니 피곤하고 자녀들도 바쁘니 의사소통할 시간이 절대 부족하다. 가족 간의 의사소통을 회복하려면 대화시간을 충분히 확보해야 한다. 하루에 한 차례는 온 식구가 함께 식사하도록 시간을 조정하면 좋다.

부부는 일주일에 한 번쯤은 바깥에서 따로 시간을 가져보는 것도 유익하다. 또 부부가 함께 무엇을 만든다든지 공동취미를 갖는다든지 하여 대화시간을 늘리는 것도 바람직하다.

온 가족이 함께 휴가를 떠나거나, 연휴나 명절 때 가족여행을 하면 대화시간을 확보하는 데에 도움이 된다. 온 가족이 잘 소통하는 가정을 만들어

사철 봄바람이 부는 가정을 이룩하자.

결혼생활의 요령

부모가 결혼하지 않은 자녀에게 결혼생활의 요령 몇 가지만 가르치면 결혼한 후에 시행착오를 많이 줄일 수 있다. 즉 '앞으로 가, 뒤로 가, 멈춰, 빠르게 가, 천천히 가' 라고만 가르쳐도 결혼생활이 훨씬 덜 힘들다. 결혼생활의 요령을 익히면 유익하다. 결혼생활의 요령을 설명한다.

1. 상대방에 대해서 철저히 연구한다. 상대방에 대한 이해가 풍부할수록 결혼생활을 행복하게 할 가능성이 크다. 연애기간이 긴 것이 유익하다. 만난 지 몇 주 만에 결혼하는 것은 위험하다. 결혼 후에도 상대방의 장점과 단점 그리고 특이한 성격을 알아둘 필요가 있다.
2. 남자와 여자의 차이를 이해한다. 이혼상담하면서 깊이 느낀 것은 부부가 남녀의 차이만 알았더라도 파경에 이르지 않았을 것이라는 사실이다. 남녀의 차이에 대해 거의 무지하다. 그러니 상대방을 자신에게 맞추려고 하지 않겠는가?
3. 상대방을 결코 무시하지 않는다. 상대방의 인격이나 실력, 집안을 경멸하면 대부분 결혼생활을 지속하지 못한다. 허물이나 약점을 공격하지 말아야 한다. 배우자를 다른 사람과 비교해서도 안 된다. 배우

자를 긍정하고 칭찬하는 데 익숙해야 한다. 상대방의 약점을 덮어주어야 한다. 부부 서로 날마다 칭찬을 세 번씩만 하면 건전한 결혼생활을 할 수 있다.

4. 작은 일은 지나친다. 악마는 사소한 곳에 숨어 있기 마련이다. 별것 아닌 것 때문에 부부싸움을 하거나 별거, 이혼하는 경우가 있다.

5. 부부는 물론 자녀에게 상처의 기억을 남기지 말고 추억을 남기도록 한다. 생일은 물론 결혼기념일을 반드시 챙긴다. 결혼 초기부터 행복하게 살아갈 각오를 하면 그대로 된다. 자녀가 어릴 때 부모에게 언어폭력을 당하면 뇌가 손상되어 일생 불행하게 살 확률이 높다고 한다. 어떤 경우든 배우자나 자녀에게 신체적인 폭력이나 언어폭력을 행사하지 않도록 결심해야 한다.

6. 부부가 함께 미래를 설계하며 희망을 품고 전진한다. 이혼하려는 부부들은 상대방을 희망 없는 존재라 믿고 결혼생활을 포기하려고 한다. 경제적으로 무능한 남편을 둔 아내가 말하기를 자기 남편이 매월 몇 십만 원만 벌어도 같이 살겠다고 한다.

7. 부부만 로맨스를 즐기는 시간을 마련한다. 함께 휴가를 즐기거나 여행하거나 외식하거나 전시회나 공연에 간다. 함께 재충전 기회를 가질수록 더욱 건강한 결혼생활을 할 수 있다. 그리고 각자의 공간과 자유를 이해해주어야 한다.

8. 물질 관리를 잘한다. 과도한 빚 때문에 이혼할 수밖에 없는 지경에

도달한 사람들이 무척 많다.

9. 건강관리를 잘한다. 건강을 지키는 것은 자기에 대한 의무일 뿐 아니라 배우자나 가족에 대한 의무이기도 하다. 건강관리를 잘하면 돈을 많이 벌어다주는 것과 같다.

10. 변화를 잘 다스린다. 함께 살다보면 예기치 않은 위기가 닥쳐온다. 이때 지혜와 힘을 모아 현명하게 극복해야 한다.

♥ **행복코칭**

가정을 소중히 여기자. 가정에서 행복을 찾자. 행복한 결혼생활을 창조하자. 결혼생활의 요령을 익히자.

♥ **행복연습**

1. 결혼의 목적이 무엇인지 알자.
2. 가정의 중요함을 느끼자.
3. 소통하는 가정이 되기 위해 구체적으로 노력하자.
4. 결혼생활에서 주의해야 할 점을 익히자.

Part 6

♠

인생을 100배 즐겨보자

다양한 삶을 살자

모든 시절에는 우리를 가르쳐줄 새로운 것이 있다.
청년의 수확은 성취이고, 중년의 수확은 관점이며,
노년의 수확은 지혜이다. - 조앤 치티스터

삶을 다양하게 즐기자

매일 똑같은 일만 반복하면 단조롭고 권태로울 것이다. 그러면 삶이 힘들어진다. 삶에 적당한 변화를 주어 다양하게 살아야 한다. 신선하고 즐겁고 활기차게 살아야 한다. 현대는 그 어느 때보다 다양하고 변화무쌍하므로 우리가 원하기만 하면 얼마든지 삶을 다양하게 즐길 수 있다.

성실하지만 재미없게 사는 사람을 많이 본다. 그들의 삶은 참으로 답답해 보인다. 도전의식과 창의력만 조금 있어도 삶에 숨통이 트일 텐데 말이다. 사람들이 죽을 때 공통적으로 후회하는 것은 지난날 왜 여유를 가지고 삶을 즐기지 못했는가 하는 것이다.

한 개인 사업가가 필자에게 이렇게 말했다. 아들이 둘인데, 아이들과 함께 '어린이날'에 놀러간 적이 한 번도 없단다. 휴일은 평일보다 더 바빴단다. 그래서 돈은 벌었지만 재미없이 살아왔다고 탄식했다.

어떤 부인은 결혼 후 돈 벌기를 유일한 낙으로 살고 있다. 그녀의 즐거움은 통장에 예금된 금액을 바라보는 일이다. 통장만 바라보며 사는 것은 단조롭지 않을까? 돈 버는 일에만 집착하지 말고 가진 돈의 일부를 즐기는 데 사용하면 어떨까? 적당한 소비는 미덕이다. 특히 자신을 위한 투자는 매우 바람직하다.

시간이 넘쳐나도 무엇을 할지 모르는 사람도 많다. 그들은 적합한 취미를 찾고 그것을 발전시키는 것이 상책이다. 한 가지라도 취미를 익히면 인생이 즐겁고 재미있다.

대학교수도 전공과목에만 몰두하고 사회활동이나 취미생활에 무관심하면 재미없고 인간미 없는 사람이 되고 만다. 교수라는 직함에 갇혀 사는 인간일 뿐이다.

개인적으로 정서적인 욕구를 충족시킬 특기가 있어야 한다. 자기가 즐길 독특한 취미, 즐거운 마음으로 자발적으로 키우는 취미가 있어야 한다. 그런 사람은 늘 재미있게 살아갈 수 있다.

우리 국민은 지난 40년간 위대한 경제성장을 이룩했다. 경제가 가장 중요한 가치가 되고 말았다. 많은 사람이 돈에 집착한다. 그런데 돈 버는 것 못지않게 중요한 것은 여가를 선용하는 문화임을 이해할 필요가 있다.

다양하게 살아가기 위해 쉬운 것부터 시작해보자. 여러분 행동에 조금 변화를 주어보라. 퇴근할 때는 다른 길로 가보라. 전공이나 취미가 다른 사람과도 대화해보라. 한 번도 가보지 않은 곳에 가끔 가보라. 전혀 해보지 않은 일에 도전해보라.

《이솝우화》에 여우와 표범이 누가 더 아름다운지 다투는 이야기가 있다. 표범이 다양한 신체적 아름다움을 하나하나 설명하자 여우는 "하지만 내가 너보다 훨씬 아름다워. 난 몸이 아니라 정신이 다채롭단 말이다"라고 말한다. 중요한 것은 '다채로운 정신'이다. 다채로운 정신을 가진 사람은 더 행복하게 살아갈 수 있다. 우리는 다양한 삶을 선택할 수 있다. 주어진 환경, 제한된 시간에서 능히 그렇게 할 수 있다.

어린 시절부터 다양하고 변화 있게 살라고 지도하는 것이 필요하다. 그렇게 하면 어른이 되어도 창의적인 삶을 살아갈 것이다. 젊어서 여행과 경험을 많이 하게 하여 자신의 세계를 넓혀가게 지도하는 것이 필요하다. 이것은 자신의 인격을 형성하는 조건도 된다. 시야가 좁아지면 삶을 옹졸하게 살아갈 뿐만 아니라 앞을 바라보는 통찰력도 잃게 된다. 그런 삶은 우물 안 개구리처럼 답답하다.

세상은 다양하고 복잡하다. 우리는 관계를 많이 맺고 산다. 삶을 다양하게 살수록 더 많은 세계를 경험할 수 있다.

자신만의 취미를 갖자

자신만의 독특한 취미를 갖기 바란다. 취미가 없는 인생은 답답하고 지루하다. 감정의 배출구가 없기 때문에 스트레스를 해소할 길이 없다. 웃어야 할 때 웃지 못하고, 울어야 할 때 울지 못하면 삶은 피곤하고 지루할 수

밖에 없다. 행복하게 살고 싶으면 건전한 취미활동을 하여 마음속의 찌꺼기를 그때그때 날려버려야 한다.

화려하고 별난 취미가 아니더라도 문화에 작은 관심만 있으면 취미생활을 하여 다양하게 살아갈 수 있다. 예컨대 시 한 구절을 읽으면 그 시 덕분에 힘을 얻을 수 있으며, 그림을 감상한다면 고향을 그리면서 마음의 평화를 얻을 수 있다.

취미는 삶을 늘 새롭게 창조하고 재미있게 만든다. 호기심과 신선함과 기쁨을 준다. 취미는 우리를 행복하게 한다. 취미는 강압적이 아니고 자발적이며 기쁨을 주기 때문에 거기에 몰입하게 된다. 자기가 하는 일에 빠지는 순간은 정말 행복하다. 행복은 재미있는 일에 몰입할 때 자연히 찾아온다.

자신의 세계를 적극적으로 넓히자

다양성 있는 삶을 고안하려면 변화의 필요성과 용기 그리고 새롭게 생각하는 힘이 필요하다. 획일적이고 융통성 없이 살아온 사람은 앞으로도 그럴 것이라고 생각하는 경향이 있다. 타성에 빠져 있기 때문에 삶을 변화시킬 기회가 있어도 행동하지 않는다.

이런 경향을 심리학에서는 '습득된 무기력'이라고 한다. 이런 사람에게는 같은 일만 반복될 뿐 삶이 나아지지 않는다. 자신감을 갖고 새로운 세계를 고안하자. 끊임없이 새로운 행동 유형을 개발할 생각을 해야 한다. 인생을 살다보면 많은 변화에 직면하게 된다. 변화에 적응하려면 적절한 변신이 필요하다. 예기치 않은 일에도 적응할 수 있는 행동 유형을 고안해야 한다.

다양성을 개발하는 일은 그렇게 어렵지 않다. 관심을 폭넓게 갖고, 취미를 개발하며, 사람과의 친분관계를 넓혀나가면 된다. 다양성 개발에도 순서를 정해야 한다.

일상생활에서 더 다양해질 필요가 있는 특정한 관심분야를 선택하기 바란다. 개발하고 싶은 사항을 적고 그것을 실행할 구체적인 계획을 마련하는 것이다. 다양화는 좋은 행복 전략이다. 다양화는 인생길을 안전하게 걸어가게 도와준다.

어떤 CEO는 자신의 삶을 다양하게 운영한다. 그는 일주일에 하루는 그림과 음악에 푹 빠진다. 6일 동안은 바짝 긴장해 에너지를 쏟고 일요일에는 무조건 다 내려놓는다. 골프도 치지 않는다. 음악을 듣고 그림을 보며 자신을 돌아보거나 가족과 함께한다. 일주일에 하루라도 자신을 놔주어야 한다는 것이 그의 생활지침이다. 이렇게 그는 일과 휴식의 균형을 맞춘다.

우리는 적극적으로 자신의 세계를 넓힐 수 있다. 여행은 시야를 넓히는 가장 효과적인 방법이다. 독서, 대화, 텔레비전 시청으로도 많이 배울 수 있다.

다른 지역에서 발행되는 신문을 읽어보자. 이국적인 분위기의 상점에서 쇼핑을 하자. 문화생활을 하자. 생소한 음악, 무용, 미술, 조각 등을 접해보고 색다른 아름다움과 감동을 얻자. 외국인 친구도 사귀어보자. 외국어를 공부하자. 다른 사람의 생각도 들어보자. 자신의 세계를 안팎으로 확장하자. 노력에 따라 삶을 얼마든지 다채롭게 확장할 수 있다.

♥ **행복코칭**

다양하게 살아야 권태와 단조로움을 극복할 수 있다. 일찍부터 생산적인 취미를 갖고 취미생활을 하자. 자신의 세계를 적극적으로 넓혀가자.

♥ **행복연습**

1. 용기를 내서 한 번도 해보지 않은 일을 해보자.
2. 바람직한 취미를 선택하고 취미생활을 즐기자.
3. 취미와 전공이 다른 친구를 사귀어보자.

음악을 즐기자

음악은 인류의 보편적 언어이고, 시는 인류의 보편적 오락이다. - 롱펠로

음악은 신의 선물

노래와 춤은 예전부터 인간이 보편적으로 즐겨왔다. 지금도 마찬가지로 가장 쉽고 어디서나 즐길 수 있는 수단이 노래와 춤이다. 즐길 일이 있어서 노래를 부르고 춤을 추지만, 노래를 부르고 춤을 추니까 즐거워지기도 한다.

노래는 무엇인가? 사전에는 "가사에 악곡을 붙인 형식으로 사상과 감정 등을 표현하는 예술 행위"라고 되어 있다. 노래를 부르고 춤을 추는 것은 즐겁고 그 분위기에 둘러싸이는 것도 즐겁다.

우리 삶에서 음악은 큰 비중을 차지한다. 텔레비전이나 라디오에서도 끊임없이 음악이 흘러나오고, 크고 작은 행사에도 음악이 포함되며, 예배를 드릴 때도 찬송가를 부른다. 각종 음악 공연은 얼마나 많은가? 여유가 있

으면 악기를 배우고 싶어하며, 가장 오래도록 기억나는 것이 바로 노래이다. 그러므로 의식적·무의식적으로 음악과 더불어 산다고 할 수 있다.

음악은 창조주가 인간에게 내려준 귀한 선물이다. 음악을 이해하고 좋아하며 즐기는 사람은 즐겁고 행복하게 살아갈 수 있다.

한양대학교를 설립한 고 김연준 박사는 평생 음악을 사랑하고 음악과 더불어 살았다. 그는 교육자이자 작곡가이자 바이올린 연주자이기도 했다. 그는 '청산에 살리라' 는 가곡을 비롯해 주옥같은 가곡과 성곡을 지었다. 그는 음악과 더불어 살기에 인생이 그렇게 즐거울 수 없다고 말하곤 했다.

한국 합창음악의 대부라고 할 윤학원 교수도 합창을 지휘하면서 살았기에 이보다 행복할 수는 없다고 했다. 음악은 말할 수 없는 즐거움과 신비감을 주지만 그것 못지않게 마음을 치료하는 효과가 있다. 근심 걱정이 있거나 울적하면 한 시간 동안 좋아하는 노래를 불러보자. 울적하던 마음이 어느덧 사라질 것이다. 노래방에 가서 노래를 즐기자. 요즘은 '음악치료' 라는 분야가 개발되어 음악을 통해 환자의 심신을 치료하기도 한다.

음악 지식을 키우자

음악을 인간의 보편적 언어라고 칭한다. 모든 문화권에는 나름의 음악이 있다. 음악은 본질적으로 다변적·추상적이다.

음악이란 무엇인가? '조직화된 소리와 침묵' 이라고 정의한다. 세상에는 다양한 문화의 음악이 존재하지만, 음악들은 시간의 단위 속에 소리와 침

묶을 조직화하여 특징을 이루고 있다.

음악 지식을 쌓으면 더욱 흥미가 생긴다. 음악의 요소를 알아보자.

첫째, 음의 높낮이이다. 음이 높으면 자극적인 효과를, 음이 낮으면 이완의 효과를 준다.

둘째, 음의 강도이다. 강한 음향은 힘을 불어넣고, 부드러운 음향은 안정된 분위기를 조성한다.

셋째, 음색이다. 소리의 질을 나타내는 것으로 악기나 소리를 구별하는 요소이다. 사람은 좋아하는 음색이 있어서 저마다 좋아하는 악기나 가수가 다르다.

넷째, 화음이다. 주파수가 다른 두 음이 동시에 날 때 맺는 관계이다. 질서와 진행에 맞게 조직된 화음은 아름다움을 느끼게 한다.

다섯째, 리듬이다. 함께 무언가를 할 수 있도록 돕는 요소이며, 힘의 원천이고, 사람을 움직이게 만드는 신기한 요소이다. 리드미컬한 음악은 신체뿐 아니라 마음도 춤추게 한다.

음악 지식을 늘리면 음악을 더욱 즐길 수 있다. 음악이론을 배우자.

음악을 많이 접하자

음악 공연에 자주 가자. 눈여겨보면 음악회가 많이 열리는 것을 알 수 있다. 지자체, 기관, 복지관, 편익시설, 교회 등에서 음악회를 자주 연다. 시간을 내서 음악회에 가보자. '열린 음악회', '전국노래자랑' 같은 텔레비전 프로그램을 시청하자. 라디오나 텔레비전에서 나오는 음악을 즐기자. FM 라디오 방송, 텔레비전의 각종 음악회와 노래자랑을 시청하며 음악을 감상하자. 종종 조용히 음악을 감상하자.

노래를 배우자. 마음만 먹으면 노래 배울 곳은 많다. 지자체나 복지관, 평생교육원의 '노래 배우기' 프로그램에 참여해도 좋고 노래방에 가도 좋다. 함께 노래를 부르자. 가족이 함께 부르는 것도 좋고, 예배예식에서 부르는 것도 좋다. 가족이 함께 노래자랑대회에 참가해보자. 노래연습도 많이 하게 되고 더 화목해진다.

악기를 배우자

과거와 달리 누구나 예술을 공부할 환경이 갖추어졌다. 예술은 전공과 직업으로 간주되면 흥미가 없어지므로 부담 없이 즐길 여지를 마련해야 한다. 우리 선조들은 인격을 수양하고 교양을 기르는 수단으로 시, 그림, 음악을 늘 곁에 두었고, 판소리나 탈춤 그리고 굿판을 빌려 마음을 달랬다. 음악은 누구나 대하기 쉽다. 모든 예술이 그렇듯 음악도 사람의 마음과 영혼을 어루만지고 메마른 감성을 일깨운다. 음악은 감정을 표현할 출구를 마련해준다.

우리 국민은 음악성이 뛰어나므로 조금만 노력하면 노래를 잘 부르고 악기도 다룰 수 있다. 문제는 열심과 끈기다. 악기를 정해서 꾸준히 연마하여 평생 친구로 삼으면 즐거운 삶이 펼쳐진다.

평소에 배우고 싶던 악기 또는 과거에 접해본 악기를 배우기 바란다. 고급 악기가 아니더라도 쉽게 접할 악기도 많다. 하모니카, 우쿨렐레, 오카리나, 통기타, 아코디언 등은 가격이 비교적 싸고 배우기도 쉽다. 가야금, 퉁소, 해금 등 국악기를 연습해도 좋다.

그런데 작은 악기라도 수준 높은 연주 실력을 갖추기는 만만치 않다. 한 악기를 5년만 꾸준히 연마하면 보통 수준은 넘게 된다. 5년 동안 계속할 수 있는지가 열쇠이다. 처음부터 욕심을 부리면 배우기를 빨리 중단하게 된다. 진도에 신경 쓰지 말고 선생의 지도에 따라 차근차근 배워야 한다.

동영상으로도 배울 수 있으나 효과는 제한적이다. 연주방법을 배울 수는 있으나 자기가 잘하는지 피드백을 받을 수 없으므로 개인지도를 받는 것이 좋다. 악기를 배우는 동호회도 많다. 이런 모임에 참가하는 것도 유익하다. 다양한 사람들과 교제할 기회도 덤으로 주어진다.

악기를 연주할 수 있다는 것은 다른 사람과 차별화할 수 있는 수단이다. 젊어서 쌓은 악기 연주 실력이 나중에 효자 노릇을 하는 경우가 많다. 필자는 대학을 졸업하기 직전에 전석환 선생에게서 통기타를 배웠는데, 직장에 들어간 뒤에는 그 기타가 큰 도움을 주었다. 몇 년 동안 보육원에 가서 어린이들에게 노래와 오락을 가르쳤는데, 기타가 효자 노릇을 하였다. 지금도 대학 평생교육원에서 클래식 기타를 배우고 있다.

악기를 연주하는 사람을 보면 부러울 때가 있다. 왜 나는 악기 한 가지도 배우지 않았을까 후회하기도 한다. 지금도 늦지 않다. 자질에 맞는 악기를 택해서 꾸준히 배워보자. 배우는 과정에서 기쁨을 느끼고 어느 정도 수준에 이르면 소리의 매력에 몰입하게 될 것이다.

♥ 행복코칭

음악 자체를 좋아하자. 음악 지식을 높이자. 음악을 많이 듣자. 악기를 한 가지 이상 배우자.

♥ 행복연습

1. 일 년에 새로운 노래 세 곡만 배워보자.
2. 악기를 한 가지 이상 꾸준히 배우자.
3. 음악회에 일 년에 3회 정도 참석하자.

춤을 즐기자

부족함이 없는 현재 속에서 호흡하는 것, 친구들과 함께 노래 부르는 것, 세상의 윤무 속에서 같이 어울려서 춤추는 것, 신의 영원함 속에서 어울려 춤추는 것, 신의 영원한 웃음 속에서 함께 웃는 것. 이것이야말로 행복에 동참하는 일이다. – 헤르만 헤세

춤의 본래 형태

춤이란 가락에 맞추거나 절로 흥겨워 팔다리나 몸을 율동적으로 움직여 어떤 감정을 나타내는 동작이다. 춤추기는 즐겁고 그것을 보는 것도 즐겁다.

모든 민족에게는 고유한 춤이 있다. 우리의 고전무용이나 탈춤, 발리, 삼바, 품바, 탱고 등 춤의 종류는 참으로 많다. 춤의 본래 형태는 즐거워 자기 멋대로 움직이는 동작이다. 따라서 혼자 추는 춤은 어떤 동작을 취해도 무방하다. 음악을 틀어놓고 몸을 움직이든지, 박수를 치면서 몸을 흔들든지, 텔레비전을 보면서 춤 동작을 하든지 모두 춤으로서 손색없고 독특한 즐거움을 제공한다.

시간이 나면 몸을 흔드는 것이 좋다. 가락에 맞추어 하면 더욱 즐겁다. 작은 즐거움이든 큰 기쁨이든 스스로 만들고자 하는 사람에게 주는 좋은 충고다. 몸을 흔드는 것은 마음의 위안을 얻거나 심신의 안정을 높이는 데 가장 확실하게 입증된 방법이다.

춤에 관한 좋지 않은 선입관이 있는 사람도 있겠지만 춤처럼 사람을 즐겁게 하는 것도 드물다. 한번 몰입하면 빠져나오지 못할 정도로 매력적인 춤도 많다. 춤에 부정적인 생각이 있더라도 춤에 몰입해보기 바란다. 그러면 춤에 대해 가졌던 생각이 옳지 않았음을 깨달을 것이다.

기뻐서 몸을 흔드는 것은 본능이다. 만 두 살이 안 된 외손녀가 왔을 때 필자가 기타를 쳤다. 그런데 외손녀가 좌우상하로 몸을 막 흔드는 것 아닌가? 춤은 사람이 흥겨울 때 본능적으로 움직이는 동작임을 그때 깨달았다.

춤은 건강증진에 매우 좋은 수단

춤은 레저 스포츠의 하나로 스트레스를 해소해주지만 이것보다 훨씬 더 많은 작용을 한다. 요즘은 '댄스스포츠'라는 이름으로 국민 건강을 지키는 생활체육으로 새롭게 태어났다. 국내 댄스스포츠 인구가 800만 명이라고 한다. 3분간 차차차 춤을 추면 400미터 트랙을 한 바퀴 달리는 효과가 있다고 한다.

한 중년 부인은 빈 왈츠라는 춤을 추면서 갱년기 우울증을 이겨낼 수 있었다고 한다. 신체의 균형감각도 좋아지고 자세도 좋아졌으며 늘 동안을 유지할 수 있었다는 의사도 있다. 춤은 잘 쓰지 않는 골반이나 허리, 팔 등의 근육을 사용하게 해 체형을 날씬하게 만들어준다.

댄스스포츠는 재미와 동시에 운동 효과를 얻을 수 있다. 춤을 추면 왜 즐거울까? 춤을 추면 긴장과 스트레스를 해소하는 신경전달물질인 도파민과 엔도르핀이 나오기 때문이다. 춤은 고혈압이나 당뇨병 같은 대사증후군을 예방하기도 한다. 춤은 유산소운동이므로 체중, 고지혈증, 혈압, 혈당 감소에 뚜렷한 효과가 있다.

춤은 몸매를 아름답게 만들어준다. 춤은 민첩성을 키우고 지구력을 증진하며 평형감각과 전신 근육을 발달시킨다. 춤은 성장기 어린이나 청소년의 체력 향상에 좋은 운동이다.

댄스스포츠 강습은 주민자치센터나 복지관, 평생교육원, 백화점 문화센터에서 많이 한다. 부부가 함께 등록하여 정기적으로 춤을 추면 건강증진과 함께 부부애도 향상되어 일거양득이다.

춤을 추듯이 삶을 즐기자

천체 운행은 마치 춤과 같다. 모든 행동은 반드시 리듬으로 구성되어 있기 때문이다. 적절하게 리듬을 살리면 흥미가 생겨난다. 즉 빨라야 할 때와 느려야 할 때, 앞으로 갈 때와 뒤로 갈 때, 좌로 갈 때와 우로 갈 때, 돌아야 할 때 등 모든 경우에 리듬을 살려 적절히 움직이면 신난다.

춤을 멋있게 추는 사람들의 품위 있는 모습을 보았을 것이다. 느리고 장엄한 리듬에 맞춰 우아하게 스텝을 밟는 모습을 보는 것만으로도 즐겁다. 얼마 전 '푸른 도나우 강'이라는 왈츠에 맞추어 남녀가 춤추는 모습을 영상으로 보았는데, 참 멋있었다.

우리 삶도 춤추듯이 기품 있고 우아하게 움직여보자. 삶의 속도가 빠른 듯하면 평소 속도보다 한 박자 늦추자. 느리다고 생각하면 템포를 좀 빨리 하자.

하지만 무슨 일이든 여유를 갖고 침착하게 행동하기 바란다. 춤을 추는 사람은 자신의 동작에만 집중한다. 정신이 분산되면 춤이 잘 추어지지 않기 때문이다. 춤의 리듬이 '슬로 슬로, 퀵퀵' 이듯이 삶의 리듬에도 적절히 변화를 주자. 그러면 춤을 추듯 행복하게 살아갈 수 있다.

♥ 행복코칭

춤은 인간의 본능이다. 즐거운 모습으로 몸을 움직이면 된다. 음악과 장단에 맞추어 추면 더 좋다. 할 수 있다면 한 종류의 춤을 멋지게 배워보라. 춤을 추듯이 삶을 즐겨보자.

♥ 행복연습

1. 음악을 틀어놓고 흥겨운 동작을 해보자.
2. 배우고 싶은 춤 한 가지를 춤 전문강사에게 배우자.
3. 다른 사람과 함께 춤을 추는 기회를 가져보자.

자연을 즐기자

숲 사이에 솔거문고 소리, 돌 위의 샘물 소리,
고요히 들으면 이 모두 다 천지자연의 풍류임을 안다. - 채근담

자연과 친구가 되자

우리는 자연과 친해지려고 노력해야 한다. 자연에서 즐기고, 감동하는 삶을 살자. 자연은 인간이 태어난 모태이다. 물고기는 물에서 살지만 인간은 자연에서 산다. 인간의 유전인자도 자연에 알맞게 되어 있으며, 자연은 어머니의 품속 같은 것이다. 인간은 자연에서 비로소 건강해지고 안락해지고 즐거워진다.

도시에서 살면 건강에 이상이 생길 수밖에 없다. 도시인은 일주일에 적어도 하루는 공기 좋은 시골에 가서 지내야 건강을 유지할 수 있다. 아름다운 자연에 자신을 맡기면 진실한 마음을 배우게 된다. 자연은 문명에 찌든 인간의 몸을 치유하고, 고독한 영혼을 달랜다. 일상의 스트레스를 자연의

감동으로 날려버리자.

　자연은 어느 곳을 보아도 질서와 섭리에서 벗어난 것이 없고, 아름답지 않은 것이 없다. 강렬한 태양빛, 조용히 속삭이듯 흘러가는 시냇물, 밤하늘에 빛나는 별, 어머니 가슴처럼 포근한 바다, 쓰르라미 노래가 흐르는 풀 한 포기, 흙 위로 평화로이 잠들어 있는 돌멩이, 형형색색의 색상을 자랑하는 꽃송이, 이 모든 것이 우리 가슴을 뛰게 한다.

　자연과 사귀는 사람은 우주의 운행과 함께 정숙하고 평화로운 마음을 소유하게 된다. 자연은 우리에게 평온함과 행복감을 안겨준다.

　미국 여행 중 옐로스톤의 때 묻지 않은 자연 환경에서 며칠을 지내니 머리까지 맑아지는 느낌이 들었다. 필자는 지금도 자주 국내 여행을 즐긴다. 수안보, 영월, 문경새재에 가기를 좋아한다. 자연과 많이 접하는 것이 심신에 좋다.

자연의 리듬에 맞추어 살자

　이 세계는 어떤 리듬에 따라 운행되고 있음을 알게 된다. 밀물과 썰물, 하루의 시간 구분, 달 모양의 변화, 계절의 변화를 관찰해보자. 이런 것들은 일정한 간격으로 주기적으로 운행한다.

　이 세상 모든 생물은 리듬에 적응한다. 리듬에 저항하면 생물은 살아남지 못한다. 자연의 리듬이 가장 자연스러운 리듬이다. 사람은 자연의 일부이다. 자연의 위대한 리듬에 맞추어 살 때 여유를 찾고 건강을 향상시킬 수 있다.

　대자연의 리듬과 인간이 만든 시계 시간은 너무나 다르다. 생물은 대부분 자연의 리듬과 일치하는 리듬으로 생활한다. 게는 조류가 바뀌는 시간을 감지할 수 있으며, 야행성 쥐는 어둠이 다가오는 시각에 잠에서 깨어난다. 곰은 기나긴 겨울잠을 준비해야 할 때가 언제인지 알고, 개구리는 언제 동면에서 깨어나야 할지를 안다. 이런 자연적인 시간에는 일 년, 사계절, 하루마다 되풀이되는 주기가 있다. 여름에는 낮이 길고, 겨울에는 밤이 길다.

　따라서 우리 몸도 자연스레 거기에 맞추어 재조정된다. 우리는 어렸을 때부터 사회에서 사용하는 시계에 맞추어 생활했다. 생체리듬과는 관계없이 인간이 만든 시간표대로 움직여야만 한다. 시계 시간이 우리 내부의 자연적 리듬과 일치하지 않으면 스트레스가 생긴다. 그 결과 심장병, 뇌일혈, 위궤양, 편두통과 같은 질병이 발생한다. 따라서 자연의 리듬에 삶을 맞추려는 노력을 해야 한다.

　그래서 밤에는 자고 낮에는 일하며, 일의 속도를 늦추고 때로는 아무것도 하지 않으며 휴식해야 한다. 자기 자신을 자연의 리듬과 맞추는 경험을 자주 해야 한다. 눈을 들어 산을 보거나 하늘을 바라보자. 일출과 일몰을 감상하자. 대자연과 친숙한 삶을 살자.

　일주일에 하루는 자연에 파묻혀 살아보자. 물소리와 바람소리를 듣고 해의 운행을 지켜보며 느긋하게 행동하자. 하루 종일 자연이 어떤 모습으로 변화하는지 살펴보자. 그저 가만히 있기만 해도 자연이 주는 혜택을 즐길 수 있다. 자연에 적응해서 긴장했던 몸과 마음을 이완해보자. 이럴 때 자연적인 리듬이 몸에 배게 될 것이다.

자연과 하나가 되자

확 트인 넓은 초원에 앉아보라. 자연의 일부가 된 것처럼 느끼자. 자연을 생각하는 좋은 방법은 자연과 이야기하는 것이다. 친구에게 말을 걸 듯 강과 호수, 바람과 같은 자연에게 말을 걸어보자.

조용히 숲을 거닐자. 숲을 가슴으로 느껴보기 바란다. 숲을 생명체로 만나면 마음이 편해진다. 조용히 걸어가면서 숲을 생각하면 숲이 많은 것을 가르쳐준다.

자신과 나무를 일체화해보자. 나무가 되었다고 생각해보자. 나무의 거친 줄기를 만져보고 산들바람에 바스락거리는 잎사귀 소리에 귀기울여보고 복잡하게 얽힌 나뭇가지를 감상하자. 나무를 처음 본 것처럼 말이다.

나무 입장에서 생각해보자. 나무가 된다는 것은 어떤 느낌일까? 촉촉한 땅에 뿌리를 내리고 기쁨에 차서 하늘을 향해 팔을 들어 올리는 기분은 어떨까? 나무의 리듬은 인간의 리듬과 같을까, 아니면 더디 가거나 순환하는 것처럼 느껴질까? 이 새로운 의식세계를 자세히 살펴보자. 더 다양한 경험을 즐기려면 매일 새로운 대상을 선택해보자. 동물, 식물, 광물을 포함한 여러 친구를 사귀면서 대화하여 그들을 더 잘 알아가자.

자연은 창조주가 이룩한 예술의 극치로서 우리의 정신을 풍요롭게 한다. 자연에서 풍부한 영감을 얻는다. 톨스토이는 "행복이란 자연과 함께 있으며 자연을 보고 자연과 함께 이야기하는 그것이다"라고 했다.

필자는 여러 나라를 방문해보았지만 우리나라처럼 아기자기한 정원과 같은 나라는 보지 못했다. 집에 앉아서도 산을 바라볼 수 있는 나라는 우리나라뿐일 것이다. 이것은 창조주가 우리 민족에게 내려준 크나큰 축복 아닐까?

♥ 행복코칭

자연과 자주 접촉하여 친해지도록 노력하자. 자연에서 푸근함을 느끼자. 시계의 리듬을 떠나 자연의 리듬에 맞추어보자. 자연과 하나가 되어보자. 자연이 많은 것을 가르쳐줄 것이다.

♥ 행복연습

1. 할 수 있다면 일주일에 하루는 자연의 품에서 지내라.
2. 집 안에 나무상자나 화분을 마련하여 채소를 심어보자. 그것이 자라는 모습을 즐기고 그것을 먹는 재미를 느끼자.

여행을 즐기자

여행은 진정한 지식의 대근원이다. - 디즈레일리

인생은 여행

인생을 흔히 여행에 비유한다. 사실 우리는 70년이나 80년 아니 그 이상 인생여행을 하는 셈이다. 우리는 지구라는 위성에서 평생 여행을 하고 있다.

같은 인생여행이라도 즐겁게 하는 것이 좋다. 인생길을 가는 동안 즐거운 동반자를 많이 만나자. 먼저 자신이 즐거운 여행자가 되자. 여행의 즐거움이란 목적지에 도달하는 자체보다도 거기까지 가는 과정에서 보고 듣고 배우고 경험하는 기쁨이다. 인생의 모든 과정을 즐거운 여행을 하듯이 즐기자.

셰익스피어는 이렇게 말했다. "마음이 즐거우면 종일 걸어도 고단치 않으나, 마음이 괴로우면 단 십 리를 못 가서 피로해진다. 인생의 행로도 이와 같으니, 사람은 항상 즐거운 마음으로 인생행로를 걸어야 한다."

필자는 대학시절부터 지금까지 여행을 많이 하였다. 직장에 들어가자 업무 중 절반은 여행하면서 하는 일이었다. 휴전선 근처부터 제주도에 이르기까지 방방곡곡을 다녔다. 많은 사람을 만나고 많은 유적지와 관광지에 갈 기회가 있었다. 여행은 필자를 새로운 곳으로 인도하였다. 새로운 풍물을 보게 하고 견문을 넓히게 하였다. 불편함을 견딜 인내심과 적응력도 길러주었다. 많은 추억거리를 쌓게 하였다. 많은 이야깃거리를 만들게 하였다. 지금도 과거에 쌓은 여행에 대한 추억을 기억하면 행복해진다.

국내여행뿐 아니라 해외여행도 많이 했다. 작년 1월 중순에 이스라엘 갈릴리 호수로 여행을 갔는데 비가 내렸다. 연중 몇 번 오지 않는다는 비를 보니 신기했다. 우리 일행은 비를 피하면서 갈릴리 호수 중간쯤에서 주일예배를 드렸다. 내가 메시지를 전했는데 그때 일이 생생하게 기억난다.

오래전 스위스 융프라우 봉을 산악열차로 내려오는데 동쪽 하늘에 쌍무지개가 떠 있었다. 바라보는 순간 황홀했다. 이집트의 시나이 산 새벽 등산길에서는 이집트 처녀와 소곤소곤 대화하기도 했다. 여행은 평소에 맛보지 못한 전혀 색다른 문물을 경험하게 해준다.

우리는 여행을 자유롭게 할 수 있는 나라에서 산다. 이는 특권이요 축복이다. 한국은 정말 아름다운 풍치를 지닌 나라다. 외국 여행을 다녀보면 이를 실감한다. 국내여행을 즐기자. 가능하면 해외여행도 다니자. 계획을 세워서 국내외 여행을 한다면 삶이 더욱더 다양해지고 풍요로워진다. 여행은 각종 스트레스를 해소해주고 삶을 신선하게 해준다.

여행은 즐거운 것

'행복은 성적순'이라고 할 수 없지만 '행복은 여행순'이라고 할 수 있다. 얼마나 여행했으며 또한 추억에 남는 여행을 얼마나 했는지가 행복에 큰 영향을 준다.

낯선 곳으로 여행할 계획을 세운다면 계획하는 순간부터 마음이 설렌다. 여행은 호기심을 불러일으킨다. 여행을 계획하고 준비하는 과정은 즐겁다. 여행은 삶의 신선한 모험이다. 일상에서 탈출하여 새로운 것을 찾아 떠나는 순례 길이요, 설렘으로 새로운 만남이 이루어지는 신비로운 행동이다. 여행은 떠도는 구름처럼 표표히 떠나게 한다. 여행은 자신을 해방시킨다. 여행은 현재 여기의 삶을 그때 거기로 바꾸어놓는다. 즉 시간과 공간을 이동시킨다.

사람에게는 일탈하려는 욕망이 있다. 여행은 이런 욕망을 충족시켜 기쁨을 선사한다. 여행은 새로운 사물을 만나게 한다. 새로운 사람, 새로운 볼거리, 새로운 관습을 접하게 한다. 여행은 나와 가정과 국가를 새롭게 발견하게 해준다. 여행은 다른 경험에서 얻을 수 없는 독특한 가치와 기쁨을 선사한다.

젊어서 여행하면 기쁨이 더욱 커진다. '노세노세 젊어서 노세, 늙어지면 못 노나니'라는 민요는 여행에 관해서는 실감 있게 다가온다. 나이 들어서는 돈과 시간이 있어도 여행할 수 없다. 허약해져 걷기조차 힘들다. 젊은이는 힘이 넘치고 피곤을 잘 느끼지 않아 이 세상 어디나 여행할 수 있다. 젊어서 여행하지 못하면 늙어서 추억거리도 없다.

이왕 여행하려면 즐겁고 보람 있게 해야 한다. 즐겁지도 않고 보람을 찾을 수도 없는 여행도 많다. 예를 들면 여행지에서 고스톱만 치고 오는 경우이다. 허망하지 않은가? 여행에는 시간과 경비와 노력이 드는데 투자에 합당한 결과를 얻어야 하지 않을까? 즐겁고 안전하게 여행하는 방법은 무엇일까?

첫째, 계획을 치밀하게 세우는 것이다. 아무 계획 없이 훌쩍 떠나는 경우도 있다. 김삿갓처럼 말이다. 하지만 계획을 세워서 하는 여행이 훨씬 즐겁다. 같은 시간과 경비를 들이고 같은 목적지로 간다고 해도 프로그램을 잘 짜는 편이 훨씬 더 즐길 수 있다. '우선 집부터 떠나보자'는 사람도 있다. 그런 여행도 있을 수 있다. 계획하지 않고 떠나면 여행의 보람을 비교적 덜 느낀다.

둘째, 여유를 갖고 여행하는 것이다. 공무로 하는 여행이 아니라면 스케줄도 여유 있게, 돈도 여유 있게 갖추는 것이 좋다. 여유가 있어야 사물을 충분히 보고 느낄 수 있다. 스케줄에 쫓겨 여행한다면 여행이 괴로운 짐이 된다.

셋째, 일찍 출발하고 일찍 도착하는 것이다. 이 점은 다산 정약용 선생이 《목민심서》에서 일찍이 언급했다. "여행 중에는 반드시 아침 일찍 출발하고 저녁에도 반드시 일찍 쉬도록 한다. 말에 오르면 먼동이 트고, 말에서 내리면 아직 해가 남아 있도록 하는 것이 좋다"라고 했다. 얼마나 적절한 충고인가. 필자는 여행 초기 시절에 이를 지키지 않아 애를 먹은 적이 있다. 늦게 출발하여 목적지에서 헤매느라 고생하기도 했다. 일찍 출발하여 일찍 도착하면 여유가 생긴다. 안도감도 생기고 편히 쉴 수도 있다.

넷째, 여행 목적이 뚜렷해야 하는 것이다. 휴식을 위한 여행이냐, 친교와 단합을 위한 여행이냐, 견학을 위한 여행이냐에 따라 달리 행동해야 한다. 목적의식이 분명하면 더 많이 볼 수 있고 더 많이 경험하고 즐길 수 있다. 목적 없이 떠날 수 있다. 그것은 여행이 아니라 방랑이다.

다섯째, 안내인을 잘 만나는 것이다. 지식도 있고 설명도 잘하고 열심인 안내인을 만나면 행복하다. 안내인을 잘 만나면 여행이 덜 힘들고 효과는 더 거둘 수 있다. 외국여행에서는 안내인의 역할이 거의 절대적이다. 그래서 좋은 여행사를 택해야 한다.

여섯째, 장거리 여행 전에는 푹 쉬어야 한다는 것이다. 여행은 고단한 일이다. 피곤한 채 여행을 떠나면 여행이 더욱 힘들다. 병이라도 나면 여행은 고역일 뿐이다. 많은 이들이 이 사실을 쉽게 지나쳐버린다.

일곱째, 외국여행에서는 시차적응을 잘해야 한다는 것이다. 시간대가 변하면 잠자기가 힘들어진다든가 집중력과 소화력이 떨어진다. 배탈도 두통도 심해지는 경향이 있다. 우리나라에서 서쪽으로 이동하면 시차적응 시간이 늘어나 기분이 좋다. 하지만 동쪽으로 여행하면 고통이 따른다. 다시 하루를 맞게 되어 짧아진 하루에 적응하느라 고충을 겪는다. 전문가에 따르면 동쪽으로 여행할 때에는 현지에서 2, 3일 동안 아침 운동을 피하고, 낮엔 카페인이 함유된 음료를 마시며, 먹는 시간을 반드시 현지에 맞추고 운동은 오후에 하는 게 낫다고 한다.

여행정보를 잘 챙기고 계획을 세우면 좋은 여행을 할 수 있다. 특히 비수기를 이용하면 저렴하게 다녀올 수 있다. 여행목적이 뚜렷하면 같은 곳을 자주 가도 느낌이 달라진다. 조금만 관점을 바꾸면 어떤 여행이든 신선하다. 같은 목적지라도 자동차로 가는 것, 기차로 가는 것, 비행기로 가는 것이 각각 기분이 다르다. 자동차나 비행기로 여행할 때도 교통기관의 독특성을 살려 여행을 즐길 수 있다.

여행은 어느 여행지로 가더라도 새로운 느낌이 든다. 좋은 여행지, 좋은 음식, 편안한 교통수단으로 가는 것도 중요하지만 집을 떠나 낯선 곳으로 간다는 자체가 중요하다. 그리고 누구와 함께 가느냐에 따라 느낌이 다르다. 여행은 일탈이다. 여행은 곧 행복이다.

왜 여행을 못하는가?

가장 큰 원인은 돈이 없고 시간이 없기 때문이다. 다른 원인도 있다. 여행할 마음이 없거나, 여행을 두려워하거나, 건강상태가 좋지 않기 때문이다.

청소년은 시간을 내지 못해 여행을 하지 못한다. 중고등학생은 대학에 진학하기 위해서이고 대학생은 학점을 관리하고 외국어를 배우며 각종 자격증을 따야 하기 때문이다. 그러나 부모들은 젊을 때 여행이 가장 좋은 투자임을 깨닫고 자녀의 여행을 후원해야 한다.

여행은 성숙한 인간이 되게 하고 쓸모 있는 인간이 되게 한다. 사람이 책이나 개인적인 경험에서 배우는 것보다 여행에서 배우는 것이 훨씬 실제적이고 총체적이다. 여행을 통해서만 배우고 경험할 수 있는 일이 많다. 그러므로 여행에 대치될 것은 없다.

텔레비전 여행 프로그램은 여행의 대리욕구를 어느 정도 충족해준다. 필자는 매주 토요일 방영되는 '걸어서 세계 속으로'라는 프로그램을 즐겨 시청한다. 이 프로그램을 시청하면 머리가 맑아진다.

♥ 행복코칭
여행은 다른 것으로는 대체할 수 없는 독특한 경험을 하게 한다. 여행이 고생스럽더라도 여행에서 얻는 것이 많다. 계획을 세워 국내외 여행을 하기 바란다. 경제적인 여유가 없어도 장기적으로 준비하면 목적하는 여행을 할 수 있다.

♥ 행복연습
1. 국내 여행할 곳을 100군데 적고 사전에 계획하여 여행한다.
2. 가장 가고 싶은 국외 여행지 10곳을 적고 여행정보를 얻어 추진한다.

행사를 즐기자

마음이 즐거운 사람에게는 모든 날이 잔칫날이다. - 잠언 15:15

인생은 행사(이벤트)이다

일생을 살펴보면 행사에서 시작해서 행사로 끝난다는 것을 이해한다. 인생은 '즐거운 추억 만들기' 여행이라고 할 수 있다. 어머니 뱃속에서 나올 때부터 행사의 연속이다. 100일이 지나면 '백일잔치', 일 년이 지나면 '돌'이다. 매년 생일이 돌아온다. 만 60세가 되면 회갑이요, 만 69세이면 칠순(고희)이다. 죽으면 장례식이요, 죽은 뒤에는 남은 사람들이 매년 제사 혹은 추도식을 거행한다.

이 밖에도 기념일이 될 만한 좋은 일이 생긴다. 집을 장만했을 때, 진급했을 때, 정년은퇴를 했을 때 등이다. 즐거운 추억을 남기기 위해 가능한 한 가족 전원이 관심을 가지고 행사를 하는 것이 바람직하다.

삶에는 개인의 행사뿐 아니라 가족, 일가친척, 친구, 이웃의 행사가 참 많다. 또 국가의 기념일, 명절 등도 많다. 일생은 행사로 구성되었다는 말은 타당하다. 이런 모든 행사를 충실하게 하면 인생도 충실해진다. 행사에서 즐거움과 의미를 느끼면 인생이 행복해진다. 그러므로 행사에 관심을 갖고 준비하고 참여할 필요가 있다.

바쁜 생활에 얽매여 행사를 소홀히 하지 않게 관심을 가져야 한다. 일생에 단 한 번인 기념일도 있고, 해마다 돌아오는 기념일도 있다. 기념일을 소중히 여겨 그냥 지나치지 않기를 바란다. 일상에서 새로운 변화를 주는 계기가 되고 일생의 기억으로 남을 추억을 만들 수 있다.

행사를 즐기지 못하는 사람이 있다. 너무 바빠서, 무관심해서, 가치를 크게 두지 않아서, 경제적인 사유 등 여러 이유가 있다. 생일과 결혼기념일은 가족에게 축하를 받는 좋은 이벤트 날이다. 이런 날을 잊어버리면 행복할 기회를 놓치는 것이다. 행사가 닥칠 때 목적을 기억하고 준비한다면 더 즐거운 행사를 맞게 될 것이다. 우리는 행사를 만들기도 하고 다른 행사에 참여하기도 한다. 행사가 부담스러울 경우도 있다. 하지만 더 적극적인 생각으로 행사에 임할 필요가 있다.

필자의 대학동기가 연 '시집 출판기념회'에 참석한 적이 있다. 축사, 합창, 시 읽기, 답사 등으로 40분쯤 진행되었다. 얼마나 재미있었는지 지금도 기억이 생생하다. 삶에 행사가 있어서 지루하지 않고 활력이 넘치는 것이다. 만약 이런 행사가 없다면 어땠을까? 심심해서 견디지 못했을 것이다.

우리는 가정생활뿐 아니라 사회활동을 하면서 행사를 많이 만난다. 종교가 있는 사람은 종교 행사에 참석한다. 지자체에서 개최하는 축제도 있다.

여러분에게 유익한 행사에 참여한다면 즐겁고 행복할 것이다.

이벤트를 알차게 만들려면 계획과 준비가 중요하다. 계획과 준비를 잘하면 이벤트를 성공적으로 만들 수 있다. 모두가 기다려지는 이벤트를 만들 필요가 있다.

필자는 군대와 직장에서 미국인과 지낸 적이 있다. 그들은 작은 이벤트라도 아주 잘 준비한다. 부대에서 매달 'Fun Night' 프로그램에 참여한 것이 기억난다. 그날 저녁에는 마음대로 먹고 마시고 게임도 한다. 큰 물통에 사과를 띄어놓고 손을 대지 않고 사과를 물게 하는 게임은 아직도 생생하게 기억난다. 필자는 사과가 입에 물릴 때까지 머리를 물속에 담갔다. 드디어 사과를 물었다. 이 모습을 보고 있던 행사담당 하사관이 배꼽 빠져라 웃었다. 그는 필자에게 상으로 초콜릿을 주었다.

국가의 경축일이 있다. 개인적으로도 이벤트를 만들어 지킬 필요가 있다. 오래전 삼일절에 동료들과 등산을 갔다. 산에 올라가 삼일절 행사를 치렀다. 묵념, 애국가 제창, 독립선언문 낭독 등으로 진행했다. 10여 명밖에 되지 않았지만 삼일절의 의미를 되새기는 귀중한 시간이었다. 크고 작은 이벤트를 디자인하고 실행하면 재미를 얻을 수 있다.

특별한 때 관심을 표하자

결혼생활을 하면서 꼭 기억해야 할 행사는? 아내나 남편의 생일과 결혼기념일이다. 생일이나 결혼기념일을 잊어버린다면 참 멋없는 사람이다. 생일 축하는 어린이부터 어른에 이르기까지 가장 보편적인 이벤트이다. 생일 축하는 당사자에게 인정과 사랑을 주는 좋은 기회이다.

　잡지 기사가 생각난다. 충남 어느 시골에서 있었던 일이다. 한 가정주부가 생일을 맞게 되었다. 그런데 생일잔치를 하면서 가족이 느닷없이 그녀에게 공로증을 증정했다. 공로증에는 "귀하는 우리 가정의 어머니요, 아내이며, 교회의 집사요, 회사의 모범사원으로서 그 소임을 잘하고 있기에 생일을 맞아 온 가족이 감사의 뜻을 담아드립니다." 그 주부는 공로증을 받아들고 감격해서 하염없이 눈물만 흘렸다고 한다. 색다른 아이디어를 찾아 이벤트를 만들면 즐거운 시간을 보낼 수 있다.

　출타나 여행 중에 생일을 맞았다면 어떻게 할까? 자축하면 된다. 보고 싶었던 영화를 보고 레스토랑에서 특별히 고급요리를 주문하고 숙소로 돌아와서 와인을 가득 따라서 거울에 비친 자신의 모습을 보면서 '브라보!' 하면서 축배를 드는 것이다. 그러면 자신의 생일이 더욱 귀중하게 보이고 새로운 용기를 얻을 것이다.

　일생에 단 한 번인 이벤트는 그 개인에게 가장 중요한 행사다. 예를 들면 대학시험 합격, 결혼, 박사학위 취득, 승진, 국회의원 당선과 같은 것이다. 지인들은 그런 행사에 적극 참여할 필요가 있다.

　강화도에 사는 필자의 아우가 교통사고를 당한 적이 있다. 다행히 8주간 치료를 받고 퇴원하였다. 나는 죽었다가 다시 살아난 사건이라고 생각하였다. 아우가 퇴원한 후 형제자매 모두 아우의 집에 가서 축하하며 함께 식사를 하고 돌아왔다.

　오래 근무한 직장을 떠나는 순간도 하나의 이벤트라고 할 수 있다. 떠나는 사람을 위해 성대하게 행사를 해주는 것이 좋다. 당사자는 고마움을 평생 잊지 못한다.

매일이 이벤트가 되게 하자

필자는 직장에서 연수교육 프로그램 등 행사를 디자인하고 진행하는 일을 오랫동안 했다. 요즘도 3개월에 한 번씩 교회에서 작은 음악회를 개최한다. 다른 사람이 준비한 행사에 참석하는 것도 좋지만 자신이 행사를 계획하고 준비해보는 것도 좋다.

행사 계획에서 제일 중요한 것은 행사 목적이다. 그 행사를 왜 하는지에 대한 명쾌한 대답이 있어야 한다. 그리고 목적에 맞는 프로그램을 적절하게 짜는 것이다. 시간과 돈이 들어도 준비는 철저히 해야 한다. 격식을 차린 행사도 중요하지만 개인적으로 매일 축제처럼 계획할 수도 있다. 그럴 수만 있다면 일생은 즐거움의 연속이다.

유명 인사가 유학 시절 미국 가정에 초대를 받았다. 주인 내외는 훤한 대낮에 촛불을 켜놓고, 고무풍선도 띄워놓고, 노래를 불러가며 그야말로 신나게 식사를 했다. 왜 그러느냐고 물어보니 "이 한 시간이 우리에게는 축제입니다"라고 대답했다고 한다.

그렇다. 오늘 하루를 가장 행복한 작품으로 만들어야 한다. 매 식사시간을 가장 행복한 축제로 만들어보자. 그런 식으로 한 시간 한 시간을 이어가보자. 이런 단순한 마음이 인생을 행복하게 사는 비결 아닐까. 내일을 걱정하면 오늘의 행복은 사라진다. 오늘 이 순간의 삶을 즐기면 충분하지 않은가.

♥ **행복코칭**

일생은 행사로 시작해서 행사로 끝난다. 행사가 충실하면 인생이 충실해진다. 가족 행사도 있고 직장, 사회, 국가의 행사도 있다. 일 년에 한 번 오는 행사도 있고 일생에 한 번 오는 행사도 있으며 불특정하게 오는 행사도 있다. 어떤 행사든지 오래전부터 철저히 계획하고 준비하자. 그러면 더욱 즐거운 행사가 될 것이다. 이렇게 하여 행복한 추억을 쌓아가자.

♥ **행복연습**

1. 거실에 '연중행사, 기념일'만 적은 전용 달력을 걸어두자.
2. 행사일 훨씬 전부터 미리 준비한다.
3. 일 년의 끝에 가족만을 위한 송년회를 해보자. '우리 집 10대 뉴스'를 작성해본다. 그 뉴스는 기쁨과 행복이 가득히 담긴 추억 리스트이다.
4. 직장에서는 송년회를 의미 있게 준비하여 모두 수고했음을 인정하고 더불어 감사의 마음을 전달하는 기회로 삼자.

유머를 즐기자

유머는 좋은 여름비처럼 갑자기 땅과 공기와 당신을
깨끗이 또 서늘하게 한다. - 휴즈

유머를 즐겨야 인생을 즐길 수 있다

세상을 달관한 사람을 대하면 편안해진다. 유머가 있기 때문이다. 법정 스님, 김수환 추기경, 한경직 목사는 종교계 지도자이면서 국민의 사랑과 존경을 받았다. 그들은 인간미가 있었고 유머감각도 탁월했다.

삶의 속도를 조금만 늦춰도 훨씬 즐거워진다. 철도나 비행기의 연착을 항의하는 승객은 전 세계에서 우리나라 사람밖에 없다고 한다. 유머가 부족함을 여실히 드러내는 증거다. 지구촌 시대에 적응하려면 유머감각을 높여야 하지 않을까.

부시 전 미국 대통령의 일화이다. 어느 음식점에 들어간 부시는 웨이터에게 음식에서 브로콜리를 빼달라고 했다. 브로콜리는 미국인이 즐겨먹는 채소인데 말이다. 곧바로 '대통령이 브로콜리를 싫어한다'는 소문이 돌았고 다음 날부터 브로콜리 판매량이 급감했다. 한국 같으면 농민들이 떠들썩하게 데모했을 것이다.

그러나 미국 농민들은 브로콜리를 트럭에 싣고 와서 이런 글과 함께 백악관에 선물했다. "부시 대통령은 브로콜리를 싫어하는 것이 아니라 아마 너무 많이 먹었기 때문일 것이다."

이 사건이 다시 매스컴에 보도됐고, 부시는 이렇게 응답했다. "나는 그때 브로콜리를 너무 많이 먹어 잠시 쉬고 있었을 뿐이다." 이 사건은 급기야 브로콜리를 수출하게 되는 전화위복의 계기가 되었다. 농민들과 대통령의 유머감각이 풍겨나오는 일화이다. 유머의 본질은 여유이다. 우리가 노력해야 할 것은 여유 창조이다.

한국전쟁 때 미국 다음으로 파병을 많이 한 나라는 영국이다. 백선엽 장군의 회고록에 이런 대목이 나온다. 영국군이 한창 전쟁을 하다가도 정해진 시간만 되면 티타임을 즐기는 모습을 보고 백 장군은 잘 이해되지 않았다.

"영국군들은 오후 4시가 되면 포격을 중지했다. 이상할 정도로 그들이 즐겼던 티타임 시간이 바로 그때였기 때문이다. 오후 4시쯤 되면 차를 나눠 마시면서 하루를 정리한다는 영국인들의 일상적인 생활 속의 습관이 전장에서도 여지없이 발휘되었다. 분명히 전쟁이 한창 벌어지고 있던 때였는데도, 그들은 그 시간이 되면 차를 끓인 뒤 쿠키 등 과자류를 들고 참호 속에 들어가 앉아서 이 휴식 시간을 즐기는 것이었다. 물론 전투 중이라도 상황이 괜찮았으니까 그랬을 것이다. 그래도 교전 중인 상황에서도 어쨌거나 차를 끓이고 담소를 나누는 그들을 보면서 나는 어떤 여유를 느꼈다."

마음의 여유가 있으면 전쟁터에서도 여유를 즐길 수 있다. 마음의 여유, 곧 넉넉함을 항상 지니면 풍요롭게 살아갈 수 있다.

더 재미있게 살아갈 수 없을까?

서울 명동의 한 약국에서 음료 한 병을 샀다. 만 원짜리 한 장을 내고 5,000원권 한 장과 1,000원권 넉 장을 거스름돈으로 받았다. "한 장을 내고 다섯 장이나 받았으니 수지맞았네요!"라고 했더니 "정말 그렇군요! 게다가 덤으로 음료수 한 병까지 드시게 되었으니!"라고 했다.

그 주인은 유머감각이 있는 사람이었다. 대화에 약간의 여유만 가져도 분위기가 훨씬 부드러워진다. 유머감각을 조금만 높여도 행복지수가 크게 올라간다.

인생을 심각하게 살아갈 필요가 없다. 어차피 인간은 불완전한 존재이다. 그것을 인정하고 웃으면서 사는 것이 바람직하다. 스스로 똑똑하고 정의롭다고 여기는 사람일수록 유머감각이 없다고 한다. 각종 경쟁 속에서 치열하고 심각하게 사는 사람일수록 여유와 유머가 더욱 필요하다.

인생을 축제처럼 살 수 있다. 어떤 경우에도 즐거움과 웃음을 기꺼이 찾아낼 수 있다. 어린이는 늘 즐겁다. 그들은 아무것에서나 재미를 찾아낸다. 그런 면에서 어른의 스승이다. 매일 작은 분량의 재미라 하더라도 심원한 효과를 줄 수 있다. 어떤 상황에서든 기쁨을 얻을 요소를 찾아내보자. 반드시 찾게 될 것이다.

유머가 있으면 마음도 건강해지고 삶도 풍요로워진다. 분위기도 새로워지고 문제해결하기도 손쉽다. 무엇보다 멋있는 사람이 된다. 어려운 일을 당했을 때, 역겨운 것을 보았을 때, 딱한 이야기를 들었을 때, 유머감각을 가진 이의 한마디처럼 소중한 것은 없다. 누구나 남을 대할 때 화사하게 웃는 마음의 여유를 가져야 한다.

낙반 사고로 땅속에 묻힌 광부를 구조할 때, 구조대원들은 갱내에서 재미있는 농담을 하는 것이 상례라고 한다. 구급차의 간호사들은 코미디언에 버금가는 재담을 많이 알고 있어야 한다고 한다.

필자의 한 친지가 해외여행 길에 비행기 속에서 8시간을 보냈다고 한다. 그런데 전혀 지루하지 않았다고 한다. 동행한 사람 가운데 재담가가 한 사람 있었는데, 얼마나 재미있는 이야기를 많이 하고 웃기는지 시간이 훌쩍 지난 것 같았다고 한다. 유머는 흥미를 돋우며 권태를 물리친다.

서구사회에서도 직장과 사회에서 유머감각이 성공에 크게 작용한다. 뇌물을 주고받는 사회보다는 웃음을 주고받는 사회가 훨씬 바람직하다.

어떤 사람이 어린 아들을 업고 언덕길을 오르고 있었다. "너도 이제 꽤 무거워졌구나" 하고 아버지가 숨을 내쉬며 말하자 아들이 "아버지, 인내와 노력이 인간을 만드는 것이에요. 조금만 참으세요"라고 맹랑한 소리를 했다. 아버지는 너털웃음을 웃고 끝까지 아이를 업고 갔다. 그 똑똑한 꼬마 이름은 앤드류 카네기였다. 그는 강철왕으로 성공한 뒤에도 '밝은 성격은 어떤 재산보다 귀중한 것' 이라는 말을 되풀이하곤 했다.

웃음을 좋아하고 유머의 가치를 아는 사람들 중에 악한 사람은 없다. 정신적인 여유와 아량에서 유머의 분수가 용출되기 때문이다. 유머가 아주 풍부한 정치가 중에 링컨, 처칠, 레이건 등이 있다. 그들은 유머감각이 풍부했기에 어려움을 슬기롭게 극복할 수 있었다.

유머가 없는 인생은 너무 메마르다. 고단하고 힘겹다. 끝이 안 보이는 사막을 타박타박 걸어가는 것과 같다.

유머를 늘 활용하자

일상에서 유머감각을 높이는 훈련을 하자. 매사에 여유를 찾는 것이 필요하다. 주위에 유머감각이 뛰어나고 명랑한 사람이 많으면 좋다. 그들에게서 직간접으로 영향을 받는다. 그리고 자기만의 '유머 모음집'을 만들어 보자.

아무리 재미있는 유머라도 시간이 지나가면 잊어버린다. 이를 방지하기 위해 유머를 한데 모으는 것이 좋다. 고상한 웃음거리를 실생활에서도, 책에서도, 만화에서도, 텔레비전에서도 발견할 수 있다. 그것들을 대화 중에 사용해보라. 필자가 수집한 유머 몇 가지를 소개한다.

외국어 한 가지쯤은 알아야지!

고양이에게 쫓기던 쥐가 다른 쥐의 굴로 들어갔다. 그 쥐는 고양이가 지나가기만을 기다렸다. 그런데 고양이는 이런 생각을 하게 되었다. '쥐란 놈은 개를 무서워하지 않으니 개 소리를 내서 쥐를 유인해야지.' 고양이는 '멍멍' 하고 개 소리를 했다. 쥐가 안심하고 나왔는데 고양이가 서 있지 않은가? 쥐가 당황해서 한다는 말이 "개 소리를 듣고 나왔는데 고양이 아니야?" 그러자 고양이가 점잖게 말했다. "이 바보 같은 쥐야, 요즘 세상에는 외국어 한 가지쯤은 구사해야 하지 않나?"

나이야 가라!

필자의 선배가 작년에 미국 동부의 나이아가라 폭포를 관광했다. 그런데 우비를 입고 폭포 주위를 관광한 후에 갑자기 젊은 시절의 힘이 용솟음쳤다. '이상하다, 이상하다'라고 생각했는데, 곧 그 이유를 알게 되었다. '나이야가라'는 말 때문이었다. '나이야 가라!' 이 말에 젊음을 다시 찾은 것이다.

어서 서둘러야겠다!

존경하는 목사님이 곧 은퇴할 예정이라는 소식을 들으니 무척 서운했다. "김삭개오 목사님이 내 장례식을 해주시리라 기대했는데…" 하면서 아쉬움을 표하자 친구가 이렇게 답했다. "그럼 어서 서둘러야겠다. 애."

왔데이!

경상도 할머니와 미국인 청년이 버스를 기다리고 있었다. 한참 만에 드디어 버스가 도착했다. 이때 할머니가 기뻐서 '왔데이'라고 했다. 그랬더니 미국인이 '먼데이'라고 대답했다. 그러자 할머니는 버스를 가리키며 '버스데이'라고 말했다. 이에 미국인은 '오, 해피 버스데이'라고 했다.

고해성사

어떤 중년부인이 고해성사를 했다. "신부님, 저는 하루에도 몇 번이나 거울을 보면서 제가 무척 아름답다고 뽐냈습니다. 제 교만한 죄를 용서해 주십시오." 이 고백을 들은 신부가 칸막이 커튼을 조금 들어 올려 그녀를 힐끗 쳐다보고는 이렇게 대답했다. "자매님, 안심하세요. 그것은 죄가 아니고 착각입니다. 평안히 돌아가십시오."

♥ **행복코칭**

여유는 유머의 본질이다. 여유는 유머를 낳고 유머는 친근감을 불러온다. 매사에 여유를 갖자. 일상생활에서 재미를 찾자. 명랑하게 살자. 명랑함을 다른 사람에게 전파하자. 그러면 모두 행복해질 것이다. 각박한 사회에서 유머의 필요성이 중요하다는 사실을 명심하고 유머감각을 높이자.

♥ **행복연습**

1. 아무리 바빠도 서둘지 않도록 행동을 조절한다.
2. 재미있는 말을 한다. 말을 재미있게 표현한다.
3. 늘 명랑하게 산다. 표정, 행동, 대화가 모두 즐겁게 보이도록 노력한다.

Part 7

♠

인생을 행복하게 영위하기

꿈과 목표를 지니고 살자

희망은 문턱에서 웃으면서 오는 해는 더 행복할 것이라고 속삭인다. - 테니슨

꿈이 있는 사람은 늘 즐겁다

많이 소유하고 현재의 삶을 즐긴다 하더라도 꿈이 없는 인생은 행복하지 않다. 꿈이 있는 사람은 나아가야 할 방향이 분명히 보인다. 누가 정해놓은 틀에 따라 살지 않는다. 꿈이 있어야 자신의 삶을 살아간다.

많은 사람은 꿈이 없거나 있어도 시시할 뿐이다. 참다운 꿈이 없어서 허송세월하고 인생을 낭비한다. 참다운 꿈을 지닌 사람이 가장 큰 부자이다. 꿈이 있는 사람은 늘 즐겁게 살아갈 수 있다. 늘 도전할 대상이 있기 때문이다.

미국의 서부 개척시대에 있었던 일이다. 친구 몇이 금광을 발견하기 위해 떠났다. 산을 넘고, 강을 건너고, 계곡을 누비며 힘을 썼다. 힘없이 터덜

터덜 걷던 중 한 사람이 이상한 돌을 발견했다. 돌을 깨뜨려 보았다. 그 돌은 금덩어리였다. 여기저기 그런 돌이 널려 있었다. 그들은 신바람 났다. 그러나 장비가 없었고 식량도 다 떨어졌다. 그들은 장비와 식량을 마련하여 다시 오기로 하고 고향으로 돌아갔다. 또 아무에게도 알리지 말자고 굳게 약속했다.

약속한 날짜에 약속한 장소로 모였는데, 이게 웬일인가? 모인 사람은 100명도 넘었다. 이들은 서로 의심했다. 누가 약속을 깨고 비밀을 누설했을까? 그런데 아무도 비밀을 누설한 사람은 없었다.

그들은 한 사람을 불러 "누가 당신에게 금을 캐러 간다고 했는가?"라고 물었다. 의외의 대답이 나왔다. 싱글벙글하며 지내는 친구의 모습을 보고 친구 따라가면 좋은 일이 있겠다 싶어 무작정 따라왔단다.

마음속에 꿈이 있는 사람에게는 찬란한 미래가 펼쳐져 있다. 꿈이라는 날개는 자신의 삶을 높이 날아오르게 하는 힘을 준다. 꿈은 손에 잡히지 않는 무지개 같지만 꿈을 품음으로써 삶은 더욱 풍부하고 다채로워진다. 꿈이 있는 곳에 희망이 있고 삶의 의미와 보람도 있다.

철학자 니체는 이렇게 말했다. "비록 허황된 것을 좇는다 하더라도 아무 것도 좇지 않는 것보다 낫다." 삶은 자신의 아름다운 미래를 동경하는 데서 의미를 찾을 수 있다. 우리는 꿈을 통해 마음의 병을 치유하고 안정을 되찾는다. 꿈은 우리를 성장하고 발전하게 한다. 꿈은 마음속에 새로운 세계를 창조할 수 있는 길이다. 마음속에서는 그 어떤 것도 실현 가능하다. 무엇보다도 가치 있는 꿈을 꾸기만 하면 된다.

카이스트 물리학과 김은성 교수는 자신의 젊은 시절을 이렇게 회고했다.

"청소년 시절 방황 끝에 꿈이 생기니까 공부와 연구에 자연스럽게 몰입하게 되었어요. 그 꿈이 지금의 제 연구 인생을 만든 원동력이 되었습니다. 세상 사람들의 지능은 대부분 비슷합니다. 단지 차이가 있다면 '꿈이 있느냐, 없느냐'는 것입니다."

그는 대학 3학년을 마칠 때까지도 꿈 없이 방황했다고 한다. 성적도 뛰어나지 않았다고 한다. 하지만 꿈이 생기니까 모든 것이 달라지더란다. 그는 또 미국에서 공부할 때 정말 포기하고 싶은 생각이 수십 번이나 들었는데 꿈이 있었기에 포기하지 않았다고 한다.

여러분은 몇 살인가? 요즘은 평균수명 100세를 바라보는 시대이다. 여러분이 50세, 60세, 아니 70세가 되었어도 미래를 꿈꿀 시간은 충분히 남아 있다. 건강만 허락한다면 하고 싶은 일을 마음껏 할 수 있다. 시간이 충분히 남아 있기 때문이다.

구체적인 목표를 세워라

목표란 달성일이 정해진 구체적인 꿈이다. 심리학자 소냐 류보머스키는 자신의 저서 《행복해지는 법》에서 행복해지기 위해 가장 중요한 것은 '의미 있는 목표를 가지는 것'이라고 했다.

오스트리아 출신의 정신과 의사 베라 울프는 임상실험을 통해서 다음과 같은 결론을 내렸다. "당신이 정말 행복한 사람을 관찰하면 그 사람은 배를 만들거나, 교향곡을 작곡하거나, 아들을 교육하거나, 정원에서 희귀한 꽃을 기르거나, 고비사막에서 공룡 알을 찾고 있을 것이다."

목표를 가진 사람은 목표가 없는 사람보다 훨씬 행복하다. 인생을 살아가는 것이 복잡하고 어려워 보이지만 원리만 알면 인생은 의외로 단순하고 쉽다. 목표를 올바로 설정할 수 있다면 모든 일의 절반은 이미 이룬 것이나 다름없다. 목표설정이 그만큼 중요하다. 하지만 목표를 세우는 사람은 고작 3%에 불과하다고 한다.

목표가 있어야 주도적으로 살아가게 된다. 목표는 인생과 시간에 새로운 의미와 가치를 부여한다. 목표를 세우고 하나하나 달성해가는 것은 기쁘고 보람 있다.

목표 없이 사는 것은 위험하다. 택시가 가장 위험한 순간은 손님을 태우지 않았을 때이다. 손님을 태운 기사는 어떻게든 신속하게 목적지에 도착해야 한다는 목표 때문에 운전에 집중한다. 그러나 손님을 태우지 않은 기사는 이 같은 목표가 없기 때문에 사거리에 접어들어도 어디로 갈까 갈팡질팡하며 두리번거리는 등 집중하지 못한다.

"맹목적으로 항해하는 배에게는 어떠한 바람도 역풍이다"라는 영국 속담이 있다. 아무리 바빠도 목표를 먼저 정하고 행동하는 것이 효과적이다.

매일 목표를 세우고 한 가지 한 가지 달성하는 기쁨은 매우 독특한 경험이 된다. 이렇게 작은 성공을 자주 경험해야 기쁨과 자신감이 생긴다. 비현실적이고 어려운 목표를 세우면 의도가 훌륭해도 포기하기 쉽다. 큰 목표보다 단시일에 이룰 수 있는 작은 목표를 세우고 차근차근 달성하도록 해야 한다.

계획 세우기를 습관화하자

계획은 목표를 달성할 방법과 수단을 짜는 것이다. 계획을 잘 세우면 달성 과정에서 많은 기쁨과 보람을 얻는다. 어떤 사람은 계획하기를 두려워하여 아예 계획을 세우지 않고 기분에 따라 일을 처리한다. 하지만 계획을 세워서 하는 것이 훨씬 효과적이고 흥미를 얻을 수 있다. 어떤 일을 잘 계획하고 달성해보자.

주부라면 김치를 잘 담가서 다른 사람의 미각을 즐겁게 해보자. 주말여행을 멋지게 계획하고 즐겨보자. 수필 하나를 구상하여 써보자. 저축 계획을 세우고 목표를 달성해보자. 새로운 일이 주어지면 계획을 잘 세우고 주의를 집중하여 달성해보자. 한 가지를 멋지게 끝내고 휴식하자. 색다른 기쁨을 얻을 것이다. 계획하고 실천하기를 반복해보자. 재미도 느끼고 실력도 향상된다.

즐거운 기대 속에서 살라

행복의 원리 하나는 행복한 일을 생각하면 행복해진다는 것이다. 실험을 해보자. 지금까지 가장 행복했던 순간을 회상해보자. 그러면 갑자기 행복해진다. 심리학 용어에 '피그말리온 효과'라는 것이 있다. 이것은 간절히 원하면 이루어진다는 학설이다.

어린 시절을 회상하면, 소풍 가기 전날이나 생일이나 크리스마스가 다가

올 때는 마음이 설레었던 기억이 날 것이다. 왜 그런가? 즐거운 기대가 있기 때문이다. 거대한 꿈이나 구체적인 꿈이 아니더라도 삶에서 즐거운 기대가 있다면 행복해진다.

복권을 사면 추첨일이 다가오는 동안 즐거운 기대를 하게 된다. 농부는 파종하고 즐거운 기대 속에서 추수를 기다린다. 사업에 투자하는 사람도 결과를 상상하면서 즐거운 기대 속에서 기다린다. 평소에 건전한 투자를 지속하면 언젠가는 좋은 성과를 거둔다.

"아침에 씨를 뿌리고, 저녁에도 부지런히 일하여라. 어떤 것이 잘될지, 이것이 잘될지 저것이 잘될지, 아니면 둘 다 잘될지를 알 수 없기 때문이다."(전도서 11:6) 건전하게 투자하고 그 결과를 기대하면서 행복하게 살아가자.

♥ 행복코칭

꿈이 있는 인생은 즐겁다. 평생 추구하는 꿈을 품자. 가치 있는 목표를 세우자. 계획을 세워 꿈과 목표를 달성하자. 꿈이 이루어지는 것을 상상하며 즐거운 기대를 갖고 살자.

♥ 행복연습

1. 평생 이루고자 하는 큰 꿈 세 가지를 기록하자.
2. 일 년 안에 달성하려는 목표를 다섯 가지 기록하자.
3. 한 달 안에 달성하고자 하는 목표를 세 가지 기록하자.
4. 다음 주에 달성하고자 하는 목표를 세 가지 기록하자.
5. 직장 초년생이라면 1억 원을 모으기 위한 구체적인 계획을 세워보자.

욕망을 다스리자

> 욕망이 작으면 작을수록 행복하다. 이 말은 오래됐지만 결코 모든 사람이 다 안다고는 할 수 없는 진리이다. – 톨스토이

욕망을 다스리면 행복하다

살아 있는 사람은 각자 욕망이 있다. 그런데 욕망을 잘 다스려야 행복을 누릴 수 있다. 탈무드에는 '도를 넘으면 안 되는 것 8가지'가 있다고 한다.

첫째, 여행이다. 여행을 너무 좋아하다보면 집에 들어오기 싫어지고 방랑벽이 생기기 쉽다.

둘째, 친구이다. 친구가 너무 많으면 시간을 너무 많이 소비한다. 품성이 좋은 친구가 적당히 있는 것이 좋다.

셋째, 일이다. 일이 많아 과로하면 몸도 마음도 피폐해지고 일찍 죽는다.

넷째, 술이다. 술을 절제 있게 마시면 화기애애한 분위기를 만들 수 있고 우정도 돈독하게 할 수 있다. 그러나 과음하면 알코올중독자가 되고 패가

망신하기도 한다.

다섯째, 잠이다. 잠자는 시간이 너무 적어도, 너무 많아도 건강에 해롭다고 한다. 잠이 많으면 게을러진다.

여섯째, 약이다. 약을 많이 사용하면 중독에 빠지고 몸에 해로울 뿐이다. 약은 곧 독이라는 사실을 인식할 필요가 있다.

일곱째, 향료이다. 음식에 넣거나 집 안에 뿌리는 향료는 적당량이 좋다.

여덟째, 돈이다. 돈이 많아서 행복한 사람이 있고, 돈이 많아서 불행한 사람이 있다. 그런데 자기가 관리할 수 있을 정도의 돈이 있는 것이 좋다.

자신이 좋아하는 취미라도 적당히 즐겨야 한다. 취미 중독이면 삶이 흔들린다. 취미는 즐거움을 주기 때문에 깊이 빠져들기 쉽다. 하지만 취미보다 삶 전체가 중요하다는 생각을 갖고 적당히 즐겨야 한다.

욕망을 다스리지 못하면 불행해진다

자신의 욕망을 채우려고만 하는 사람을 밑 빠진 독에 비유할 수 있다. 사람의 욕망은 한도 끝도 없다. 가득 채우려고만 하면 항상 모자라고 궁핍하다. 하지만 욕망을 과감히 줄이고 내려놓는다면 신기하게 채워진다. 욕망을 다스리지 못하면 항상 불행하다.

사람에게 욕망이 있다는 것은 대단히 다행스럽다. 욕망이 있기 때문에 삶을 유지하며 더욱 나은 미래를 향하여 노력하게 된다.

인간에게는 안전의 욕망, 애정의 욕망, 인정의 욕망, 소속의 욕망, 새로운 경험을 하고자 하는 욕망, 창조적 표현의 욕망 등 갖가지 욕망이 있다. 고통에서 해방되려는 욕망이 있는가 하면 즐거움을 찾고 싶은 욕망도 있다. 욕망을 충족시키면 기쁨과 보람을 느낀다. 그런데 아무리 노력해도 자신의 모든 욕망을 다 채우지는 못한다. 욕망은 점점 팽창하는데 능력이나 재력이 감당하지 못하기 때문에 좌절한다. 욕망이 과하면 불행해진다는 말은 진실이다.

그러면 어떻게 해야 하는가? 욕망에 절제를 가하고 한계에 겸손히 순복하는 법을 배워야 한다. 욕망으로 가득 차 있으면 욕망이 폭발하여 행복을 가로막는다. 그러므로 자기가 얻을 수 없는 일을 탐하는 대신 자신의 처지에 만족하는 것이 지혜롭다. 오히려 원하는 것보다 약간 부족한 상태가 행복하다. 자신의 능력과 재력에 따라 욕망을 조절하는 것이 불행을 막는 가장 확실한 방법이다.

기대치를 낮추라

완전주의자는 좀처럼 행복하지 못하다. 자신의 기대에 미쳐야 행복을 느끼기 때문이다. 완전을 기해야 할 특별한 경우도 있다. 하지만 일상에서는 완전주의를 버리고 자신에게 관용을 베푸는 것이 낫다. 자신의 불완전함을 인정하자. 즉 '너는 그래도 그 수준은 되니 다행이야!' 라고 스스로 위로하자. 행복을 가로막는 주적은 바로 비현실적인 기대이다. 그래서 될 수 있는 한 기대치를 낮추고 현재 상황을 조금 바꾸도록 노력하자. 그러면 행복을 찾게 될 것이다.

　기대란 행복을 주는 요소이다. 복권을 산 사람은 추첨하는 날까지 행복한 기대를 한다. 하지만 반드시 복권에 당첨돼야 한다는 기대를 했다면 크게 실망한다. 기대치를 낮추고 낙천적으로 살아갈 때 행복을 잡을 가장 좋은 때가 온다.

　자신이 있는 분야에서는 기대치를 높이 잡을 필요가 있다. 이것도 능력에 맞게 조절해야 한다. 만약 기대를 너무 낮게 한다면 행운이라고 할 대단한 성과를 얻을 수 없다. 그러므로 기대를 조절하여 적당히 기대하는 것이 행복을 위해 도움이 된다. 계획했던 일이 실패했다면 다음에는 기대치를 좀 낮추고 목표를 줄여보자.

　일반적으로 기대는 자신에 대해서는 너무 작고 타인에 대해서는 너무 크다. 이런 생각을 바꾸어야 한다. 다른 사람에게 지나친 기대치를 갖지 말자. 갖더라도 아주 조금만 가져라. 어차피 그들이 가는 길을 통제할 수 없다. 아예 처음부터 그런 생각을 하지 않는 것이 좋다.

　적절한 기대감은 마음에 평화와 기쁨을 준다. 비현실적인 기대치를 조정하자. 행복을 원한다면 지금 곧 기대치를 조정할 필요가 있다.

아름다운 단념

　하고자 하는 일을 단념하기는 쉽지 않다. 단념에는 부정적인 결과를 가져오는 것과 긍정적인 결과를 가져오는 것이 있다. 필자가 말하고자 하는 것은 긍정적인 결과를 가져오는 단념이다. 아름다운 단념은 어떤 것인가?

첫째, 부적절한 인간관계이다. 부적절한 남녀관계는 빨리 청산하는 것이 상책이다. 좋지 않은 친구도 신속하게 정리하는 것이 좋다.

둘째, 희망 없는 사업이다. 장래성이 없는 것을 뻔히 알면서도 사업에서 손을 떼지 못하면 시간이 흐를수록 손해만 본다.

셋째, 문젯거리에 집착하는 것이다. 자기에게 닥친 문제에만 함몰되면 콤플렉스와 스트레스에 눌려 희망이 보이지 않는다. 문제에서 과감히 빨리 탈출해야 한다.

넷째, 과거에 대한 후회이다. 과거의 사건을 되돌릴 수 없는데 사람들은 과거를 돌아보며 후회한다. 아주 비현실적인 태도이다.

다섯째, 과거에 성공한 일이다. 성공하면 자랑스럽다. 하지만 과거의 성공에만 집착하면 새로운 목표에 도전하지 않으려 한다.

여섯째, 자신의 현재 지위이다. 물러나야 할 때 물러나지 않으면 자기와 직장에 피해가 된다. 떠날 때가 되면 깨끗이 떠나는 것이 아름답다.

일곱째, 자신의 재산이다. 가장 불행한 사람은 거금의 재산을 남겨두고 죽는 사람이다. 생전에 재산을 많이 기부했더라면 사회도 발전하고 자신의 이름도 남겼을 것이다.

식물이나 동물은 필요할 때 과감히 단념한다. 어린 싹은 잎사귀를 내기 위하여 껍질을 벗어던진다. 꽃은 열매를 내기 위하여 꽃잎을 떨어버린다. 생명의 눈이 자라도록 하기 위하여 씨앗은 죽는다. 나비가 되기 위해 애벌레는 비단으로 된 무덤을 남긴다.

단념은 인간을 잘못된 욕망에서 해방시킨다. 단념은 절망, 환멸, 재난으로부터 자기를 지켜주는 방패가 된다. 단념해야 할 일을, 가장 적절한 시기에, 과감히 단념하자. 아름다운 단념이 자신의 행복을 지켜준다.

♥ **행복코칭**

욕망을 다스리는 자가 행복하다. 반대로 욕망을 다스리지 못하면 불행해지고 재앙이 임하기도 한다. 완전주의자가 되지 말자. 때로 기대치와 목표를 낮춰라. 포기하고 단념할 줄 알자.

♥ **행복연습**

1. 나 자신이 빠지기 쉬운 과도한 욕망은 무엇인가?
2. 100% 충족되기를 바라지 말고 70~80%에 이르면 만족하자.
3. 줄이고 포기하고 단념할 것들을 적어보라.

변화관리력을 키우자

극복된 고난은 승리의 기회다. - 처칠

고통과 고난의 가치를 이해하자

어릴 때부터 인생이 무엇인지 올바로 안다면 삶은 그만큼 쉬울 것이다. 인생이 무엇인지 이해하지 못하고 살기 때문에 인생살이가 어렵다. 인생은 무엇인가?

인생은 본질적으로 어려운 것이다. 인생에는 고난이 기다린다. 인생은 변화무쌍하다. 인생은 일기와 같다. 인생에는 쾌청한 날만 계속되는 것이 아니고 그렇다고 비오는 날만 계속되는 것도 아니다. 인생을 얕잡아보면 큰코다친다.

젊은 세대는 큰 고생 없이 자랐다. 그러니 조금만 어려워도 쉽게 좌절한다. 인생이 무엇인지 폭넓게 알았더라면 웬만한 일이 닥쳐도 실망하는 일이 드물 것이다.

사람들은 고통을 피하려고 한다. 그런데 고통을 겪지 않으면 인생을 쉽게 볼 수 있으며, 광풍이 몰아닥치면 파국을 맞을 수도 있다. 주기적으로 고통을 겪지 않으면 인내력을 기르지 못할 것이요, 강인한 사람이 되지 못한다. 고통을 회피하려고 애쓸수록 실제로는 더욱 허약해질 뿐이다.

필자는 군대에서 3개월 동안 강한 훈련을 받았다. 삼복더위에 한 시간 내내 총검술을 한 적도 있다. 이런 훈련을 통과하니 33개월 군대생활이 행복하기까지 했다.

역경을 겪지 않는 사람은 인생이 쉬울 것이라는 환상을 품는다. 그들은 남이 보호하고 돌보아야 한다고 생각한다. 머리만 굴려도 매사가 풀릴 것으로 믿는다. 대단한 착각이다.

"젊어서 고생은 돈을 주고도 못 산다"라는 선조들의 지혜는 귀한 것을 깨우쳐준다. 젊어서 고생해보지 않은 사람은 고난에 직면하면 당황하고 좌절한다. 그래서 젊은 시절에는 일부러라도 고통을 겪어보아야 한다. 그것이 양약이 된다. 고난을 피하면 정신이 위축되고, 행복의 힘도 약화된다.

사는 동안 수많은 고난을 만난다. 이에 대처하는 방법은 고난에서 배우며, 고난을 통해 더욱 강해지는 것이다. 고난을 통과하면 더욱 성숙한 인간이 된다. 바다에는 가끔 폭풍이 불어 물결을 흔들어야 산소가 공급되고 물이 깨끗해지며 물고기의 먹이가 생성된다. 삶에 어느 정도 고난과 고통은 반드시 필요하다.

그렇다고 고난을 자청할 필요는 없다. 최선을 다해 열정적으로 살면 고난과 자연스럽게 부닥칠 것이다. 이를 악물고 땀 흘리며 고통을 극복하자. 고난을 극복하면 행복의 여신이 여러분을 맞아줄 것이다.

역경을 극복하는 힘을 기르자

같은 역경을 겪지만 사람에 따라 극복하는 태도가 다르다. 역경이 닥치면 어떤 사람은 실망하고 좌절하지만 어떤 사람은 오히려 도약의 발판으로 삼는다.

왜 이런 차이가 생기는가? 역경을 극복하는 힘이 다르기 때문이다. 이런 힘을 '회복탄력성'이라고도 하고 단순히 '회복력'이라고도 한다.

미국의 위기극복 전문 컨설턴트인 포스톨츠 박사는 1997년 자신의 책 《위기대처능력 AQ》에 시시각각으로 급변하는 사회에서 리더에게 가장 절실한 능력은 AQ(adversity quotient)라고 주장했다. AQ는 어려운 상황을 극복하는 능력이다. 그는 등산에 빗대어 위기를 대하는 세 종류의 사람을 제시했다.

첫째 부류는 겁쟁이다. 난관에 부딪혔을 때 쉽게 포기하고 내려오는 사람(quitter)이다. 이런 사람은 힘든 문제에 부딪히면 도망가고 만다.

둘째 부류는 안주하는 사람이다. 기본적으로 모험과 노력을 하지 않는 것은 아니지만 가파른 언덕이라도 만나면 정상에 오를 생각을 접고 적당한 곳에 텐트를 치고 안주하는 사람(camper)이다. 현실에서 위험이라도 닥치면 숨을 곳부터 찾고 안전한 곳에서 편안히 지내려는 사람이 여기에 해당한다.

셋째 부류는 산에 올라가는 사람이다. 그는 위기를 극복하면서 정상을 향해 끝까지 전진하는 사람(climber)이다. 이들은 끊임없이 도전하며 어떤 위기도 이겨내어 성공의 기회로 삼는다. 이 사람이 역경지수가 가장 높다.

여러분은 위의 세 부류 중 어디에 속하는지 판단해보기 바란다.

우리가 진정 두려워해야 할 것은 편리해지고 풍요로워지는 반면 육체와 정신은 허약해진다는 점이다. 부모의 과보호 아래 자라서 자율성이 차단되고 험한 사회를 헤쳐 갈 능력을 기르지 못하니 큰 문제이다.

청소년의 자살이 부쩍 늘고 대학생과 군인의 자살률도 높아지는 현상은 가정교육과 학교교육의 허약성을 드러내는 것이다. 음주, 도박, 향락을 좇는 것도 삶의 도피행위라서 첫째 부류나 둘째 부류에 속한다. 자신의 운명과 맞서서 힘차게 싸울 능력을 길러주는 것이 부모나 교사가 안고 있는 큰 과제이다.

역경을 극복하는 힘은 체계적인 노력과 훈련으로 키워갈 수 있다. 역경지수가 매우 높은 사람으로 미국의 에이브러햄 링컨 대통령과 중국의 덩샤오핑, 남아프리카공화국 대통령 넬슨 만델라를 들 수 있다. 난관을 극복하고 성공한 사람들 모두 역경지수가 높은 사람이라고 할 수 있다.

성서에 나타난 위인으로는 구약성서의 요셉, 다윗 왕, 신약성서의 성 바울을 들 수 있다. 성 바울은 이렇게 고백했다.

"나는 어떤 처지에서도 스스로 만족하는 법을 배웠다. 나는 비천하게 살 줄도 알고, 풍족하게 살 줄도 안다. 배부르거나, 굶주리거나, 풍족하거나, 궁핍하거나 그 어떤 경우에도 적응할 수 있는 비결을 배웠다."

한국전쟁을 겪은 필자는 많은 역경을 통과한 바 있다. 그 역경이 오늘의 나를 만들지 않았나 하는 생각이 든다.

피할 수 없다면 즐겨라

'피할 수 없다면 즐겨라' 라는 말은 군대에서 자주 사용한다. 백령도에 주둔하고 있는 해병여단에 정훈교육을 하러 간 적이 있다. 4일간 머물면서 지휘관과 여러 가지 이야기를 나누었다. 지휘관이 가장 애먹는 일은 신입 사병을 다루는 것이라고 했다. 신입 사병이 백령도가 아닌 주위의 작은 섬에 배치 받으면 매우 낙담한다는 것이다. 최소 6개월은 주둔지에만 머물러야 하기 때문이다.

하지만 그곳에 배치 받을지라도 생각을 좀 달리할 수 있다. 즉 주어진 환경에서 최대로 열심히 하고 즐거움을 찾는다면 병영생활에서도 흥미를 찾을 수 있다. 어떤 상황에서도 즐거움이나 재미는 반드시 찾을 수 있다.

나무를 관찰해보기 바란다. 나무는 평생 한곳에서 자신의 운명을 개척해야 한다. 스스로 자라 잎과 열매를 맺고 낙엽을 썩게 함으로써 영양분을 얻는다. 나무에는 환경을 극복하며 살아가는 지혜가 있다. 하물며 만물의 영장인 인간이랴?

인간의 운명을 시시포스에 비유한다. 시시포스는 그리스 신화에 나오는 인물로, 신의 노여움을 받아 영원히 언덕 위로 바위를 밀어 올리는 형벌에 처해졌다. 힘들게 바위를 언덕 위로 올리면 바위 스스로 아래로 굴러 내린다. 그러면 시시포스는 아래로 내려가서 그 바위를 또 언덕 위로 올린다. 무의미한 일을 반복하는 것은 참기 어려운 일이며 불행한 일이다. 이것은 인생이 얼마나 부조리한 것인지를 나타낸다.

하지만 알베르 카뮈와 사무엘 베케트는 시시포스가 행복했을 수 있다고 주장했다. 시시포스가 부조리한 환경에 있었지만 다른 가능성을 찾을 수 있었기 때문이라는 것이다.

시시포스는 신들이 명령한 것이 무엇이든 그것을 이익으로 전환시킬지 혹은 모든 활동 자체를 보상으로 삼을지를 알았다는 것이다. 그래서 부조리한 일을 하면서도 행복해했다. 물론 이따금 투덜댔다. 바위가 덜 울퉁불퉁했더라면, 언덕이 덜 가팔랐더라면 얼마나 좋을까. 그에게는 감사할 것도 많았다.

그가 받은 선고에는 특정한 길로만 가야 한다는 말은 없었으니 무한히 많은 통로를 낼 수 있다. 바위가 스스로 굴러 내려갈 정도가 될 때 다른 동작을 하지 못하게 금지당한 것도 아니다. 또 바위를 올리다가 견디기 힘들면 발을 헛디디거나 바위를 놓친 것처럼 거짓 제스처를 써서 바위가 다시 굴러 내려가게 할 수도 있다. 이 광경을 본 신들은 화를 낼 것이다.

하지만 시시포스는 살짝 웃으면서 거친 손바닥을 내보이면 그만이다. 그는 여러 가지 다른 동작을 취할 수 있다. 앞길이 막힌 척하고 바위에 등을 대고는 더 힘껏 밀어보려는 시늉을 하기도 하고 갑자기 힘을 짜내어 바위를 떠밀고, 고함을 지르며 미친 듯이 돌진하여 단번에 꼭대기까지 밀고 올라갈 수도 있다.

바위를 언덕 위에 올리고 잠시나마 해방감을 느끼기도 한다. 바위가 언덕 아래로 굴러갔다고 덩달아 내려갈 필요는 없다. 그는 지그재그 길을 따라 자기 맘대로 태평하게 걸어 내려간다. 신들은 시시포스가 변화 없는 일을 하여 고통을 받게 하려고 이런 형벌을 주었지만 시시포스는 무한히 다양하게 행동할 수 있다.

또 바위를 관찰함으로써 흥미를 얻을 수 있다. 그의 손이 바위의 모든 울퉁불퉁한 모습을 알게 되면서 바위를 더 잘 다룰 수 있게 된다. 바위와 친밀한 관계를 맺을 수도 있다. 그는 이 모든 부조리와 싸워서 행복하게 살아갈 수 있다.

우리도 시지포스와 같은 악조건에 직면할지라도 이런 방식으로 도전해 볼 필요가 있지 않은가? 주어진 환경에서 자신의 지혜와 의지를 활용하면 현실을 타개할 길이 보인다. 때로는 한 발 물러서서 인생을 다른 각도에서 바라보고 나아가야 할 길을 새로 찾는 것이 필요하다. 어떤 악조건에서도 가능성을 찾아내야 활로가 보인다.

♥ **행복코칭**

인생은 새끼줄을 뒤얽은 것과 같이 역경과 순경이 교대로 찾아온다. 그러므로 결코 절망해서는 안 된다. 아침이 찾아오지 않는 밤은 없다. 겨울 뒤에는 반드시 봄이 온다. 역경은 인생에서 반드시 필요하다. 인내와 기다림으로 역경을 극복하는 힘을 기르자. 피할 수 없으면 즐기자. 어떤 상황에서도 재미를 찾을 수 있다.

♥ **행복연습**

1. 과거에 닥쳤던 역경은 무엇이었으며 어떻게 극복했는가? 세 가지만 기록해보자.
2. 군인이라면 군대생활을 유익하고 행복하게 할 방법을 모색해보라.
3. 일 년 간 가족과 떨어져 파견근무를 한다면 그 기간을 어떻게 효과적으로 보낼 것인가?
4. 인도 여행 도중 콜카타 공항에서 비행기가 뜨지 못해 24시간 기다려야 한다면 그 시간을 어떻게 보낼 것인가?

감정을 다스리자

당신의 가슴속에서 분노가 일어나면 즉시 입술을 봉하고 그 분노가 밖으로 표출되지 않도록 하라.
왜냐하면 분노가 그 출구를 발견할 때 그것은 불처럼 스스로 제어할 수 없기 때문이다.
분노의 감정은 불이며, 분노의 말은 그 불을 타오르도록 부채질하는 바람과 같아서
서로 충돌함으로써 불이 붙게 하는 철과 부싯돌 같다. – J. 테일러

부정적인 감정이 운명과 행복의 볼모

이성과 감정이 우리 행동을 이끈다. 그중에서도 감정이 더욱 강력한 영향력을 행사한다. 감정에는 긍정적인 감정과 부정적인 감정이 있다. 행복, 감사, 기쁨, 평화, 사랑, 소망, 믿음, 명랑 등은 긍정적인 감정이다. 후회, 걱정, 죄책감, 분노, 두려움, 실망, 의심, 의기소침, 자기연민 등은 부정적인 감정이다.

우리 마음이 부정적인 감정으로 가득 차면 행복에 내어줄 공간이 없다. 그러므로 부정적인 감정을 내보내고 더 자유로워지고 가벼워질 필요가 있다. 우리는 마음집의 내부를 늘 청소해야 한다. 그곳에 평화와 행복을 위한

공간을 마련해야 한다. 부정적인 감정과 긍정적인 감정을 동시에 지닐 수는 없다. 자유와 죄책감을 동시에 지닐 수 없고, 행복하면서 동시에 슬플 수 없고, 평화와 분노를 동시에 갖기는 어렵다. 그러므로 한쪽을 내어놓을 수밖에 없다. 부정적인 감정을 다 내놓자.

KBS 텔레비전 아침마당에서 '목요특강'을 한 김해영 국제사회복지사는 태어나자마자 아버지가 술김에 내던지는 바람에 키가 자라지 못하는 장애인이 되었다. 이런 장애를 극복하고 국제사회복지사가 되었다.

그녀는 소녀시절 장애인으로 살기가 너무 힘들었다. 그런데 16세 때에 마음속에서 억울한 것, 부정적인 것, 타성에 젖은 것 등 부정적인 감정을 하나하나 빼내기 시작했다. 그리고 그 자리에 성실한 것과 정직한 것, 선한 것을 채웠다. 그랬더니 태도도 달라지고 하는 일도 달라졌다. 전국장애인기능대회에서 우승했고 1985년에는 세계장애인대회에서 우승했다. 철탑훈장도 받았다. 그리고 독학으로 1년 만에 검정고시에 합격하였다. 아프리카 보츠와나에 가서 14년 동안 청소년을 지도하였고, 지금은 미국에서 공부를 하고 있다. 공부가 끝나면 다시 아프리카로 가겠단다. 그녀는 "자기를 용서하면 미래가 보인다"라고 말했다. 그녀는 스스로 부정적인 감정을 다스렸기 때문에 성공할 수 있었다.

자신의 감정이 어떻게 변하는지 감정일지를 써보자. 온갖 다른 감정 사이에서 마음이 요동치는 것을 느낄 것이다. 각각의 감정이 어떻게 여러분의 기분에 영향을 주는지 주시하자. 기분 좋게 하는 감정은 기르고 그렇지 못한 것은 과감히 내어놓자.

여러분이 작은 일에도 걱정하는 편이라면 그것을 과감히 내려놓아야 한다. 걱정을 그만두면 된다. 만약 다른 사람을 비판하기를 좋아한다면 그런 습성도 내어놓자. 후회감도 내어놓자. 더는 필요 없는 모든 감정을 내어놓자. 그래야 진정한 해방감을 맛본다.

우리는 인간이기에 희로애락 등의 감정을 지니고 살아간다. 그런데 어떤 감정을 가졌는가가 문제가 아니라 감정을 어떻게 다루느냐가 문제이다. 노력에 따라 감정을 통제할 수 있다. 감정의 노예가 되면 불행하게 살 수밖에 없다. 인생은 자신을 얼마나 기분 좋은 상태로 만드느냐에 따라 매우 달라진다.

걱정 근심 다스리기

부정적인 감정 중 가장 강력한 세력은 걱정 근심이다. 주위에 바람이 항상 불듯 우리 삶에도 늘 닥치는 것이 걱정 근심이다.

우리는 마음의 평형이 조금만 깨져도 걱정 근심하게 된다. 세상에는 쓸데없이 걱정 근심하는 사람이 많다. 걱정 근심이 습관이 된 사람도 있다. 이렇게 만성적으로 걱정 근심하는 사람은 사막의 모래 폭풍 속을 여행하는 사람처럼 정력을 낭비할 뿐이다.

우리에게 닥치는 근심, 걱정, 공포는 대부분 비현실적임을 이해해야 한다. 즉 발생 가능성이 거의 없다. 그럼에도 일어나지 않는 것에 미리 근심한다.

근심에 대처하는 방법은 쓸데없는 걱정을 떨쳐버리는 것이다. 마음을 기뻠과 평안으로 늘 채우는 것이다. 쉽지는 않지만 불가능하지도 않다.

걱정거리

－엘리자베스 브라우닝

내 마음 애태우던 작은 걱정거리를
나는 요즘 떨쳐버렸습니다.
망망한 대해 가운데에서
일렁이는 바람결 속에서
짐승들의 울음소리
나뭇잎 스치는 바람소리
새들의 노래
붕붕대는 벌들의 노래 속에서,

내일의 쓸데없는 모든 두려움을
나는 멀리멀리 던져버렸습니다.
클로버 향기 휘날리는 풀밭 사이로
새로 벤 꼴풀 사이로
벗겨 놓은 옥수수 껍질 사이로
나른한 양귀비 꾸벅꾸벅 졸고 있고
나쁜 생각 사라지고 좋은 생각 떠오르는
하나님과 함께하는 푸른 들녘으로.

분노 다스리기

다스리기 가장 어려운 부정적 감정은 분노, 곧 화이다. 분노를 다스리는 사람은 가히 영웅이라고 할 수 있다. "노하기를 더디 하는 사람은 용사보다 낫고, 자기 마음을 다스리는 사람은 성을 점령한 사람보다 낫다"(잠언 16:32)라고 성서는 말씀하고 있다. 아이젠하워는 중학교 시절 교회학교 선생님에게서 위의 성서 말씀을 듣고 평생 그 말씀대로 살아 제2차 세계대전의 연합군 총사령관이 되어 전쟁을 승리로 이끌었고, 대학총장도 되었고, 미국 대통령을 두 차례 연임한 위인이 되었다.

그런데 위의 구절과 대조되는 말씀이 있다. "자기의 기분을 자제하지 못하는 사람은, 성이 무너져 성벽이 없는 것과 같다"(잠언 25:26)는 말씀이다. 달리 표현한다면 분노를 제어하지 못하는 사람은 마치 홍수가 나서 저수지 둑이 무너지는 것과도 같다고 할 수 있다.

분노를 제어하지 못해서 저지른 단 한 가지 행위가 여태껏 쌓아올린 인생을 한꺼번에 와르르 무너뜨릴 수 있다. 그러면 그의 행복은 영원히 사라진다. 보약은 많이 먹어야 건강해지지만 사약은 단 한 번만 먹어도 생명을 잃는다. 분노를 제압하는 것은 인격 훈련이요, 일생의 과제임을 깨닫고 평소에 이를 위한 훈련을 하여야 한다.

우리나라는 가히 '분노공화국'이라고 할 수 있다. 얼굴을 보면 남녀노소 할 것 없이 화가 나 있다. 툭 치면 폭발할 것 같다. 점점 급해지고 화를 참지 못하는 것이 오늘날 한국인의 특성이다. 욱하는 성질을 이기지 못하여 사고를 저지르고 일생을 망치는 경우가 얼마나 많은가? 분노의 결과가 가져오는 육체상, 정신상의 해악을 알아야 한다. 분노야말로 정말 지혜롭게 다루어야 할 감정이다.

한 천주교 신부가 어릴 적에 겪은 일을 신문에 이렇게 적었다. 아버지는 다정다감한 분이었는데 화가 나면 자녀에게 엄벌을 주곤 했다. 그래서 아버지가 화가 났다고 하면 자녀들은 이유를 불문하고 무조건 도망을 갔다. 그 신부도 맨발로 담벼락을 훌쩍 뛰어넘어 줄행랑을 친 적도 여러 번 있었다. 그런데 시간이 조금 흐른 후 집에 들어가면 아버지는 언제 그랬느냐 싶게 침착해져 있었다.

소나기를 피하듯이 화난 순간만 피하면 화가 수그러지기 마련이다. 짧은 시간이 문제를 쉽게 해결해주는 것이다. 그러니 화가 나는 순간을 잘 참아야 한다.

성 바울은 분노에 대해 이렇게 말씀을 했다. "화를 내더라도, 죄를 짓는 데까지 이르지 않도록 하라. 해가 지도록 노여움을 품고 있지 말라."(에베소서 4:26) 사람은 분노하지 않을 수 없다. 하지만 감정을 다스려야 한다. 그리고 될 수 있는 한 빨리 풀어야 한다. 부부싸움을 할 수는 있다. 하지만 해가 지기 전까지는 악감정을 풀어야 한다는 말씀이다.

'화'를 주제로 책을 쓴 베트남의 틱낫한 스님은 "행복한 인생을 꿈꾼다면 화부터 다스리라"라고 충고했다.

우리는 예외 없이 분노하며 살아간다. 화를 내는 것은 자연스럽다. 하지만 화를 낸다고 감정이 풀어질까? 화가 풀어지는 방법은 다양하다. 시간이 지나면 수그러진다. 화가 나면 처음에 무조건 5초만 참는다. 그래도 수그러지지 않으면 30초를 참는다. 시간이 흐르면 마음이 침착해진다.

화를 다스리는 다른 방법은 왜 자신이 화를 내는지 냉정하게 분석하는 것이다. 화내는 이유를 발견하면 화를 제어할 수 있다. 그리고 화내는 자신을 잘 달래보자. 틱낫한 스님은 "화가 풀리면 인생이 풀린다"라고 했다.

기분이 좋지 않을 때 선택할 대안

아무리 명랑한 사람이라도 울적해질 때가 있다. 피곤하면 만사가 귀찮다. 하지만 어떤 경우라도 기분을 다스리는 사람은 매우 효과적인 사람이다. 자주 기분이 우울해지고 헛되이 보내는 시간이 많아지면 건강진단을 받아야 한다. 육체적인 상태와 기분은 밀접한 관계가 있기 때문이다.

자신의 에너지와 기분 상태를 자세히 파악해야 한다. 하루 중 기분은 언제가 최고이며 언제가 최저인가. 자신의 정력을 주기적으로 파악한다면 시기에 따라 행동을 조절할 수 있다. 기분이 나쁠 때는 결코 중요한 대화나 결정을 하지 말아야 한다. 이런 경우는 보통 때와 다른 행동을 하여 기분을 전환한다.

큰 과제를 성취한 후에 성취감보다는 허탈감이 몰려올 때가 있다. 이럴 경우 친구들을 초대하여 함께 즐겨보자. 그러고 나서 곧 새로운 과제를 정하여 몰두하는 것이다. 기분이 나쁠 때 격렬하게 운동하면 감정 상태를 바꿀 수 있다. 신체의 움직임이 감정을 지배하기 때문이다. 운동은 행복으로 가는 중요한 전략이다. 일만 하고 휴식하지 못할 때 기분이 나빠질 수 있다. 이런 경우, 반드시 휴식하거나 휴가를 가야 한다.

다른 사람에게 비난의 말을 듣고 기분이 나빠지는 일도 많다. 상대편은 대수롭지 않게 생각하고 말했는데 나는 마음의 상처를 받는 경우도 있다. 이에 대한 대응책은 무엇인가? 상대방 입장에서 생각해보고 이해하려고 노력하고 참는 것이다. 다음 시를 음미해보자.

웃어버려라

경쟁에서 이기지 못했니?
웃어버려.
권리를 무시당했니?
웃어버려.

사소한 비극에 사로잡히지 마.
총으로 나비를 잡지 마.
웃어버려.

일이 잘 안 풀리니?
웃어버려.
궁지에 몰렸다고 생각하니?
웃어버려.

너에게 무슨 일이 일어나든

웃음 이상의 해결책은 없어.

웃어버려.

― 헨리 루더포드 엘리엇, 《딸아, 외로울 때는 시를 읽으렴》에서

♥ **행복코칭**

행복하기 위해 행복한 경험을 늘려가는 것도 중요하지만 행복의 발목을 잡는 부정적인 감정도 다스려야 한다. 부정적인 감정 중에 가장 강력한 것은 근심 걱정과 분노이다. 그런 것을 밖으로 내놓아야 한다. 그리고 선한 감정을 그 자리에 채워야 한다. 감정을 다스리는 기술을 배워야 행복해지고 인생의 파탄을 막을 수 있다.

♥ **행복연습**

1. 부정적인 감정의 이름을 열거해보자.
2. 염려 근심을 줄이는 방법 세 가지를 찾아보자.
3. 분노를 다스리는 방법 세 가지를 찾아보자.
4. 기분 전환할 수 있는 방법 세 가지를 찾아보자.

선행을 하자

할 수 있는 모든 선행을 다하라. 가능한 모든 수단을 다하여 할 수 있는 모든 방법으로, 가능한 모든 장소에서, 할 수 있는 모든 때에, 가능한 모든 사람에게 당신이 그렇게 할 수 있는 한. - 존 웨슬리

다른 사람을 행복하게 하기 위해 태어났다

행복에도 수준과 등급이 있다. 가장 행복한 것은 남을 행복하게 만드는 것이다. 가진 것으로 다른 사람을 행복하게 할 수만 있다면 지속적으로 깊은 행복을 맛볼 수 있다. 행복하기 위해 세상에 태어났지만 또한 다른 사람을 행복하게 하기 위해 세상에 태어났다. 우리는 서로 돕고 사랑하면서 살아야 하기 때문이다.

모든 종교는 사랑과 선행을 적극적으로 실천하라고 말한다. 선택은 각자의 몫이다. 선행은 우리를 기쁘게 하고, 목적의식을 심어주며, 창조성을 자극하고, 다른 사람들과의 유대감을 높여준다.

선은 그 안에 보상을 담고 있다. 우리는 다른 사람을 돕지만 사실은 우리

자신을 돕는 것이다. 위인들은 다른 사람에게 선을 행하고 사랑함으로써 큰 기쁨과 행복을 체험한 사람들이다. 봉사와 사랑이 가져오는 축복은 아주 커서 왜 그런 결과가 나오는지 신기할 정도이다. 탈무드에는 "선의는 우주에서 가장 강력하고 실제적인 힘이다"라고 기록되어 있다.

다른 사람에게 선을 행하는 것은 모두에게 주어진 신성한 의무다. 성서에는 "사람이 해야 할 선한 일이 무엇인지 알면서도 하지 않으면, 그것은 그에게 죄가 된다"(야고보서 4:17)라고 되어 있다.

다른 사람을 도우면 기분이 좋아진다. 여러분이 남을 도울 때를 상기해 보라. 자신이 이런 맛에 살아간다고 거룩한 보람을 느낄 것이다. 베푸는 사람에게는 대수롭지 않은 일이라도 그것을 받는 사람에게는 감동을 준다.

불행히도 우리는 여유가 전혀 없어 보인다. 이것저것 하다보면 남을 도울 시간과 재물이 없어 보인다. 하지만 돕는 것에 중요한 가치를 두지 않거나, 선행이 자기 성장과 발전에 중요한 부분이라고 생각하지 않는다면 결코 다른 사람에게 관심과 사랑을 베풀 수 없다. 또 다른 사람에게 행복을 나누어주는 것을 손해나 희생이라고 생각하면 선행할 수 없다. 오히려 선행은 아무나 소유할 수 없는 위대한 특권이라고 생각하는 편이 훨씬 낫다.

어떤 사람은 돈을 더 많이 버는 것과 매일 5시간씩 텔레비전을 시청하는 것과 좋은 음식점에서 외식하는 것이 행복하게 해줄 것이라고 생각한다. 그리고 남녀 교제에서, 학위를 얻는 것에서, 많은 저축에서, 오락장에서 행복을 구하려고 한다. 이 모든 것을 나쁘다고는 할 수 없다. 그러나 그것에 한정되면 진정한 행복에 도달할 수 없다.

위에 나열한 것들은 어느 정도 행복감을 주지만, 이런 것들은 언제나

'조금 더'를 외친다. 즉 만족할 수 없다. 다시 강조하지만 전적으로 자신의 행복에만 빠져 있다면 결코 진정한 행복을 얻을 수 없다.

선행을 적극적으로 하자

우리나라의 기부문화는 매우 취약하다. 미국이나 영국 국민이 내는 기부금의 10분의 1에도 미치지 못한다. 서양은 기독교의 영향을 받아 자연스럽게 선행을 하는 데 반하여 우리는 유교문화의 영향으로 남에게 베푸는 행위가 인색하기 그지없다. 자기와 자신의 가문만 중시하고 그 테두리를 여간해서 넘지 못한다.

간혹 결혼식이나 회갑 등을 약소하게 하고 보람된 일에 기부하는 사람들이 있다. 대학선배는 CEO인데 외국여행을 할 때 1등석을 탈 수 있는데도 3등석에 타고 그 차액을 미망인 돕는 데 기부한다.

제대로 피어나지도 못하고 시드는 불우한 환경에 있는 어린이나 가정을 돕는 선행을 한다면 이 사회가 얼마나 따뜻해질까? 물론 힘들게 일군 재산을 남을 위해 아낌없이 내놓는 고귀한 마음을 가진 사람도 많다. 얼굴 없는 천사들의 선행도 많다.

만석지기 최부자 가문은 1대 최진립(1568~1636)에서 재산을 사회에 희사한 12대 최준(1884~1973)까지를 말한다. 그의 땅은 위로 영덕에서 아래로 울주까지 100리에 이르렀다. 최부자에게는 '부자 3대 가기 어렵다'는 말이 해당되지 않는다. 300여 년을 이어간 부의 비결이 무엇일까? 최부자

가문에는 독특한 가훈이 있다.

예를 들면 "주변 100리 안에 굶어 죽는 사람이 없게 하라"라는 가훈이다. 소작농이 어려우면 인심을 베풀어 덕을 쌓으라는 것이다. 그래서 다른 부자들과 달리 임진왜란 등 혼란기에도 방화나 약탈을 당하지 않았다. 최 부자는 자기 집에 오는 사람은 신분 고하를 막론하고 일일이 독상을 차려 대접했다.

"과거는 보되 진사 이상의 벼슬을 하지 말라"라는 가훈도 있다. 공부를 하되 부와 권력을 동시에 누려서는 안 된다는 교훈이다. 또 "흉년에 땅을 늘리지 말라"라고 훈계해 정당한 부를 강조했다. 12대 최준은 광복 직후인 1947년 농토를 제외한 전 재산을 영남대에 기부했다. 농토는 토지개혁으로 대부분 경작자에게 돌아갔고 고택은 영남대로 귀속됐다.

"며느리에게 3년 동안 무명옷을 입히라"라는 가훈도 새겨야 할 가치가 있다. 이런 지시를 한 이유는 성공해도 담담하게 행동하고 실패해도 태연히 행동하라는 뜻이다. 최부자는 400년 전에 이미 노블레스 오블리주를 실천했다. 이 정신은 오늘날 더욱 필요한 상생전략이다.

미국의 거부 록펠러의 이야기다. 그는 53세에 세계 최고의 부자가 되었지만 행복하지 않았다. 55세에 불치병에 걸려 1년 이상 살지 못한다는 의사의 선고를 받았다. 마지막 검진을 받기 위해 휠체어를 타고 가는 길에 병원 로비에 있는 액자가 눈에 들어왔다. "주는 자가 받는 자보다 복이 있다." 그 글을 보는 순간 마음이 요란하게 흔들렸고 눈물이 났다.

조금 후 시끄러운 소리에 정신을 차렸는데, 들어보니 입원비 문제로 환자 가족이 병원 측과 다투는 소리였다. 병원 측은 병원비를 내지 않으면 입원을 할 수 없다고 하고, 환자의 어머니는 입원하게 해달라고 울면서 호소하고 있었다. 록펠러는 비서를 시켜 아무도 모르게 병원비를 지불했다.

얼마 후 록펠러가 도운 소녀 환자는 말끔히 회복되었다. 록펠러는 회고록에서 그때 일을 이렇게 기록했다. "나는 살면서 이렇게 행복한 삶이 있는 줄 몰랐다." 그 후로 그는 나누는 삶을 살았고, 신기하게도 병이 나았다. 그는 98세까지 장수하면서 선한 일에 많은 돈을 투자했다.

세계적으로 부자는 다른 사람들보다 4~7년 오래 산다고 한다. 특히 부자 중에서도 좋은 일을 하는 사람은 더 오래 산다고 한다. 그러니 부유한 자는 자신이 가진 재물로 더욱 선행에 힘쓸 필요가 있다.

삶의 의미를 잃어가는 혹은 지친 현대인에게 선행은 진정한 삶의 가치와 소중함을 일깨워주는 치료제와 같다. 선행은 작은 수고로 스스로 행복을 얻는 것이다.

일일일선(一日一善)

우리는 본래 선량한 마음을 지녔다. 우리 민족의 정과 의리는 외국에서도 알아줄 정도이다. 그러나 산업사회에 진입하면서부터 많이 피폐해졌다. 성격이 조급해졌고 자기의 행복만 추구하는 이기주의자가 많이 생겼다. 범죄 수법이 잔인해졌고 청소년 범죄가 늘었으며 악의 프로들이 많이 생겼다.

이런 상황에서 어떻게 편안하고 살기 좋은 곳으로 만들 수 있을까? 일일일선(一日一善)을 실천하자. 하루에 착한 일 한 가지 실천하기는 목표가 구체적이고 단순해서 마음만 먹으면 할 수 있다.

  돈과 시간을 들이지 않더라도 관심만 가지면 얼마든지 남을 도울 수 있다. 남을 돕는 것이 나를 돕는 것이고, 남에게 해를 끼치거나 무관심하게 대하는 것은 결국 나를 해치는 행위임을 자각해야 한다. 불우한 사람을 돕는 것은 우리의 고귀한 임무다. 구제행위는 우리에게 좋은 기분을 선사한다.

  모든 사람에게 선을 베풀 수는 없다. 하지만 주위를 살펴보면 선행할 여지가 많다. 다른 사람에게 행복을 줄 일이 없는지 열심히 찾아보자.

  누구에게든 친절하게 대하자. 친절은 타인에 대한 호의 어린 관심이다. 친절은 무조건 베풀어야 한다. 타인이 요구하지 않아도, 타인이 친절을 누릴 자격이 있는지 알지 못하더라도, 상대의 정체를 모르더라도 친절해야 한다. 그저 상대도 나와 같은 인간이라는 이유만으로 말이다. 친절은 선물이다.

  친절을 연습해볼 기회는 다양하다. 파티나 모임에서 혼자 겉도는 사람에게 '잘 지내?', '괜찮아요?' 라는 말로 운을 띄워보자. 혼자 사는 이웃 노인에게 몇 마디라도 건네자. 걸인에게 적은 돈이라도 주면서 미소를 지어 보자. 갑자기 성자가 될 필요는 없다. 이렇게 연습하는 목적은 천국에 가는 것도, 다른 사람에게 칭찬을 듣는 것도 아니다. 더 기분 좋게 지내기 위해서, 세상을 친절한 곳으로 바꾸기 위해서이다.

  관대함은 '베풂의 미덕' 이다. 관대함은 물질에 매이지 않는 태도를 기를 수 있게 한다. 일상생활에서 관대함은 타인이 기대하지 않았거나 요구하지 않은 작은 것이나 큰 것을 주는 태도다.

여러 가지 선한 행위, 즉 사랑, 희생, 봉사, 선행, 헌금, 구호, 기부, 친절 등은 모두 주는 행위이다. 우리는 위대한 것만 생각하고 작은 일은 지나치는 경향이 있다. 하지만 큰일과 작은 일의 본질은 같다.

♥ **행복코칭**

다른 사람에게 선을 행하는 것은 선한 의무이다. 다른 사람을 도우면 기분이 좋아진다. 선행으로 행복도 건강도 얻을 수 있다. 하루에 한 가지 이상 착한 일을 해보자. 기회 있는 대로 선행을 하자.

♥ **행복연습**

1. 친절한 말로 상대방을 즐겁게 하자.
2. 다른 사람에게 구체적으로 도움을 주자.
3. 수입의 1%를 사회복지기관에 기부하자.

100세 인생을 위한 행복전략

어떤 경우에도 준비를 철저히 하고 있으면 결코 걱정할 것 없다. - 서경

100세의 인생설계

예전에는 오래 사는 것이 꿈이었다. 그런데 그 꿈이 이루어졌다. 과거와는 다른 꿈을 꾸어야 한다. 건강하게 오래 살고, 질적으로 나은 삶을 꿈꿔야 한다. 전혀 다른 사회가 되었기 때문에 인생설계도 조부모 시대와 전혀 다르게 해야 한다.

유비무환(有備無患)이라고 했다. 준비하는 자에게는 환난이 피해간다. 노후를 철저히 대비하고 계획을 세워야 한다. 100세까지 산다고 가정하고 인생설계를 해야 한다. 다음에서는 100세까지 행복하게 살아갈 전략 10가지를 설명한다.

1. 기다려지는 노후에 대한 꿈을 품자.

우리나라 중장년층은 은퇴나 노후를 두려워하는 데 반하여 선진국에서는 은퇴 후를 '황금나이'라고 한다. 왜 그럴까? 사회보장제도가 잘되어 있기 때문이다. 돈 걱정이 없으니 인생을 즐길 수 있다. 은퇴 후에 대학에 다니거나 자격증을 취득해서 제2의 인생을 시작하는 사람도 많다. 반면에 우리는 노후 준비 상황이 매우 취약하다. 그렇더라도 노후생활에 대한 좋은 꿈을 꾸기 바란다. 노후가 더 행복할 수 있다고 믿자.

행복한 노후의 유형을 ① 재정이 충분해 부부가 여행과 취미를 즐기는 유형, ② 자원봉사로 재능과 경험을 사회에 환원하는 유형, ③ 자신의 일이 있으면서 여유도 즐기는 유형, ④ 자기 일에 계속 몰두하는 유형 등으로 구분해볼 수 있다. 어떤 유형이든 행복을 느끼는 일이면 좋다. 다만 은퇴(隱退)가 아닌 은퇴(銀退)가 되도록 꿈을 품고 준비하자.

2. 현실을 올바로 인식하자.

한 일간지의 조사에 따르면 은퇴 후를 생각해본 적은 있지만 계획은 세우지 못한 사람이 가장 많았고, 은퇴 후를 아예 생각해본 적이 없다는 사람도 상당수였다. 60세라면 30년을 먹고살 준비를 해야 한다. 30~40대는 그들의 부모를 봉양할 수 없다. 하고 싶어도 불가능하다. 자기만의 은퇴설계를 하지 않으면 노후가 불안할 수밖에 없다. 절반 이상이 은퇴 후 어려움을 예상한다고 답했다.

낮은 저축률과 은퇴 준비 부족은 지나치게 높은 부동산 가격과 자녀 교육에 대한 희생 때문에 생겨난다. 이런 현실을 의식해야 한다. 그래야 방향을 정할 수 있다.

3. 은퇴에 대해 적극적인 태도로 정확한 지식을 얻자.

미래는 왜 불안한가? 미래를 모르기 때문이다. 미래에 대해 효과적으로 준비하지 못하기 때문이다. 100세까지 건강하게 산다는 목표를 정하고, 그 목표를 달성하려면 어떻게 해야 하는지 알아보자. 은퇴에 관한 책을 읽고 강의도 듣자. 은퇴에 대한 정확한 지식을 갖자.

4. 핵심은 '계획'이다.

계획을 세워도 모두 이루어진다는 보장은 없다. 그래도 계획하지 않는 것보다 계획하는 것이 훨씬 낫다. 계획하는 사람이 그렇지 않은 사람보다 훨씬 풍요롭게 살 수 있다. '그냥 살다보면 어떻게 되겠지' 하며 막연하게 생각하면 안 된다.

준비되지 않은 노후는 재앙이다. 사회보장이나 자녀와 가족의 도움도 필요하지만 자신의 미래는 자신이 준비하는 것이 가장 확실하다. 노후를 풍요롭게 할 조건은 많다. 노후에는 돈이 있어야 하고, 건강해야 하고, 즐겁게 살아야 한다. 이 밖에도 치밀하게 계획해야 할 사항이 여럿 있다. 자랑스러운 장수가 준비 소홀로 비참해져서는 안 된다.

5. 기본욕구를 충족하기 위한 준비를 하자.

노후의 기본욕구는 노후 자금 마련, 건강유지, 일하려는 욕구, 평안한 가정생활, 문화 욕구 등이다. 노후에도 품위를 유지하려면 이러한 조건이 충족돼야 한다.

'노년의 무전'이 가장 불행하다고 한다. 성공적인 노후 생활의 핵심 열쇠는 바로 재정설계이다. 현재 재무상황을 검토하고 균형 잡힌 자산관리로 노후 자금을 충분히 마련해야 한다.

은퇴 후 현재 원하는 만큼의 생활비로 살 경우 평균 75.5세에 돈이 바닥난다는 연구결과가 있다. 100세까지 산다면 24년은 무일푼이라는 이야기다. 그러므로 은퇴 준비 자산은 일찍 그리고 치밀하게 준비해야 한다.

노년에는 건강을 유지해야 한다. 오래 살더라도 아프게 지낸다면 행복하지 않다. 건강하지 못하면 의료비가 많이 지출된다. 그리고 부부가 함께 건강해야 좋다. 노년에 적당한 일이 있는 것이 바람직하다. 일하면 수입이 생기지만, 그 밖에도 일하는 재미, 무료함 극복, 다른 사람들과 어울림 등의 효과가 있다. 일은 인생의 가치와 보람을 준다.

노년에는 가족이 큰 힘이 된다. 특히 배우자와 좋은 관계는 돈으로 환산할 수 없는 가치가 있다. 가족뿐 아니라 다른 사람과의 관계망도 적극적으로 넓힐 필요가 있다. 노년에도 삶을 즐기기 위한 문화가 필요하다. 취미, 새로운 배움, 새로운 만남 등의 문화생활이 필요하다. 또 어디서 살고, 어떤 일을 하고, 어떤 공동체에 속할지도 생각해야 한다. 이런 기본욕구를 적당히 충족시켜야 노후생활을 행복하게 할 수 있다.

6. 하고 싶은 일의 목록을 작성하자.

노후에도 다양한 꿈과 계획을 세워 도전할 수 있다. 한 분야에서 쌓아온 지식과 경험을 살리면 노후에도 당당하게 살 수 있다. 정년퇴직 후의 기간을 3단계로 구분해서 준비하면 더 구체적으로 계획할 수 있다.

청년노인(65~74세)에게는 일, 중년노인(75~84세)에게는 건강과 안정적 소득, 노년노인(85세 이상)에게는 정서적 고립감 극복이 가장 중요하다. 은퇴 후에 하고 싶은 일 30가지 목록을 작성해보자. 그러면 목표의식이 뚜렷해지고 삶의 보람도 커진다.

지난날 하고 싶었던 일들을 차분히 생각해본다. 공부, 여행, 봉사활동, 저술 등을 생각해본다. 실천계획을 세워 한 가지씩 실현한다. 동지를 찾아 함께 노력하는 것도 좋다.

7. 인간관계를 향상하자.

은퇴 후에는 인간관계가 미약해질 가능성이 크다. 직장에서도 떠나고 가족도 떨어져 살기 때문이다. 전문가들은 은퇴 후 재정 못지않게 중요한 것이 인간관계라고 한다. 그러므로 '인간관계'에 대한 준비를 해야 한다. 젊어서부터 배우자와 자녀들과 대화를 많이 하고 좋은 관계를 맺어야 한다. 그러면 노후가 따뜻해진다. 특히 남자는 관계 맺는 기술이 매우 취약해 노후에 어려움을 겪는다.

성공적인 노후는 가족에게 어떻게 기억되느냐에 달려 있다고 한다. 가정생활을 행복하게 하면서 좋은 추억거리를 만들어내야 한다. 가족 여행과 놀이 등의 기회를 많이 만들자.

인간관계를 수평적으로 바꿀 필요가 있다. 서로가 서로에게 친구가 되어야 한다. 한 은퇴전문가는 "동창회, 종교모임, 운동모임, 취미모임, 이웃모임 등 성격이 다른 5개 이상의 모임에 정기적으로 참여하라"라고 조언

한다.

8. 삶의 기술을 배우자.

노후를 위해 익혀야 할 삶의 기술은 다양하다. 요리, 세탁기 돌리기, 화초 기르기, 집에서 농작물 가꾸기, 친구와 손자에게 지갑 열기, 지나간 이야기는 정도껏 하기, 몸이 아프면 가족에게 기대지 말고 간병인에게 맡기기 등 사소한 기술이 많다. 미리 이런 것을 익혀 놓으면 은퇴 후의 삶이 편안해진다.

9. 모험하지 말자.

단기간의 대박을 노리는 것은 위험하다. 감언이설에 넘어가 낯선 곳에 은퇴자금을 투자하면 쪽박 차기 십상이다. 현실에 맞추어 살자. 자기 본업에 충실해야 안전하다. 전혀 해보지 않은 사업에 뛰어들어서는 안 된다. 그리고 과로해서는 안 된다.

10. 미리미리 준비하자.

미리미리 준비하는 것이 불안감을 없애는 가장 좋은 방법이다. 미국에서 젊은이는 취업과 동시에 연금통장을 준비한다. 이렇게 노후 준비는 빠를수록 부담이 작아진다. 건강이나 인간관계, 여가생활, 사회참여 등도 젊었을 때부터 하는 것이 훨씬 낫다. 특히 자녀 교육에 너무 많이 투자하면 노후가 불안해짐을 기억하자.

과거의 수많은 날이 오늘을 만들어냈다. 내일은 수많은 어제와 오늘의 결단에 따라 결정된다. 특히 20대가 중요하다. 그 시기를 어떻게 보내느냐에 따라 인생이 결정되기 때문이다.

♥ 행복코칭

노후에 대해 희망을 갖자. 현재 사정을 점검하자. 은퇴 후의 삶에 관한 정확한 지식을 습득하자. 노후 계획을 균형 있게 세우자. 기본욕구를 충족하기 위해 자금을 마련하자. 앞으로 하고 싶은 일의 목록을 작성하자. 인간관계를 향상하자. 생활 기술을 배우자. 모험하지 말자. 젊어서부터 노후를 준비하자.

♥ 행복연습

노후를 위하여 재무, 건강, 일, 가족관계, 취미에 대한 총체적인 계획을 세워보자. 그리고 한 가지씩 실천하자.

Part 8

♠

다 함께 행복해지는 사회

행복에 대한 환상을 버리자

인생을 변화시키려면 즉시 출발하라. 어떤 예외도 없다. - 윌리엄 제임스

착각 속에서 사는 사람들

정도 차이는 있지만 모두 착각 속에서 살아간다. 착각은 사람을 행복하게 만든다. 착각은 사람을 파멸시키기도 한다.

학생은 성적이 일등이면 행복할 것이라고 생각한다. 청춘남녀는 결혼하면 행복할 것이라고 생각한다. 교수 지망생은 박사학위를 받으면 행복할 것이라고 생각한다. 돈을 많이 벌면 행복할 것이라고 생각한다. 로또에 당첨되면 무지 행복할 것이라고 생각한다. 큰 아파트, 고급 승용차, 명품을 구입하면 행복할 것이라고 생각한다.

외모에 열등감이 있는 사람은 몸매가 아름답고 멋있으면 행복할 것이라고 생각한다. 결혼생활이 불행한 부부는 이혼하는 것이 행복하다고 생각한다. 정치인은 줄을 잘 서면 행복할 것이라고 생각한다. 복지사회가 되어 무

상으로 혜택을 받으면 행복할 것이라고 생각한다.

착각의 종류는 무수히 많다. 이런 것들은 환상일 수 있다. 많은 사람이 착각 속에서 살아가고 있다. 필요한 것은 진정한 행복이 무엇인지 깨닫는 일이다. 행복을 잘못된 곳에서 찾는 사람은 헛수고만 할 뿐이다.

가장 흔한 착각은 돈을 많이 벌어야 행복할 수 있다는 생각이다. 그런데 어느 수준까지 수입이 올라갈 때는 행복하겠지만 수입이 어느 정도 이상 오르더라도 더 행복을 느끼지 못한다.

행복을 느끼지 못하는 일반적인 이유

1. 기본적인 욕구가 충족되지 못할 때
2. 단조로운 삶이 계속될 때
3. 부정적인 환경에서 자랐거나 지극히 불행한 경험이 있을 때
4. 인생은 온통 장밋빛이어야 한다고 낙관할 때
5. 자유의지를 잃고 남의 행동을 모방하거나 남의 지시를 받으며 살 때
6. 거창한 것을 달성해야 행복하다고 생각할 때
7. 제도적으로 부자유스럽고 극심하게 가난하고 고생스럽게 살 때
8. 바라는 것이 외부에서 쉽게 주어질 때
9. 질병이 있거나 정서적·정신적으로 이상증세가 있을 때, 근심 걱정에서 벗어나지 못할 때
10. 사회가 혼란하거나 전쟁 중일 때

한국인이 행복을 느끼지 못하는 이유

외국인들은 우리나라를 부러워하는데 정작 우리는 행복을 느끼지 못한다. 그 이유가 무엇일까?

1. 육체적으로 정신적으로 피곤

우리는 경제성장과 민주화라는 두 마리 토끼를 잡느라고 혼신의 힘을 쏟아왔다. 다른 나라들이 200년에 걸쳐 이룬 경제성장을 우리는 40년 만에 달성하느라 정치가나 국민 모두 무리했다.

그런데 성장은 둔화되어 성취욕구가 좌절되었다. 시간에 쫓기며 살다보니 삶의 균형이 깨지고 삶을 즐길 여유가 없다. 가족을 위한 시간과 자신을 위한 시간을 충분히 내지 못한다.

우리는 대물림한 가난과 불행을 극복하기 위해 수단과 방법을 가리지 않고 열심히 달려왔다. 그 과정에서 여유는 사라지고 피곤에 시달리게 되었다.

2. 황폐해진 심성

근대 이후 불가피하게 감당해야 했던 사회적 변화와 삶의 시련이 우리 안에 난폭함을 심어주었다. 일제강점, 한국전쟁, 쿠데타, 독재정부, 산업화 시대가 남긴 흔적이 적지 않다. 여러 부문에서 발생하는 극단적 이기주의와 도덕 해체가 그 흔적이다.

3. 풍요가 행복은 아니다

우리 경제규모는 40년 전보다 400배 커졌다. 그런데 행복지수는 증가되지 않았다. 물질적 풍요가 행복을 보장하지는 않는다는 것을 몰랐기 때문이다. 물질을 얻을수록 욕망도 늘어난다.

욕망은 결코 충족되지 않는다. 한 가지 욕망이 충족되면 다른 욕망이 생긴다. 간절히 원하는 것을 얻으면 곧 익숙해지고 당연한 것으로 받아들이며 그다음 것을 원하게 된다. 이런 경향은 인간의 삶 모든 분야에서 적용된다. 심리학자들은 이것을 '적응', '습관화', '쾌락주의 쳇바퀴'라고 부른다.

4. 지나친 경쟁의식

경쟁의식은 발전에 자극이 되기도 한다. 하지만 지나친 경쟁의식은 스트레스를 유발한다. '사촌이 땅을 사면 배가 아프다'를 다르게 해석할 수도 있다. 사촌이 땅을 사면 자신이 살 땅이 없어지기 때문이라고 말이다. 우리나라는 인구는 많고 자원은 거의 없으니 생존경쟁이 치열할 수밖에 없다. 해결방법은 있다. 예를 들면 적극적인 국외 진출, 블루오션 창조 등이다.

5. 체면의식

우리의 독특한 체면의식이 행복을 저해한다. 체면 차리기는 일종의 위선이고 부정직이다. 돈이 없어도 있는 척, 아는 것이 없어도 아는 척, 능력과 지위가 없어도 있는 척하며 살면 행복하지 않다. 집도 없으면서 고급 승용차 구입하기, 빚을 내어 큰 아파트 사기, 뼈 빠지게 일하여 자녀 과외 시키기….

허상인 체면을 좇으면 결코 행복할 수 없다. 즉 이상과 현실의 간격이 클수록 행복할 수 없다. 체면의식이 강한 사람은 허풍도 심하고 쓸데없는 자랑도 많다. 그것이 범죄의 표적이 되어 재물이 손실되고 생명을 위협 받는 경우도 있다.

6. 조급증

농경사회에서 산업화 사회로 바뀌면서 자신도 모르게 조급증과 강박증 환자가 되었다. 느긋하게 해도 될 일도 조급하게 하려고 한다. 매사에 쫓긴다. 쫓기는 삶은 행복하지 않다. 조급증 때문에 깊이 생각할 여유를 갖지 못하고 실패나 실수를 많이 한다. 빈발하는 대형사고도 조급증과 무관하지 않다.

7. 스트레스

급격한 사회변화에 따라 스트레스를 받는 일이 지극히 많다. 하지만 스트레스를 적절하게 해소하지 못하고 있다. 우리 국민의 대장암 발병률은 아시아에서 1위, 세계에서 4위이다. 대장암의 주요 원인은 스트레스이다. 스트레스는 만병의 근원이며 사람의 생명을 최대 32년이나 단축시킨다고 한다.

세상을 살면서 스트레스를 받지 않을 수는 없다. 조급증, 승부욕, 일등주의, 과로, 밤일, 무질서한 삶은 악성 스트레스를 불러오는 요인이다. 스트레스를 현명하게 다스려야 행복해진다.

8. 응어리

누구나 마음의 상처를 지니고 있다. 그것을 '한' 이라고 한다. 그런데 한국인은 다른 사람들에게 입은 피해를 오래 기억하며 분한 심정을 좀처럼 풀지 못한다. 부모에게 받은 심적 상처, 배우자에게 받은 마음의 고통, 사회의 냉대 등을 오래오래 기억한다. 이런 요소가 화병을 일으킨다.

특히 여성은 사회적으로나 가정적으로 피해와 불이익을 많이 당해왔다. 억울한 일이 있어도 툭툭 털어버려야 할 텐데 그러질 못한다. 그러니 행복이 깃들 수 없고, 쉽게 병들고, 수명도 단축된다. 타인과 자기를 용서하지 못하면 행복의 문은 열리지 않는다.

9. 훈련되지 않은 삶

우리는 논리적이기보다는 감정적이기 일쑤이다. 계획적이 아니고 즉흥적이다. 현실적이 아니고 비현실적이다. 멀리 내다보지 못하고 발등에 불끄기 식이다. 우리가 훈련해야 할 생활습관이 대단히 많다. 아무리 성공하더라도 삶이 훈련되지 않았다면 성공을 지속할 수 없다.

오늘의 한국을 만든 한국인의 기질로 '냄비근성, 강인함, 활력, 승부근성, 도전정신, 자신감, 대담함, 빨리빨리 문화, 신바람, 악바리 근성, 잡초 근성, 거침, 격정, 난폭함, 떼거리 근성' 등이 있다고 한다.(연합뉴스, 2006. 7. 11) 이 기질들은 긍정적인 것도 있고 부정적인 것도 있다. 하지만 이성과 합리주의에 적합해야 빛이 난다.

행복을 느끼지 못하는 요인을 바로 알기만 해도 개선할 방도를 찾을 수 있다. 부모, 교사, 지도자, 성직자, 사회복지사 등은 그 누구보다도 행복의 달인이 되어야 한다. 왜냐하면 다른 사람에게 영향을 많이 주기 때문이다. 그리고 성인교육, 사회교육, 평생교육에서 '행복'을 가르쳐야 한다.

♥ 행복코칭
행복을 추구한다면서 잘못된 행복을 추구하지는 않는지 생각해보자. 신기루와 같은 행복은 실망만 줄 뿐이다. 행복하지 못한 보편적인 이유를 발견하자. 우리 국민의 행복도가 높아지지 않는 이유를 살펴보자.

♥ 행복연습
위의 글을 읽고 어떻게 해야 개선될지, 그 방안을 기록해보자.

나누고 또 나누자

세상을 이전보다 더 부드럽게, 더 풍요하게, 더 좋게 만드는 선행은 인류의 만족과
정신적인 가치를 형성하는 재료가 된다. - 조앤 치티스터

생각을 전환하자

모든 불행은 이기주의에서 시작된다. 모든 죄악도 이기주의에서 비롯된다. 이기주의를 극복하면 개인도 사회도 행복해질 수 있다. 이기주의를 극복하려면 먼저 다른 사람에게 관심을 갖고 그의 처지를 이해해야 한다.

어린이의 취약점은 자기만을 아는 습성이다. 이기주의를 극복하지 못하면 나이가 들어도 정신적으로는 유아기에 머물게 된다. 이기주의를 탈피하여 다른 사람을 배려하기 시작하면 다른 세계가 보인다.

우리는 함께 살아가고 있다. 다른 사람은 존재 자체로도 큰 복이다. 우리의 행복은 다른 사람에게도 미친다. 나의 행복이 지구의 반대편에 사는 사람에게도 미친다고 생각하자.

반대로 지구 반대편에 사는 사람의 행복이 우리에게도 미친다고 생각하자. 불행도 똑같은 방식으로 생각해볼 필요가 있다. 이 세상에 존재하는 누구나 나의 분신이라고 생각해보자.

우리는 정과 사랑이 많다. 하지만 가족, 일가친척, 친구의 범위를 넘지 못한다. 그것이 문제이다. 우리는 과감히 생각을 바꿔 전 세계가 하나의 식구라고 생각해야 한다. 함께 울고 함께 웃는 태도로 살아야 한다.

우리는 가진 것을 다른 사람과 나누어야 한다. 물질도, 재능도, 지혜도, 건강도 나누어야 한다. 나눔은 나와 다른 사람의 삶을 풍요롭게 한다. 나누면 사회가 밝아지고 세상은 살만한 곳으로 변한다. 나누지 못하는 사람은 나눔으로 인한 손해만 생각한다. 그렇게 생각하면 평생 작은 선행조차 할 수 없다. 부자일지라도 자기 것을 다른 사람과 나누지 못하면 불행한 졸부일 뿐이다.

자기 것을 다른 사람과 나누는 것을 특권으로 생각해야 한다. 누구나 관심만 있으면 가능하다. 자원봉사에 관한 열정이 점점 높아지고 있다. 참으로 다행스럽다.

나눔의 좋은 표본

신약성서 누가복음 10장에 나오는 '착한 사마리아인의 이야기'가 나눔의 좋은 표본이다.

"어떤 사람이 예루살렘에서 여리고로 내려가다가 강도들을 만났다. 강도들이 그 옷을 벗기고 때려서, 거의 죽게 된 채로 내버려두고 갔다. 마침 어떤 제사장이 그 길로 내려가다가 그 사람을 보고 피하여 지나갔다. 이와 같이, 레위 사람도 그곳에 이르러 그 사람을 보고, 피하여 지나갔다. 그러나 어떤 사마리아 사람은 길을 가다가, 그 사람이 있는 곳에 이르러, 그를 보고 측은한 마음이 들어서, 가까이 가서, 그 상처에 올리브기름과 포도주를 붓고, 싸맨 다음에, 자기 짐승에 태워서, 여관으로 데리고 가서 돌보아 주었다. 다음 날, 그는 두 데나리온을 꺼내어서 여관 주인에게 주고, 말하기를 '이 사람을 돌보아주십시오. 비용이 더 들면, 내가 돌아오는 길에 갚겠습니다' 하였다."

위의 이야기에서 어떻게 다른 사람과 나눌지 통찰을 얻을 수 있다.

첫째, 약간의 용기가 필요하다. 착한 사마리아인은 아직 강도가 있을지도 모르는 상황에서 용기를 내어 피해자에게 응급치료를 하고 그를 여관으로 데리고 갔다. 어떤 가치 있는 일을 시작함에는 반드시 용기가 필요하다.

둘째, 사마리아인은 자기가 할 수 있는 일을 하였다. 강도 피해자에게 다가가서 상처를 씻어내고 싸매고 여관으로 데리고 가서 돌보고 노동자의 이틀치 임금에 해당하는 돈을 여관 주인에게 주면서 치료를 부탁했다. 이는 조금만 관심 있으면 누구나 할 수 있다. 그런데 사람들은 자기가 할 수 있는 일도 하지 않고 핑계를 대거나 방관한다.

셋째, 종교, 인종, 이념을 따지지 않고 선행을 베풀었다. 조건이 붙은 선행은 불순하다. 순수한 인류애로 선행해야 한다.

넷째, 사마리아인은 이름을 밝히지 않았다. 이름도 빛도 없이 하는 것이 진정한 선행이다.

기회가 있는 동안 선한 일을 해야 한다. 선한 일을 하다가 실망해서도 안 된다. 왜냐하면 때가 되면 거둔다는 진리를 알기 때문이다.

세상에는 선의 화신이라고 할 만큼 자신의 생명과 재산을 바쳐 헌신하는 사람도 많다. 헬렌 켈러 여사, 슈바이처 박사, 테레사 수녀와 같은 사람이다. 노벨평화상 수상자들은 존경받는 선의 프로라고 할 수 있다. 그들은 세상에 빛과 소망을 주었다. 그런데 그런 일은 아무나 할 수 없다. 위에서 설명한 '착한 사마리아 사람' 수준은 조금만 노력하면 누구나 할 수 있다.

나눔은 다른 사람의 삶과 내 삶을 풍요하게 만드는 비결

고등학교 1학년인 N양은 문경에 있는 한 보육원에서 일주일 간 봉사한 적이 있다. 학생은 보육원 봉사를 마치고 "제가 보육원에 다녀온 후에 비로소 이 세상에 아버지, 어머니가 계시다는 것이 얼마나 큰 행복인가를 알게 되었어요"라고 했다.

학교 폭력을 비롯하여 한국 전체가 폭력으로 얼룩져 있다. 이런 일은 예방하고 수습하기 매우 어려워 보인다. 가정이나 학교교육에 책임이 있다. 가정이나 학교에서는 어린이들이 성공하기만 바라고 가치 있는 삶을 살도록 배려하지 않는다.

학생들은 공부시간이 지나치게 길어 인성교육을 할 시간 여유가 없다. 그래서 정직, 신뢰, 약속, 배려, 봉사, 나눔, 소통, 협동 등을 실천함으로써 체득하는 '사회적 능력'은 OECD 21개 국가 중 20위라고 한다. 좋아하는 마음, 공감, 연민, 지적 호기심, 헌신, 탐구, 개척정신, 자신감 등 감성의 발달을 필요로 하는 '정서적 능력'도 세계 50위 수준이라고 한다. 사회적 능력과 정서적 능력을 키우는 교육이 훌륭한 인성을 길러주고 성적도 높인다고 한다.

서울의 광화문에 있는 어느 교회에서 자기 교회의 중·고등학생들에게 광화문 거리 길바닥에 들러붙은 껌을 떼게 했다. 그랬더니 이런 효과를 거두었다. 길바닥이 깨끗해졌고, 그때 껌을 뗀 학생들은 길거리에 껌을 뱉지 않게 되었다. 봉사, 나눔 등의 경험은 자녀들을 행복하게 하는 좋은 교육이다. 중·고등학교 시절에 봉사한 경험이 있는 학생들은 군대에서 적응도 잘하고 사고도 내지 않는다는 통계도 있다.

필자도 기회가 닿는 대로 나눔의 경험을 한다. 빈민촌에 살 때의 여러 가지 구호활동, 서울과 대전의 방송국에서 3년 넘게 무료 교양강좌 방송, 농어촌에 도서 보내기, 노인요양원에서 음악연주와 교양 강의하기, 지방법원에서 정기적인 이혼상담, 남성합창단원으로 연주활동 등이다. 이런 일은 쉽지는 않지만 성취감과 보람을 선사하고 오래도록 좋은 추억으로 남는다.

누가복음서 6장 38절에 "남에게 주어라. 그리하면 하나님께서도 너희에게 주실 것이니, 되를 누르고 흔들어서, 넘치도록 후하게 되어서, 너희 품에 안겨주실 것이다. 너희가 되질하여주는 그 되로 너희에게 도로 되어서 주실 것이다"라는 말씀이 있다.

우리나라는 이제 풍요한 나라가 되었다. 우리 국민의 마음도 풍요로워져야 한다고 생각한다. 자신의 과거를 돌아보고 남에게 베푼 선한 일의 목록을 작성해보자. 10가지 이상 기록할 수 있다면 가치 있는 삶을 산 것이다.

그렇지 않다면 이기주의의 굴레에서 벗어나지 못한 상태이다. 이제부터라도 남에게 나누어주는 삶을 시작하자.

♥ 행복코칭
이기주의에서 이타주의로 생각을 전환하자. 착한 사마리아인이 보여준 모범을 따르자. 내가 가진 좋은 것을 언제라도 다른 사람과 나누자.

♥ 행복연습
최근 2년간 다른 사람에게 봉사하고 나눈 일을 10가지 이상 기록해보자. 나눔의 즐거운 추억을 상기해보자.

행복공화국의 비전을 품자

눈물을 흘리며 씨를 뿌리는 사람은 기쁨으로 거둔다. - 시편 126:5

행복공화국을 만들자

우리나라에는 갖가지 불명예스러운 이름이 붙어 있다. '분노공화국', '자살공화국', '술소비왕국', '이혼왕국', '교통사고왕국' 같은 말들이다. 우리 모두 힘을 합해 행복공화국을 만들어 불명예스러운 이름을 말끔히 지워버리자. 자신을 위하는 일이고 가정을 위하고 국가를 위하고 후대를 위하는 길이다.

'행복공화국'이라는 말은 거창하지만 우리가 품어야 할 비전이다. 행복공화국을 만들기 위한 최초의 노력은 무엇인가? 저마다 행복한 사람이 되는 것이다. 모두 노력한다면 우리나라 행복지수가 껑충 뛰어오를 것이다. 나 한 사람의 행복이 무엇보다 중요하다.

다른 사람의 복지를 위하는 사람은 우선 자신부터 행복해져야 한다. 자신이 행복하지 않고는 다른 사람의 복지를 위해 일할 자격이 없다. 이런 면에서 테레사 수녀는 혜안을 가졌다. 그녀는 자기와 함께 일할 수녀를 택할 때 잘 먹고 잘 웃고 잘 자는 사람을 골랐다고 한다. 자기 앞가림도 하지 못하는 사람이 봉사하겠다고 나서는 것은 모순이다. 마음속에서 기쁨의 샘이 펑펑 솟아야 진정으로 다른 사람을 위해 봉사할 수 있다.

다음 단계는 행복한 가정 만들기이다. 이런 노력이 일터와 지역사회로 확산되어야 한다. 개인과 지도자 모두 '행복공화국'의 비전을 품고 노력해야 한다. 그래야 비로소 사회는 밝아지고 희망이 샘솟듯 할 것이다.

행복지수란 무엇인가

'행복지수'란 국내총생산(GDP) 같은 경제지표로는 나타낼 수 없는 생활의 만족도나 삶의 풍요로움을 지표화한 통계이다. OECD가 2011년 창설 50주년을 맞아 시작한 행복지수는 34개 회원국의 ① 주거환경, ② 소득, ③ 일자리, ④ 공동체 생활, ⑤ 교육, ⑥ 환경, ⑦ 정치참여, ⑧ 건강, ⑨ 삶의 만족도, ⑩ 치안, ⑪ 일과 삶의 균형 11개 영역의 점수를 매겨 도출한 것이다.

우리나라는 여기서 26위를 기록했다. 교육(2위), 일자리(11위), 치안(11위)에서는 높은 점수를 얻었지만, 주거환경(28위), 환경(29위), 일과 삶의 균형(30위), 공동체생활(33위)에서는 최하위권이었다. 교육은 고졸 이상 학력

자가 많았기 때문이다. 어려울 때 의지할 수 있는 사람이 있다(공동체생활)고 답한 사람이 80%로 평균인 91%에 크게 못 미쳤다.

위의 지표를 볼 때 국민의 행복지수를 높이기 위해 사회 각 분야에서 얼마나 많은 투자와 노력이 필요한지를 깨닫게 된다.

위와 같은 행복지수를 만들게 된 배경은 무엇인가? OECD는 제2차 세계대전 후 세계경제를 재건하기 위해 발족한 국제기구다. 경제발전과 함께 회원국 국민의 소득이 늘어났고 질병도 감소하는 등 목표를 어느 정도 달성했다. 경제성장에 비례해 인류의 수명은 확실히 늘어났지만 반대로 마음의 병, 자살 등은 심각해졌다.

따라서 각국 정부는 경제성장 일변도의 정책을 반성하게 되었다. GDP만 가지고는 인간의 가치를 측정할 수 없다고 자각하였다. GDP가 높다고 반드시 국민이 행복하다고 느끼는 것이 아니라고 판단한 것이다. 돈의 가치를 무시해서는 안 되지만 돈만 가지고는 행복할 수 없음이 자명해졌다. 삶의 질을 높일 여러 가지 수단을 강구해야 할 필요성이 생겼다.(중앙일보, 2012. 4. 9 참고)

우선순위를 조정해야 한다

우리 정부와 국민은 경제발전에 전력투구함으로써 경제 면에서 세계 10위권이 되었다. 이런 일은 인류 역사에서 거의 찾아볼 수 없다. 자부심을 가질 만하다. 하지만 급속한 발전 뒤에는 짙은 그림자가 드리워질 수밖에 없었다.

　OECD 국가 중 자살률 1위, 이혼율 2위, 청소년 흡연율 2위(여고생은 1위), 교통사고율 1위, 유흥업소 여성 종사자 200만 추산, 양주 소비량 1위, 인터넷 음란물 다운비율 1위, 유네스코 청소년 문제 1위, 학교 폭력 1위, 출산율 최하위, 고소고발사건 일본의 100배, 니트족 80만 명, 어린이 유괴 연 8,000건, 세계 제일의 강성노조 등은 우리의 암울한 모습이다.

　그러면 행복지수를 높이려면 어떻게 해야 하는가? 먼저 우선순위를 재조정해야 한다. 우선순위를 바로 정하는 것은 개인에게도 중요하지만 국가의 흥망성쇠를 좌우하는 중요한 일이기도 하다.

　훌륭한 법과 정책은 국가의 발전과 국민의 행복을 위한 초석이다. 개인이 아무리 힘써도 법과 제도가 잘못되면 행복지수를 높이지 못한다. 무엇이 가장 중요하고 우선인지 파악해야 한다. 국민의 행복지수를 가장 효과적으로 높일 정책을 구상하고 실현해야 한다.

　우리는 부탄의 행복 정책을 배울 필요가 있다. 부탄은 인구 70만 명에 국민소득은 2,000달러에도 못 미치는 작은 나라지만, 국민의 97%가 행복하다고 한다. 경제적으로 잘살면 행복해질 것이라는 사고를 뒤엎는 대표적인 사례로 꼽히는 나라다.

　부탄은 1974년에 지그메 싱기에 왕추크 국왕이 "GDP가 아닌 국민의 행복지수를 기준으로 나라를 통치하겠다"라고 발표했다. 이웃 국가인 중국과 인도가 경제성장에 목을 맬 때도 부러워하지 않고 오히려 심리적 안녕과 건강, 생태계 보호 등 국민의 행복을 증진할 방법을 찾았다.

　부탄이 행복한 나라가 된 가장 큰 비결은 자신의 주관이 뚜렷하고 자신에게 맞는 기준으로 살아간다는 의지를 관철한 데 있다. 생태계를 보존하고, 전통문화 교육을 실시하고, 국토의 60% 이상을 산림으로 유지하도록 입법하고, 국가가 국민에게 토지를 나누어주고, 무상의료와 무상교육을 실시하고 있다.

부탄 국민의 행복지수는 ① 건강, ② 시간 활용 방법, ③ 생활수준, ④ 공동체, ⑤ 심리적 행복, ⑥ 문화, ⑦ 교육, ⑧ 환경, ⑨ 바른 정치 9개 분야의 지표를 토대로 한다.

그러면 우리는 어떻게 해야 하는가? 소득과 재물이 풍요한 생활보다 삶의 질을 중시하는 쪽으로 관심을 이동해야 한다. 물질적인 소유보다 행복과 만족과 나눔의 즐거움을 중시해야 한다. 그리고 행복하기 위한 공부를 해야 한다. 행복지수를 높이기 위해 각계각층에서 힘을 합해야 한다. 네트워크와 시스템도 활용해야 한다. 같은 노력이라도 조직화되고 협동이 이루어질 때 훨씬 더 효과를 거둔다. 좋은 목적을 가지고 힘을 합할 때 능히 행복지수도 높일 수 있다.

성숙한 사람이 많은 사회가 행복하다

정책과 제도가 잘되었다 할지라도 운영하는 사람들의 태도가 바르지 않으면 효과를 거둘 수 없다. 공자는 '군군신신부부자자(君君臣臣父父子子)'라고 했다. 임금은 임금다워야 하고 신하는 신하다워야 하며 아버지는 아버지다워야 하고 아들은 아들다워야 한다는 뜻이다. 각자 책임과 역할을 다하면 가정과 사회와 국가가 평안해진다. 자신의 위치를 지키지 못하기 때문에 문제가 발생한다.

남편이 되기는 쉽다. 그러나 남편 노릇은 하기 어렵다. 아내가 되기는 쉽다. 그러나 아내 노릇은 하기 어렵다. 아버지가 되기는 쉽다. 그러나 아버지 노릇은 하기 어렵다. 어머니가 되기는 쉽다. 그러나 어머니 노릇은 하기 어렵다.

어른이 되기는 쉽다. 하지만 어른 노릇하기는 지극히 어렵다. 불편한 진실의 하나는 진정한 어른이 드물다는 것이다. '나'를 본받으라고 자신 있게 말할 어른이 얼마나 될까? 나이 들었어도 미성숙한 사람이 많다. 정신적으로 미성숙한 남녀가 만나서 살면 평생 고생한다. 경제적으로 자립하고 정서적으로 성숙하고 감정을 조절할 수 있어야 성숙한 인간이다.

사회적으로도 롤 모델이 될 만한 어른이 없으니 젊은이들이 본받을 대상이 없어 제멋대로 행동한다. 존경받을 어른이 많았으면 좋겠다.

성숙한 사람의 특징은 다음과 같다. ① 자신의 책임을 다한다. ② 자율적이고 독립적이다. ③ 경제적으로 독립한다. ④ 다른 사람과 따듯한 관계를 맺을 수 있다. ⑤ 직계가족뿐 아니라 전 세계 사람의 복지에 관심이 있다. ⑥ 고도로 발달된 윤리의식을 가지고 있다. ⑦ 정서적으로 안정되어 있다. ⑧ 미래의 비전과 장기적인 목표가 있다. ⑨ 타인이 자기와 다른 점을 받아들일 줄 안다.

미국은 역사가 짧지만 위대한 인물을 많이 배출했다. 그 덕분에 짧은 기간에 세계 최강의 나라를 이룩했다. 건국의 아버지라는 벤저민 프랭클린은 다른 사람에게 도움이 되는 일을 창안하기 위해 전력을 다했다. 이런 정신을 소유한 덕분에 미국과 인류를 이롭게 할 업적을 많이 남겼다. 링컨은 "내가 살아 있음으로써 이 세상이 조금 나아졌다는 소리를 듣고 싶다"라고 했다. 그는 인류를 돕는 숭고한 목적을 이루기 위해 헌신했다.

영국의 엘리자베스 여왕이 재임 60주년을 맞았다. 텔레비전으로 본 기념식은 감동적이었다. 아직도 건강한 여왕 내외가 기념식장을 나란히 걸어가는 모습은 품위가 있었다. 기념식장의 사람들은 모두 일어나 여왕 내외를 박수로 맞았다. 그녀는 처칠을 비롯하여 12명의 총리를 거느렸다. 왕으로서 60년을 유지한다는 것은 쉽지 않은 일이다. 어떻게 그렇게 오랫동안 왕위를 유지했을까? 그녀는 자기 위치를 지켰던 것이다. 그녀는 진정한 어른의 모습을 보여주었다. 이 사회에 성숙한 인간이 많이 나오고 성숙한 사회가 구현되었으면 좋겠다.

40년 만에 알게 된 비밀

월드비전에 있을 때 필자가 경험한 이야기를 소개한다. 어른의 작은 도움과 관심이 어린이들에게 얼마나 큰 결과를 가져다주는지 보여주기 위한 것이다.

1988년 6월 어느 날 필자가 아는 여성에게서 전화가 왔다. "목사님, 경자예요. 제가 결혼하게 되었어요. 그런데 부탁이 있어요. 제 결혼주례를 서주세요." 그래서 필자는 축하한다고 하고 주례를 약속했다. 경자는 그해 8

월 15일 동국대 근처 호텔에서 필자 주례 아래 결혼식을 올렸다. 하객이라야 고작 30명이 넘지 않았다.

그러고 나서 18년이 지난 어느 날 경자의 전화를 받았다. 그동안 소식이 전혀 없었다. "목사님, 저 경자예요." "그래, 참 반갑구나. 어디서 살지?" "미국에 건너와 로스앤젤레스에서 살아요. 그런데 제 딸이 고등학교 2학년인데 이번 여름방학 때 한국에 가서 봉사를 하게 되었어요. 제가 자라난 춘천의 영아원에 가서 3주간 봉사할 거예요."

필자와 아내는 시간을 내서 춘천의 영아원에 찾아가서 경자의 딸을 만났다. 시내로 데리고 나와 점심을 사주고 소양강 댐 주위를 드라이브했다.

1년 뒤에 경자의 전화를 받았다. "목사님, 우리 딸이 이번 여름방학에도 한국에 가서 봉사를 하고 싶어하는데 마땅한 보육원을 소개해주세요." 필자는 그렇게 하겠다고 약속하고 문경 신망애육원을 소개해주었다. 경자의 딸은 문경 신망애육원에 와서 2주 동안 원아들에게 영어를 가르쳤다. 필자 내외는 문경에 가서 경자의 딸을 만나 음식을 사주고 문경탄광박물관을 구경시켜주었다.

다음 해 2월 경자의 전화를 받았다. "목사님, 경자인데요. 올 5월에 우리 내외가 목사님 내외를 초청하고 싶은데 사정이 괜찮으세요? 제 딸 고등학교 졸업식에 하객으로 오세요." 그래서 필자는 아내와 함께 5월 말에 로스앤젤레스에 갔다. 생애 첫 미국여행이었다. 경자가 남편과 함께 공항으로 마중을 나왔다. 2주간 미국에 머물면서 베벌리힐스고등학교 졸업식에 참석하고 서부여행을 즐겼다. 왕복항공권은 물론 여행경비 일체를 경자가 부담했다.

경자의 남편은 일식집을 운영하고 경자도 한국에서 하던 일을 계속하고 있었다. 경자는 "목사님이 주례를 잘해주셔서 제가 이렇게 잘살고 있지요" 라며 웃었다. 경자가 참 자랑스럽고 사랑스럽게 여겨졌다. 경자의 딸이 시카고대학에 입학하게 되었다. 한국으로 올 때 경자는 "목사님, 4년 후 딸 대학졸업식 때 또 오세요"라고 했다.

3년이 흘렀다. 경자의 딸은 국제교류학을 전공하는데, 4학년이 되자 교환학생으로 서울대학교에서 10개월을 머물게 되었다. 그를 정기적으로 만나 음식도 사주고 용돈도 주고 집에 초대하기도 하고 민속촌에 놀러가기도 했다.

우리 내외는 경자의 초청으로 미국에 또 다녀왔다. 이번에도 여행경비 일체를 경자가 부담했다. 시카고대학 졸업식에 하객으로 참석하고 시카고, 옐로스톤, 로스앤젤레스 등지를 여행했다. 여행이 끝날 무렵 경자에게 막대한 경비를 들여 두 번씩이나 초청했는데, 도무지 환대하는 이유를 알 수 없다고 했다.

경자는 "목사님은 기억하지 못하시겠지만 저는 목사님 덕분에 생애가 달라진 사람입니다. 제가 원주 ○○원에서 중학교를 중퇴하고 할 일 없이 지낼 때 월드비전 직업보도소에 가고 싶었습니다. 저는 보육원 원장님께 그곳에 가고 싶다고 사정할 용기가 나지 않았어요. 그래도 제가 목사님을 잘 아니까 월드비전 본부에 계신 목사님께 편지를 했지요. 그 편지를 받고 목사님이 우리 원장님을 설득해서 제가 원하던 직업보도소에 가게 되었습니다. 저는 직업보도소에서 3년간 나염기술을 익히고 직장에 들어갔죠. 그 후 결혼도 했고 미국에서도 그 일을 계속하고 있어요." 그 말을 듣자 궁금

증이 풀렸다. 내 작은 도움이 경자의 일생을 변화시켰구나 하고 감탄했다.

경자가 얼마 전에 이메일을 보내왔다. 남편이 마라톤대회에서 완주했다는 사연과 딸이 조지타운대학 대학원에 입학했다는 소식이었다. 경자는 남편과 함께 평창동계올림픽에 구경 오겠단다. 그의 남편은 영어통역 자원봉사를 지원했다. 그때는 우리 부부가 그들을 대접할 차례이다.

이 일은 필자에게 깊은 깨달음을 주었다. 동료학생들에게 왕따를 당해 중학교를 중퇴하고 보육원에서 일 없이 지낼 때 필자가 직업보도소를 주선했을 뿐인데, 이 작은 도움이 경자의 생애를 바꾸어놓을 줄이야!

뿌린 대로 거둔다는 것을 다시 생각하게 하는 추억이다. 현직에 있는 사람은 지위를 이용하여 얼마든지 선행할 수 있다. 높은 지위에 있는 사람이 선행을 하면 효과는 아주 크다.

♥ 행복코칭

'행복지수'란 국내총생산(GDP)과 같은 경제지표로는 나타낼 수 없는 생활의 만족도나 삶의 풍요로움을 지표화한 것이다. 우리나라는 행복지수가 매우 낮다. 그 이유를 살펴보고 행복지수를 높이는 길을 모색하자. 삶의 우선순위를 조정하자. 질적으로 수준 높은 삶을 추구하자. 부탄의 행복정책에서 배우자. 성숙한 인간이 많아지는 사회를 만들자.

♥ 행복연습

1. 돈 벌기와 가치 있게 사는 것의 균형을 어떻게 이룰까 생각해보자.
2. 나에게는 다른 사람의 행복에 영향을 주는 숭고한 인생목적이 있는가?
3. 행복공화국의 비전을 품고 할 수 있는 최선의 노력을 하자.

행복공부를 하자

하루하루의 삶을 당신의 걸작으로 만들어라. - 존 우든

왜 행복공부를 해야 하나

행복을 공부해야 하고 부단히 연습해야 한다. 그렇지 않으면 행복을 증진하지 못한다. 행복은 적극적으로 찾아야 하고 공들여 만들어야 한다. 행복을 알면 알수록 행복이 더 잘 보이며 더욱 행복해질 수 있다. 행복하기를 원해도 방법을 알지 못하거나 가르쳐주는 사람이 없는 경우가 있다. 특히 부모나 교사 그리고 지도자들은 누구보다 행복에 대해 알아야 할 필요가 있다. 그들이 행복해야 하고 다른 사람들에게 행복을 가르쳐야 한다.

행복에도 원리가 있고 기술이 있다. 각자 느끼는 행복이 다르기 때문에 행복을 폭넓게 연구할 필요가 있다. 이 책에서 알 수 있듯이 행복공부는 곧 인생공부라고 할 만큼 방대하다. 하지만 일정한 범위를 정해서 공부할 필

요가 있다. 우선 행복의 핵심원리를 철저히 배우자. 그러면 영속적으로 효과를 얻는다. 또 여러 행복기술을 연마하는 것이 좋다. 경험을 통해서 행복을 배우는 것도 좋지만 시간이 충분하지 않다. 그러니 핵심원리와 기술부터 배우자.

행복일기

행동이나 노력의 흔적은 기록 이외에 남지 않는다. 기록은 지속할 수 있게 하는 힘이다. 경험을 살리기 위한 학습자료이기도 하다. 행복일기장을 따로 마련해서 매일 기록할 필요가 있다.

행복일기에 어떤 내용을 기록해야 할까? 간단한 내용을 꾸준히 기록하는 것이 좋다. 다음 내용을 참고로 저마다 가감하여 자신의 행복일기를 만들기 바란다.

행복일기: 날짜 _____

1. 전체적으로 기분이 좋았나?
2. 기분 좋게 음식을 먹었나?
3. 만족스럽게 완성한 일은 무엇이었나?
4. 일상에서 작은 행복을 발견했나?

5. 40분 이상 운동했나?

6. 사람들과 기분 좋게 지냈나?

7. 매사에 여유 있게 행동했나?

8. 재미있었던 일은 무엇이었나?

9. 늘 웃었는가?

10. 늘 긍정적으로 생각하고 말하려고 노력했는가?

행복 10계명

실천하고자 하는 행복원칙 10가지를 적어보자. 이 책에 원리가 많이 나왔다. 책을 참고하여 10가지 행복원칙을 만들자. 그리고 자주 읽고 실천하자.

행복 10계명의 예

1. 나는 나만의 인생철학이 있고 내 인생을 산다.

2. 나는 긍정적인 생각과 태도를 가지고 있다.

3. 항상 의미 있는 과제나 목표를 가지고 있다.

4. 나는 가정생활을 행복하게 한다. 그리고 모든 인간관계가 원만하며

다양하다.

5. 나는 관심을 갖는 분야가 많아 늘 활동적이다.
6. 나는 꾸준히 배우고 익혀서 나 자신을 성장시킨다.
7. 내 자신의 생각과 감정을 잘 통제하고 조절한다.
8. 나는 다른 사람의 행복과 발전에 관심이 많아 이를 위해 시간과 노력과 물질을 투자한다.
9. 자유와 자율성의 여지가 넓다. 스스로 모든 것을 한다.
10. 나이가 들면 들수록 더 풍요로운 인생을 살아갈 수 있다.

행복한 사람이 되자

행복해지는 비결은 아주 간단하다. 그것은 행복한 사람이 되는 것이다. 예수께서 이렇게 말씀했다. "좋은 나무는 좋을 열매를 맺고, 나쁜 나무는 나쁜 열매를 맺는다. 좋은 나무가 나쁜 열매를 맺을 수 없고, 나쁜 나무가 좋은 열매를 맺을 수 없다."(마태복음 7:17, 18) 행복도 열매라고 간주하면 그 열매를 맺는 나무는 바로 사람이다.

행복에 대한 지식이 있는 사람이 있다. 행복을 설명하고 가르치는 사람도 있다. 그런데 행복 자체라고 할 행복의 화신도 있다. 우리가 추구하는 최종목표는 바로 행복의 화신이 되는 것이다. 행복이 제2의 천성이 되어야 하고 행복체질로 변해야 한다.

우리는 이미 행복할 조건을 충분히 가지고 있다. 하지만 어떤 사람은 행복을 느끼지 못하는 불감증이 있고, 어떤 사람은 여러 가지 장애물 때문에 행복을 누리지 못한다. 우리는 행복경험을 늘리는 한편, 행복을 가로막는 장애물을 과감히 치워야 한다. 이런 일은 모든 사람이 힘을 합해야 더 효과적이다.

우리는 행복하기 위해 태어났다. 어쨌든 행복해야 한다. 행복은 가장 고상한 의무이다. 어떤 상황에서도 행복한 행복의 달인이 되기를 바란다. 그것이 자신과 가족과 사회와 국가와 전 세계를 위하는 일이다.

♥ 행복코칭
행복공부를 구체적으로 꾸준히 하자. 행복일기를 매일 쓰자. 행복 10계명을 만들어 계속 연습하자. 행복의 화신으로 불릴 만큼 지극히 행복한 사람이 되자.

♥ 행복연습
1. 이 책을 주기적으로 꾸준히 읽고 행복의 원리와 기술을 익히자.
2. 행복일기장을 만들어 매일 쓰자.
3. 행복 10계명을 만들어 잘 보이는 데 두자. 자주 읽고 실천하자.
4. 자타가 인정하는 행복화신이 되자.

부록

♠

행복코칭 질문

행복코칭 질문

코칭에는 질문이 매우 중요한 위치를 차지한다. 코칭에 관한 다음 질문에 구체적으로 대답하면 행복을 연습하는 데 도움이 된다. 이 질문은 행복 공부에서 그룹 토의할 때 자료로도 유용하며, 다른 사람과 행복을 나눌 기회도 제공한다.

1   매일 웃고 있는가?

2   과거의 후회와 미래의 염려를 접고 현재에만 몰두하고 현재만 즐기는가?

3   단 한 명이라도 다른 사람의 인생을 좋게 바꾸어준 적이 있는가?

4   내 인격과 실력이 계속 좋아지고 있는가?

5   나는 운이 좋다고 생각하는가?

6   나는 기상천외한 일을 해보았는가?

7   나는 다양하게 살려고 노력하는가?

8   내 삶이 다른 사람에게 좋은 모델이 될 수 있다고 생각하는가?

9   나는 노래와 춤을 즐기는가?

10 나는 남과 비교하지 않고 현재에 충분히 만족하는가?

11 일상생활에서 사소한 행복을 찾을 수 있는가?

12 국내여행 중 가장 추억에 남는 여행은? 해외여행 중 가장 추억에 남는 여행은?

13 가족에게서 포근한 행복을 느낀 때는 언제인가?

14 시간 가는 줄 모르게 어떤 일에 몰두한 경험은?

15 내가 주로 사용하는 기분전환법은?

16 '행복'을 나름대로 정의한다면?

17 나는 노후에 대해 분명한 계획을 세워놓았는가?

18 나는 '감사합니다' 라는 말을 입에 달고 다니는가?

19 나는 칭찬의 명수인가?

20 나는 배우자의 생일과 결혼기념일을 기억하며 그날을 행복하게 지내는가?

21 당장 활용할 유머를 세 가지 이상 기억할 수 있는가?

22 최근 2년 사이에 이룬 특별한 일들은?

23 나는 일주간을 어떻게 보내는가? 특히 주말과 일요일을 어떤 식으로 즐겁게 보내는가? 더 향상할 여지가 없는가?

24 나의 마음은 대체로 평화로운가?

25 배우자와 관계가 좋은가? 배우자와 더욱 돈독해지기 위해 노력해야 할 일은?

26 내 여생 동안 이루고 싶은 일 10가지는 무엇인가?

27 나는 근심이나 분노 같은 부정적인 감정을 잘 다스리는가?

28 내가 고쳐야 할 좋지 않은 습관은?

29 나는 긍정적으로 말하고 있는가?

30 나는 실패와 위기가 기회가 될 수 있다고 믿는가?

31 나는 내가 좋아하는 직업에 종사하고 있는가?

32 친한 친구 5명을 기록할 수 있는가? 깊이 관계를 맺은 그룹을 다섯 개 기록할 수 있는가?

33 모든 일을 즐겁게 하려고 하는가?

34 나는 건강관리와 스트레스관리를 잘하는가?

35 내 인생에서 가장 가치 있는 것 세 가지는?

36 내가 과거 '나눔과 봉사'를 한 일을 10가지 기록할 수 있는가?

37 정기적으로 계속 배우고 있는 것은?

38 나의 좌우명은?

39 나는 나의 삶을 진정으로 사랑하는가?

중앙경제평론사
중앙생활사

Joongang Economy Publishing Co./Joongang Life Publishing Co.

중앙경제평론사는 오늘보다 나은 내일을 창조한다는 신념 아래 설립된 경제·경영서 전문 출판사로서 성공을 꿈꾸는 직장인, 경영인에게 전문지식과 자기계발의 지혜를 주는 책을 발간하고 있습니다.

한국인이 꼭 알아야 할 행복습관

초판 1쇄 인쇄 | 2012년 7월 18일
초판 1쇄 발행 | 2012년 7월 23일

지은이 | 유성은(Sungeun Yoo)
펴낸이 | 최점옥(Jeomog Choi)
펴낸곳 | 중앙경제평론사(Joongang Economy Publishing Co.)

대　　표 | 김용주
책임편집 | 이상희
본문디자인 | 이여비

출력 | 영신사　종이 | 타라유통　인쇄·제본 | 영신사

잘못된 책은 바꾸어 드립니다.
가격은 표지 뒷면에 있습니다.

ISBN 978-89-6054-094-1(13320)

등록 | 1991년 4월 10일 제2-1153호
주소 | ㉾100-826 서울시 중구 다산로20길 5(신당4동 340-128) 중앙빌딩 4층
전화 | (02)2253-4463(代)　팩스 | (02)2253-7988
홈페이지 | www.japub.co.kr　이메일 | japub@naver.com | japub21@empas.com
♣ 중앙경제평론사는 중앙생활사·중앙에듀북스와 자매회사입니다.

Copyright ⓒ 2012 by 유성은
이 책은 중앙경제평론사가 저작권자와의 계약에 따라 발행한 것이므로 본사의 서면 허락 없이는 어떠한 형태나 수단으로도 이 책의 내용을 이용하지 못합니다.

▶홈페이지에서 구입하시면 많은 혜택이 있습니다.

※ 이 도서의 국립중앙도서관 출판시도서목록(CIP)은 e-CIP 홈페이지(www.nl.go.kr/cip.php)에서 이용하실 수 있습니다.(CIP제어번호: CIP2012002823)